美国国防科研机构

编 著 庄 严 杨 胜

参编人员 申育娟 任保全 杨晓云
　　　　 秘 倩 卢慧玲 刘志强
　　　　 杨广华 陈国玖 易炯意
　　　　 李 锴 籍润泽 禚法宝
　　　　 王 旭 徐 炎 裴国利

国防工业出版社

·北京·

内 容 简 介

本书系统介绍了美国国防科研机构的基本情况、职能定位、运行机制、特点规律,全面分析了美国国防部直属科研机构、美国军种直属科研机构、美国国防部资助的科研机构、美国国防部所属国家实验室中具有代表性的科研机构,总结归纳了美国国防科研机构建设的经验做法,设计展望了我国国防科研机构未来的发展趋势。

本书可供从事美国国防科研机构研究的人员学习参考。

图书在版编目(CIP)数据

美国国防科研机构/庄严,杨胜编著. —北京:国防工业出版社,2024.10
ISBN 978-7-118-13252-6

Ⅰ.①美… Ⅱ.①庄…②杨… Ⅲ.①国防建设—科研管理—美国 Ⅳ.①E712.1

中国国家版本馆 CIP 数据核字(2024)第 068089 号

※

国防工业出版社出版发行
(北京市海淀区紫竹院南路23号 邮政编码100048)
北京凌奇印刷有限责任公司印刷
新华书店经售

*

开本 710×1000 1/16 印张 15¼ 字数 281 千字
2024年10月第1版第1次印刷 印数 1—1500 册 定价 89.00 元

(本书如有印装错误,我社负责调换)

国防书店:(010)88540777　　发行邮购:(010)88540776
发行传真:(010)88540755　　发行业务:(010)88540717

前　言

美国,是一个靠打仗发家的国家。作为当今世界唯一的超级大国,美国从建国开始就不断进行军事扩张,通过一战、二战向世界大量倾销军火,形成了在美国具有绝对影响力的"金融—军工—科技复合体"。美军高度重视国防科技发展,新概念新技术长期领跑世界,国防科技保持快速发展的势头,不断推出新型武器装备,近年来多次在高技术局部战争中取得优势,这在很大程度上源于其强大的技术创新能力。发展高技术武器装备,美国国防科研机构在这当中功不可没,作为国防科技创新的重要力量,美国国防科研机构长期以来一直受到美国政府、国会和国防部的高度重视。规模庞大、类型多样的国防机构如何能发挥出效益,是美国政府和军方极为重视的工作。在长期的国防科研管理中,美国国防部建立了一套相对科学、完备的组织体系和运行机制,形成了有效的管理策略和手段,推动了各类国防科研机构的建设与发展,为保持美国军事技术上的绝对优势奠定了坚实基础。美国国防科研机构管理的先进经验,对提高我国国防科研机构的管理水平和创新能力、推进我军武器装备和国防科技创新发展有一定的借鉴作用。本书按照"体制架构—机构分析—经验总结—启示建议"的框架,运用对比分析和综合归纳的方法,对美国国防科研机构进行系统介绍。

首先,本书系统介绍美国国防科研机构体制架构,包括其管理体制、组织功能、职能定位,并梳理各机构间的关系、运行机制。其次,依据美军现行国防科研管理体制,对美国国防部直属科研机构、美国军种直属科研机构、美国国防部资助的科研机构、美国国防部所属国家实验室 4 大类国防科研机构,围绕基本情况、历史沿革、组织管理、运行机制、典型案例等,选取具有代表性的科研机构进行系统分析,总结归纳各机构的主要特点。再次,在全面梳理美国国防科研机构现状的基础上,运用对比分析法,从成果转化、准入机制、项目管理、职能划分以及人才队伍建设等方面总结归纳了美国国防科研机构建设的主要做法,并剖析其存在的问题及对我国国防科研机构建设发展的启示。最后,结合我国国防科研机构现状和军队体制编制实际情况,围绕战略布局、体制机制、人才培养、经费支持、创新生态环境、技术转移机制以及军队实验室建设等,提出对我国国防科研机构建设的意见建议。

本书力求做到全面客观、体系完整、视角独特、内容新颖,兼顾知识性与可读性。主要有三个方面的特点:

一是首次全面系统地介绍了美国国防科研机构整体情况。本书紧密围绕美国国防科研体系,按照自上向下的逻辑思路,通过分析体系要素构成,分别对国防部直属、军种直属国防部资助的和国防部所属的典型科研机构进行详细介绍,从宏观上提供了立体、全方位的美国国防科研机构基本情况,并总结归纳各机构的运行机制、基本特点和管理模式等,揭示美国国防科研机构组织体系运行规律。

二是从创新能力生成的角度总结了美国国防科研体系运行机制及管理特点。收集和整理了大量第一手资料,在梳理美国国防科研机构发展现状的基础上,根据境外网站信息与当前国内相关出版物进行了分析比对,较全面地反映了最新的美国国防科研机构动态。在此基础上,进一步梳理了美国国防科研机构运行机制的特点和规律。

三是着眼未来发展分析提出我国国防科研机构建设发展对策建议。充分借鉴美国国防科研机构建设做法和有益经验,通过对比研究和综合分析的方法,围绕国防科研机构战略布局、科研管理机制创新、科研人才培养、科研支持力度、技术转移机制以及科研机构职能等方面,提出针对我国国防科研机构建设的对策建议。

由于作者水平有限,书中难免存在一些疏漏和错误之处,恳请读者批评指正。

作者
2023 年 2 月

目 录

第一章　美国国防科研机构概述 ·· 1

　　第一节　美国国防科研基本情况 ·· 1
　　第二节　美国国防科研管理体系 ·· 2
　　第三节　美国国防科研机构职能 ·· 8
　　第四节　美国国防科研机构运行机制 ··· 11
　　第五节　美国国防科研机构特点 ·· 14

第二章　美国国防部直属科研机构 ··· 16

　　第一节　科研管理机构 ··· 17
　　第二节　专家咨询机构 ··· 75

第三章　美国军种直属科研机构 ·· 83

　　第一节　陆军 ·· 83
　　第二节　海军 ·· 109
　　第三节　空军 ·· 128
　　第四节　特种作战司令部 ·· 163

第四章　美国国防部资助的科研机构 ··· 169

　　第一节　政府资助的研发中心 ·· 169
　　第二节　国防部资助的大学附属研究中心 ·· 181

V

第五章　美国国防部所属国家实验室 ·················· 194

- 第一节　国防部所属国家实验室管理体系 ·················· 194
- 第二节　美国国防分析研究所 ·················· 196
- 第三节　贾松组织 ·················· 198
- 第四节　麻省理工学院研究与工程公司 ·················· 201
- 第五节　麻省理工学院林肯实验室 ·················· 206
- 第六节　卡内基梅隆大学软件工程研究所 ·················· 209

第六章　美国国防科研机构建设的经验启示 ·················· 211

- 第一节　美国国防科研机构建设主要经验 ·················· 211
- 第二节　存在的主要问题 ·················· 214
- 第三节　主要启示 ·················· 216

第七章　国防科研机构发展趋势 ·················· 223

缩略语表 ·················· 226

参考文献 ·················· 234

第一章　美国国防科研机构概述

美国作为经济、技术和军事强国,经过长期发展,目前已经建立起一套相对完备、独具特色的国防科研管理体系与制度。相对来说,美国国防科研机构是一个非常开放的科研综合体系,主要由国防部直属的科研机构、军种直属科研机构、国防部资助的科研机构、国防部所属国家实验室等组成。

第一节　美国国防科研基本情况

在20世纪40年代之前,美国几乎没有政府统一规划的科学研究机构,科研活动主要集中在少数常青藤名校和数量寥寥的联邦实验室,社会研发资金主要来自企业和慈善机构。进入罗斯福执政时期,美国的科研经费迅速增长,而且研发体系迅速扩展,形成了国家创新体系的雏形。为了确保先进技术尽快用于盟军的武器装备,罗斯福于1940年6月授权成立了由国防部、大学和私营企业代表组成的国防研究委员会,作为国防科研的最高管理机构。国防研究委员会创建了联邦政府投资科研的合同制管理模式,通过签订研究合同的方式,把研究任务委托给大学和私营企业,在战时极大地动员了全社会的科技资源,使之服务于国家需求,为美国赢得战争发挥了关键的科技优势。

一、美国的国防科研

在美国,国防科研的内涵主要包括国防预研和型号研制两个部分,涵盖了研究、开发、试验和鉴定的各个阶段。在美国国防预算分类中,国防科研属于第6大类,下面又分7个小类:6.1 基础研究;6.2 应用研究;6.3 先期技术开发;6.4 先期部件开发与样机;6.5 系统开发与演示验证;6.6 管理保障;6.7 作战系统开发。其中,6.1~6.3统称为美国国防部科学与技术计划,相当于预研范畴,6.4~6.7属于型号研制范畴。美国国防预研计划即科学与技术计划,通常包括基础研究、应用研究和先期技术发展3个部分内容。从任务侧重上讲,美国国防科研机构的科研任务主要是指美国国防部科学与技术计划,其研究机构不包括型号研制相关机构。

二、美国的国防基础研究

在美国,国防基础研究是指以维护国家安全为目的,开展的探索新概念、新原理、新方法的科学研究活动,提供基本理论以解决装备研制中的技术问题。基础研究一般为10年左右的远期研究项目,不要求直接解决当前和近期的具体军事应用问题,其成果形式主要是论文或专著、研究报告,也包括供试验用的原理样机的实物、软件等。美军《基础研究规划》中提出的国防基础研究包括物理、化学、数学、计算机科学、电子学、材料科学、力学、地球科学、海洋科学、大气与空间科学、生物科学及认知神经科学等12个领域,以及生物工程学、人体效能科学、多功能材料、信息控制、纳米科学和推进与能源科学等6个战略研究领域。

三、美国的国防应用研究

在美国,国防应用研究是指探索基础研究成果在军事上应用的可能性和技术可行性的科学研究活动。一般为5年左右的中期研究项目,通常没有型号背景,其成果形式包括可行性分析报告、试验报告,以及供试验用的部件样品、原理样机之类的实物和软件等。基础研究与应用研究合在一起又称为技术基础。

四、美国的国防先期技术开发研究

在美国,国防先期技术开发研究是指通过实物试验和演示,验证基础研究和应用研究的成果在装备研制中的可行性和实用性的科学研究活动,包括先期技术演示(Advanced Technology Demonstration,ATD)、先期概念技术演示(Advanced Concept Technology Demonstration,ACTD)和联合能力技术演示验证(Joint Capability Technology Demonstration,JCTD)等工作。这类研究为研制新型装备提供实用的技术成果,一般为近期研究项目或具有一定型号背景的研究项目,是从技术基础通向武器型号研制的桥梁,其成果形式一般是部件、分系统原理、示范工艺流程、验证或鉴定试验报告等。

第二节 美国国防科研管理体系

美国国防科研体系是美国科研体系的重要组成部分。1958年以前,美国国防科研管理由三军分管。随着分散管理弊端的逐渐显现,国防科研管理体制不断调整改革,如今形成了以国防部为主、国防部统一管理三军、军内外结合的国防科研管理体系。在 2011—2017 财年,美国国防研发①预算占全国研发预算的比例保持在 50% 以上。受全球疫情影响,2020 财年美国国防研发资金比 2018 财年增加 71 亿美元(13.5%),主要是为了应对大国竞争的需要,美国希望继续保持其技术优势。2021 年,美国国防研发经费增长首次出现下降,比 2020 财年下降 8.8%。

一、基本架构

目前,美国国防科研机构管理体系如图 1-1 所示,国会和总统主要负责法规制定和预算审批,国防部和其他政府相关部门主要负责统筹协调。国防部的科研项目管理和计划执行在国防研究与工程署的统筹下,主要由三军和其他国防机构分管。国防部、军种、其他国防机构以及其他政府相关部门都设有直属

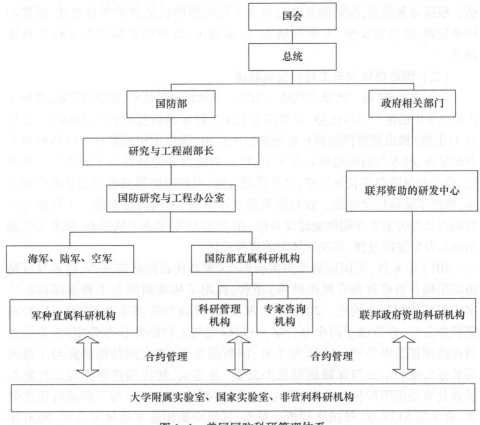

图 1-1 美国国防科研管理体系

---

① 美国国防部研发投入主要分为国防部的科学与技术计划、装备研发、管理支持和系统改进 4 个部分。

科研机构,具体负责完成研究任务。此外,国防部和其他政府相关部门也通过联邦资助的研究与开发中心以合同管理方式与大学、国家实验室以及非营利科研机构进行合作,利用这些机构的研究能力,更好地履行各自部门的职责。美国国防部的科研任务主要通过合同的形式交由外部机构来完成。其中,国防工业科研机构和大学是获得国防部科研任务最多的外部机构,国防部直属国家实验室在国防部科研任务中的占比不大。

二、体系构成

(一) 国防部职责

美国国防部设立了国防部长办公室(Office of Secretary of Defense,OSD),其主要职能是负责国防政策制定、规划计划论证、国防资源管理以及国防项目评估。根据业务类别,国防部长办公室由不同的副部长负责采办及维持、预算和财务管理、情报和安全、人事与战备、政策制定、改革以及研究与工程等具体任务。

(二) 国防部研究与工程办公室职责

为深化推进"第三次抵消战略",加快科技创新和新技术、新能力集成,维持在大国竞争中的绝对军事优势,美国国会《2017财年国防授权法》(2016年12月23日生效)提出调整国防部长办公室组织机构,通过重组国防部主管科研和采办的采办、技术与后勤副部长办公室,将其职能拆分为研究与工程副部长办公室、采办与保障副部长办公室,提升管理效能,引领国防科研管理和采办管理改革,推进军队现代化建设。在科研管理改革方面,美国国防部确立了研究与工程副部长办公室3年期调整建设目标,在2020财年完成了从采办、技术与后勤副部长办公室的过渡,实现新体制的成熟运转。

2017年8月,美国国防部向国会提交《重新构建国防部采办、技术与后勤组织结构及首席管理官组织结构》报告,提出了构建研究与工程副部长办公室组织结构的初步构想。2018年2月1日,解散国防部采办、技术与后勤副部长办公室,分拆成了两个办公室,一是研究与工程副部长办公室,二是采办与保障副部长办公室。2018年7月,国防部发布"成立国防部研究与工程副部长办公室和采办与保障副部长办公室"备忘录,初步构建研究与工程副部长办公室的组织架构。此后,研究与工程副部长对这一架构不断进行优化调整,直至第5137.02号国防部指令发布,其组织架构基本构建完成[1]。2020年7月15日,美国国防部发布主题为《国防部研究与工程副部长》的第5137.02号

---

[1] https://www.cto.mil/

国防部指令，首次以正式文件的形式规定了研究与工程副部长的职责、机构关系和权限，标志着美国国防部实施三年的科研管理体制阶段性调整基本完成。

根据第5137.02号国防部指令，国防部研究与工程副部长在国防部长的领导下，在自身职责和职能范围内，行使法令、行政命令或机构间协议赋予国防部长的权限。具体包括：通过发布国防部文件、指令型备忘录及《联邦纪事》条例等，制定职责范围内国防部政策；与国防部各部局负责人直接沟通以履行职责；担任国防部长与其他联邦政府机构约定职责中的研究与工程联系人；行使国防部长委派的、高至绝密级的最初定密权限；审批其他交易协议在支持科学、技术、工程和数学教育与培训方面；行使国防部长的所有权限和责任；开展人事管理试点项目；实施先进技术成果现金奖励计划；处理特定发明保密事宜，或决定暂不授予专利等①。国防部研究与工程副部长办公室(Office of the Under Secretary of Defense for Research and Engineering，OUSD(R&E))负责国防部研究与工程体系、国防研究与工程、技术开发、技术转化、研制性样机开发、实验、研制试验活动和项目相关所有事务，统筹国防研究与工程、先期部件开发与样机项目以及国防实验室开展的所有项目工作。

（三）军种直属科研机构职责

在军种一级，国防科研工作由主管装备采办的军种助理部长领导下的研究办公室和研究实验室管理。各军种分别设有陆军研究办公室(Army Research Office，ARO)、空军科学研究办公室(Air Force Office of Science Research，AFOSR)、海军研究办公室(Naval Research Office，NRO)和海军敏捷办公室(Naval X)等，主要负责各军种基础研究管理工作。各军种拥有自己的研究实验室，如陆军设有陆军研究实验室(Army Research Laboratory，ARL)、陆军快速能力和关键技术办公室(Army Rapid Capabilities and Critical Technologies Office，RCCTO)；海军设有海军研究实验室(Navy Research Laboratory，NRL)；空军设有空军研究实验室(Air Force Research Laboratory，AFRL)、空军敏捷创新中心(AFwerx)等。这些军种研究实验室设若干技术部门，主要负责以应用研究和先期技术开发为主的各技术领域研究管理和实施。此外，各军种还设有专门的技术转化机构，如陆军研究实验室技术转移办公室、海军商业化技术转移办公室和空军技术转移办公室，负责科研成果的转化应用。

（四）国防部直属科研机构职责

国防部直属科研机构或称为直属业务局，是国防科研项目管理与执行的机

———
① https://www.cto.mil/leadership/

构,主要负责本部门国防科研项目的组织实施,以及项目全寿命管理等工作。从专业属性上来说,可以划分为科研管理机构和专家咨询机构两大部分。国防部直属科研机构主要由分管研究与工程的副部长领导。国防科研管理机构包括美国国防高级研究计划局(Defense Advanced Research Projects Agency,DARPA)、导弹防御局(Missile Defense Agency,MDA)、太空发展局(Space Development Agency,SDA)、国防微电子局(Defense Microelectronics Activity,DMEA)、国防创新小组(Defense Innovation Unit,DIU)、国防技术信息中心(Defense Technology Information Center,DTIC)、试验资源管理中心(Test Resource Management Center,TRMC)、战略能力办公室(Strategy Capabilities Office,SCO)、国家安全创新网络(National Security Innovation Network,NSIN)等。国防部直属的专家咨询机构直接为联邦政府和国防部提供独立的专家咨询建议,主要包括国防科学委员会(Defense Science Board,DSB)和国防创新委员会(Defense Innovation Board,DIB),其中国防科学委员会既是联邦政府的顾问委员会,同时也为国防部提供战略咨询;国防创新委员会由国防部领导,主要负责为国防部高层提供独立咨询建议。

(五)美国联邦资助的研发中心职责

美国联邦资助的研发中心(Federally Funded Research and Development Center,FFRDCS)是一类特殊的研发机构,它由政府拥有,但由大学、其他非营利机构和企业等承包商来进行管理。联邦资助的研发中心的绝大部分经费来自政府机构,且主要开展那些通常由政府直属研究机构或私营部门无法有效完成的长期研发工作。

三、相互关系

美国第5137.02号国防部指令明确了研究与工程副部长的地位权责,确定了办公室的机构设置和组织隶属,理顺了该职位与国防部其他部门的工作关系。美国国防科研管理体系的相互关系主要包括国防部内部关系以及各科研机构之间的关系。

(一)国防部内部关系

国防部作为国防科研项目的集中统管部门,负责制定部门规章、政策和规划计划,并负责项目的组织实施和监督审查。在国防部内部,与国防科研工作相关的机构主要有研究与工程副部长、负责研究与工程的助理国防部长办公室、国防部科研管理机构(国防部业务局)、专家咨询机构等。他们相互间的关系是:国防科研工作由研究与工程副部长统一领导,具体由该副部长下属的负责研究与工程的助理国防部长办公室统一管理;国防部各业务局(科研管理机构)和陆、海、空三军,设有国防科研的管理和执行机构,具体负责本部门、本军种、本领域科研计划的落实,并对研究与工程副部长负责;专家咨询机构主要包括国防科学委员会、国防创新委员会,负责从专家角度提出高技术发展相关建议,负责对各业务局提报的科研项目进行论证、评估。国防部科研管理机构直接对研究与工程副部长负责。国防部科研管理机构在本质上是直属业务机构,是国防科研项目管理与执行机构,具体负责本部门国防科研项目的组织实施,以及全寿命管理工作。

(二)各科研机构之间的关系

美国国防科研机构的职责是按照国防科技创新链定位的。因此,各机构之间的关系也是围绕国防科技创新链的生成而建立的。

一是国防部科研管理机构和军种科研管理机构之间的关系。国防部内部的科研管理机构和军种科研管理机构在业务上是平行关系,都直接对研究与工程副部长负责,主要负责本部门、本军种、本领域的科研管理工作。如军种科研管理机构主要包括陆军研究办公室、空军科学研究办公室、海军研究办公室。这些办公室是军种科研管理的具体实施机构,下设若干技术部门,主要负责以应用研究和先期技术开发为主的各技术领域研究的组织管理。

二是国防部科研管理机构与国防部资助的科研机构、国防部所属国家实验室的关系。处于国防科技创新链最前端的国防科研机构主要从事军事需求分析工作,发挥基础发现和军事应用之间的桥梁作用,使国防科技创新能够跨越二者之间的鸿沟。国防部所属国家实验室这些机构职能定位为基础研究、应用研究和先期技术发展研究。从这些科研管理机构的职能定位可以看出,其研究成果为国防部资助的科研机构、国防部所属国家实验室在技术上的输入,即通过国防科研管理机构的技术成熟度分析后方可进入到后期技术开发阶段。

三是国防部直属科研机构、军种直属科研机构与国防部资助的科研机构及国防部所属国防实验室之间的关系。按照国防科技创新链,处于中间段的主要是技术实现机构,这里主要指的是国防部资助的科研机构和国防部所属的国家实验室等。从美国国防科技管理总体架构上看,国防部直属科研机构和军种直属科研机构在职能上没有相互交集,这是由于美国的国防科研任务是严格按照专业划设的。但在技术实现上,其与国防部资助的科研机构以及国家实验室构成了支撑与被支撑的关系。这种关系的建立主要按照项目管理流程组织实施,通过合同签订与履行实现。在技术合作中,通常会出现如下情况,即由国防部直属科研机构和军种直属科研机构申请项目,最终是由国防部资助的多家科研机构和国家实验室联合完成。如，美国陆军纳蒂克士兵研发与工程中心开发的"第二皮肤"士兵生化防护技术项目①，就是由陆军研究实验室提出，由麻省理工学院、加利福尼亚大学圣芭芭拉分校、美国空军土木工程中心和美国陆军埃奇伍德生化中心联合开发。

第三节　美国国防科研机构职能

美国国防科研机构具有独立法人地位，国防部指令要求其履行"科学与技术、工程开发、已部署装备的工程保障和现代化"职能。这就使它们不仅定位于装备发展的前端，即科学知识的发现、技术的发明和创造，还作用于装备发展的中端和后端，参与装备开发、采购和运行与维护工作。总体上，美国国防部科研机构的职能主要体现在以下几个方面②。

一、提高国防科技和装备研发自主创新能力

美国国防部高层反复强调，今天的军事优势是过去几十年国防科技发展的结果，今天的技术优势决定未来的军事优势。国防部直属科研管理机构和军种研究办公室是国防科研项目的管理机构，负责国防部和军种尖端项目的攻关组织、协调和管理工作。这些机构既是国防科技创新的骨干，又是保障国防科技全面、协调、持续、稳定发展的核心，为美国保持全球军事技术优势起到了战略基石的作用。自主创新能力是一个国家科技发展的决定性因素。通过国防科研，能够掌握大批具有自主知识产权的关键技术，建立完善的创新体系，对于增强国防科技自主创新能力、确保在关键技术领域不受制于人，具有十分重要的作用。如，国防高级研究计划局、陆军研究实验室、海军研究实验室和空军研究实验室主要着眼于未来10到20年甚至更长远的发展需求，超前开展企业或大学无力或不愿承担的大规模、高风险、周期长、多学科交叉的基础性前瞻性研究，取得一大批具有划时代意义的革命性成果。除自身开展研究工作外，这些机构还组织企业、大学、非营利机构等创新力量开展重大技术攻关活动。其中，国防高级研究计划局没有自己的科研设施，采取依靠短期聘用的项目经理提出和设计颠覆性技术项目，然后利用企业、大学、国防实验室和研发中心等各类科

---

① 纳蒂克士兵研究开发与工程中心称"第二皮肤"以纺织材料作为基质保护皮肤，使得士兵适应环境。新保护方案正处于开发阶段，将在没有士兵干预的情况下提高安全性和行动自主性。相关技术将集成到一个薄层，这将减少士兵的后勤负担。材料的设计是基于反应高分子凝胶的使用，包括功能性化学种类。

② 人民网．美国国防部科研机构职能与定位［EB/OL］［2021-11-15］．http://www.zgcjm.org/newsInfo? id=1428.

研力量开展研究。

二、支持装备采办、部署和保障

美国国防部科研机构不仅从事装备早期的技术研究工作,还广泛参与装备的研制、采购和保障,甚至支撑作战任务,提供技术咨询、技术评估和试验鉴定等服务。在装备研制和采购项目招标过程中,国防部科研机构可能参与需求制定、招标和评标、合同谈判和签订、项目实施和验收等环节,确保国防部在与供应商的交易中始终是一个"聪明"的买家。

据统计,美国陆军研究实验室、海军研究实验室和空军研究实验室约50%的经费都用于支持装备采办和运行与维护,如海军研究实验室2015财年的10.44亿美元总经费中,4.88亿美元用于武器开发、采购和运行与维护。装备研发中心一般都与相应的装备发展部门建立合作关系,开展更多支持采办和后勤的工作,如陆军武器研发与工程中心对口武器项目采办部门,其75%的经费都投向武器的研制、采购和保障。

三、承担特殊装备和技术研发任务

美国国防部科研机构还承担核武器及核反应堆堆芯设计、生化武器、含能材料及弹药等特殊装备和技术的研发。这类装备和技术具有重大战略性,对投入、安全和保密的要求极高,不宜市场化,私营机构也一般不愿承担。国防部核生化防御项目局、导弹防御局负责美军相关敏感项目的研发和采购;陆军埃奇伍德化生中心[1]是美国最重要的非医学生化国防科研机构,承担烟雾弹、吸入毒理学、过滤科学、生化战、气溶胶物理学等领域研究任务;洛斯阿拉莫斯国家实验室[2]是能源部下辖的最大实验室,拥有约1.2万名雇员,承担美国各种型号核弹头的研制,发展先进核武器技术,持续推进核武器装备现代化,保证战略核力量安全、可靠和长期有效。

四、推动军事技术向应用转移转化

美国国防部对"技术转化"的理解是"将新技术从实验室或研究环境转移至采办项目和作战人员的过程,技术转化通常发生在先期技术开发结束以及新产

---

[1] 埃奇伍德化生中心(Edgewood chemical biological center, ECBC)隶属于陆军部,是美国开展非医学(non-medical)的化学与生物防御研究的权威机构。

[2] 洛斯阿拉莫斯国家实验室(Los Alamos National Laboratory),简称阿拉莫斯实验室(LANL),位于美国新墨西哥州的洛斯阿拉莫斯,以前因为保密原因对外称为"Y地点(Site Y)",隶属于美国能源部。该实验室最初由加州大学伯克利分校全权负责运行管理,1952年后移交加州大学管理,而后在2007年变更为由洛斯阿拉莫斯国家安全机构(加州大学等机构共同构成)运行管理。

品开发启动之时"。各军种实验室和研发中心在技术转化过程中发挥着核心作用,它们将新型技术集成到装备或作战环境中进行试验,推动技术的工程应用。例如,陆军武器研发与工程中心与弹药采购部建立合作伙伴关系,让后者参与项目的规划、实施和验收,并与后者签定技术转化协议确保技术的顺利应用;海军水面战中心和水下战中心每年组织针对特定主题的技术演习,演示先进海上技术,以促进技术的成熟和转化。

在推动军事技术向民用领域转移方面,美国法律规定,国防部科研机构必须将创新成果转移到私营部门,推动国家经济的发展。为此,各国防实验室和研发中心均设立了技术转移办公室,负责推广可用于商业转化的技术专利,与企业签订技术许可协议,由企业开发新的产品和服务,进而产生经济输出、增加就业机会和税收。根据美国国防部对505家企业的调查,2000至2011年间,国防部科研机构与这些企业共签署602项技术许可协议,为企业带来133.51亿美元收入,其中民品收入120.3亿美元,占总收入的90%。

五、造就大批顶尖科技人才

美国国防科研所涉及的科学技术领域极其广泛,每年受到资助的研究项目成千上万。国防部通过课题资助和研究合同,培养了大批科学家。

美国国防部科研机构培养和吸引了一批世界顶级科学家,稳定了一支超过4万人的强大科研队伍,积累了雄厚的人才和技术储备。美国已有上百名承担过国防基础研究的科学家获得诺贝尔奖。如,海军研究办公室在其发布的《海军科技战略》中,将人才列为科技的三大产出之一,另两大产出分别是知识和转化。陆军研究实验室共产生了14位诺贝尔奖获得者,39位国家科技奖章获得者。此外,陆军研究办公室、海军研究办公室和空军科学研究办公室管理的国防部基础研究经费,其中半数以上都投向大学,资助理工科的教授和学生开展研究,为国防部科研机构培养后备人才。

六、参与实施国家重大科技计划

美国国防部科研机构通过参与国家科技计划,发挥国防科研能力与成果的溢出效应。在"美国制造"国家计划下,国防部牵头成立了8家制造创新机构,其中多由国防科研机构负责运行和管理,如柔性混合电子学制造创新机构由空军研究实验室作为首席技术部门协调政府不同部门的需求,陆军研究实验室负责技术项目的管理。近年来,美国政府实施的"大数据研究与发展计划""材料基因组计划""纳米技术计划""机器人计划"等重大科研计划中,国防部科研机构均发挥了重要作用。

第四节　美国国防科研机构运行机制

美国国防科研机构运行机制主要包括委员会领导下的主任负责制、灵活适用的人事管理机制、高度开放的共享机制、合作与竞争机制、同行评议机制、经费资助机制、开放式的国防科研准入机制、科研管理法制化。

一、委员会领导下的主任负责制

委员会拥有对国防科研机构管理的最终决定权。政府拥有、承包商(即依托单位,如大学)管理的国防科研机构的主任人选由依托单位委员会及联邦政府职能部门共同确定后,由依托单位负责人任命。政府拥有且由政府直接管理的国防实验室主任由政府职能部门管理办公室任命。对国防实验室主任的遴选,除了衡量其学术水平,还要衡量其组织协调能力、发现新研究方向的能力、社会活动和吸引资金的能力等。

二、灵活适用的人事管理机制

美国国防科研机构的用人制度呈多元化、多层次的特点,以最大限度调动人才积极性、创造性,积极发挥人才作用,普遍实行聘用合同制和竞争上岗。国防科研机构鼓励研究人员在大学兼职,大学教授也可在国防科研机构兼职开展研究。美国国防科研机构注重形成科学合理的学历结构和比例,各司其责,而不片面追求人员的高学历。研究人员一般具有博士学位,非研究人员(技术支撑人员和一般管理人员)则以硕士学位以下的人员为主。在人员比例关系上,研究人员与非研究人员比例相当或非研究人员略占多数。美国国防科研机构的科研人员流动性较高,常因开展大型研究任务的需要,灵活组建研究团队,项目结束后,团队解散,研究人员各回原岗位。行政管理岗位和技术支撑岗位较为稳定,保持技术支撑岗位和行政管理岗位的稳定性,有利于提高国防科研机构管理水平和工作效率。

三、高度开放的共享机制

科技资源的开放共享主要指对外开放大型先进仪器设备,并通过一系列规章制度保证该项活动顺利开展,且注重提高设备使用效率。美国政府以法律法规形式,强调国防科研机构科技资源的开放共享。美国主要的国防科研机构利用自有的仪器设备开展的科学实验并不饱满,在每年完成的全部科学实验中所占比例不高,而全年大部分实验来自实验室以外的科学家和研究机构。另一方面,美国一些国防科研机构最初即是为研制大型科学实验装备而建立的,在国家巨额投资支持下,国防科研机构陆续研制出先进科学实验装备设施。建成后即对外开放共享,充分发挥其功能作用,即使保密性较强的国防科研机构也有部分设施对外开放。

四、合作与竞争机制

与外界合作的项目越多,范围越广泛,能正确解决科学问题所具有的能力也就越大。美国国防科研机构十分注重与大学、研究机构、产业界的合作,在发挥各自优势的基础上,实现优势互补,共同解决关系学科发展前沿和经济社会发展及国家安全的重大科学问题,其主要合作形式包括合作研究与开发、资助研究、设备开放与技术服务等。竞争机制是国防科研机构科研管理的成功方法。在开展广泛合作的同时,美国政府和美国国防科研机构均鼓励对内对外的有限竞争。尽管国防科研机构的经费主要源自政府拨款,但国防科研机构仍须通过竞争途径获得联邦政府部门的研究项目,亦需通过为企业进行技术开发而获得研究经费,以使国防科研机构的经费来源多元化,支持创新研究,缓解财政压力。美国政府职能部门给予托管机构(即依托单位)的补贴费用也部分基于国防科研机构的表现。

五、同行评议机制

同行评议机制是美国国防科研机构的普遍选择。同行评议机制被认为能够刺激良性竞争、提高研究质量和产出率,激发创新,促进公平。同行评议被运用于对国防科研机构在研究与发展资源的配置和使用上,以保证把有限的资源集中在最重要和最具创新性的研究方向上。同行评议一般可分为对研究人员和研究课题的评议以及对国防科研机构的评议,即以一定期限为周期,针对研究人员或研究课题、或针对国防科研机构及其科学部(所)进行评议。对国防科研机构的同行评议一般分为对实验室科学技术的评议和对运作管理成绩的评议。科学技术评议主要评议实验室的战略规划和科研质量水平,特别是实验室在促进科学探索和学术自由方面的努力和效率。对于国防科研机构的同行评议,由联邦政府主管部门批准设立相对独立的评审委员会负责,评审委员会在利益冲突中保持中立,对于研究成果或研究项目的同行评议,一般采用预期同行评议和后期成果评议(或称跟踪评议)。

六、经费资助机制

站在美国政府的角度,美国国家科学与工程统计中心(National Center for

Science and Engineering Statistics, NCSES)将政府下拨的研究和发展经费执行者分为内部执行者和外部执行者两类。内部执行者是美国政府所属的研究机构，外部执行者是指美国政府范围以外通过合同、基金、合作协议等方式利用联邦政府资金执行研发活动的机构。外部执行者又分为企业、大学、联邦资助的研发中心、其他非营利机构、州和地方政府、外国执行者以及个人。其中FFRDCS是一类特殊的研发机构，它由政府所有，但由大学、非营利机构或企业等承包商来运营即"政府拥有、合同管理"(Government-Owned, Contractor-Operated, GOCO)模式，绝大部分经费来源于联邦政府，且主要完成联邦政府赋予的任务与使命。

美国政府通过签订管理与运营合同的方式，国防部业务局、国防部直属科研机构，通过FFRDCS将项目委托给大学、非营利机构、企业进行管理和运营。国防部可以利用私营部门的管理经验和资源来更好地完成政府的战略任务。私营部门可以利用联邦政府的经费和研发任务，吸引和留住高级研发人才，完成联邦政府赋予的使命，保持并提升自己的研发能力和水平，对联邦政府机构的需求提供快速反应能力。

七、开放式的国防科研准入机制

美国奉行"自下而上"的科技决策体系，上层行政管理部门多元而分散，主管联邦科研机构的部门有能源部、国防部、国土安全部、航天局、国家科学基金会等多个主体，各个决策主体之间权力互相制衡，为各部门主管的科研机构经费预算进行激烈的博弈，各部门的科研机构主体明晰，预算等决策相对独立。该体制有利于减少政府对科技决策的干预，充分发挥市场配置资源的优势。

八、科研管理机制

美国政府没有设立专门的科研管理部门，总统通过白宫科技政策办公室和国家科学技术委员会来统筹联邦的科技工作计划，美国科学促进会和总统科技顾问委员会向美国总统提供科技战略咨询。管理和预算办公室主要负责指导各部门的科技预算，并经总统提交到国会审议。

九、科研管理法制化

美国科技立法已经比较完善，国防科研机构运行的科研活动基本做到了有法可依。《机构法》《授权法》《联邦技术转移法》等法律规章均是随着科技计划的出台而后逐步由法律、法规等形式发展而来。比如，《机构法》就明确规定了科研机构的职能、架构、人员、领导的职责等。《授权法》则规定了科研机构的经费、项目研发等。通过这些科技立法为科研机构的科研计划运行奠定了法理基础，也使得参与科研活动的政府和专家行为受到法律的约束。《联邦技术转移法》鼓励国家实验室与工业界合作建立联盟，促进技术转移。

第五节　美国国防科研机构特点

美国国防科研机构的特点主要体现在实施国防科研集中统管、重视国防科研体系布局、强调作战能力生成需求以及突出军方直接领导管理等方面。

一、实施国防科研集中统管

美国国防部传统上以国防实验室体系为主，政府资助的研发中心、大学附属研究中心、工业领域大型国防承包商为支撑的科研体系来满足军队技术能力需求，维持军事优势。一段时间以来，美国国防部缺乏整体科技规划，使得科研体系难于确定工作优先级并制定具体计划。而国防部实验室体系因在科技投资方面享有较高自主权，所进行投资常常与国防实际需求相脱节。为扭转由此产生的种种弊端，美国国防部启动科研管理体制改革，自1986年以来重设研究与工程副部长职位，加强科研工作统筹。具体操作是：在研究与工程副部长之下，一方面专设负责研究与技术、现代化、先期能力的职能业务局，分管技术研究与保护、现代化优先事项战略规划、技术转移转化，明确分工层级，统筹战略规划与实施、研发与应用、整体推进与重点发展；另一方面，将原本分散管理的导弹防御局、国防高级研究计划局、国防创新小组、太空发展局纳入统一领导，结束各自发展，实现资源和步调的统一，并强化分工合作。

二、强调作战能力生成需求

拓展"研究与工程"内涵，把2018年前政策文件中"主要指国防部科技项目"的表述，调整为"包括科技项目、先期部件开发与样机项目，以及国防实验室开展的所有项目"，除明确研究与工程副部长对国防实验室所开展项目的统筹管辖外，也进一步强调先期部件开发与样机项目，重在提速增效，推动作战能力生成。

三、突出军方直接领导管理

美国国防部和军种是国防科研机构的重要领导者和管理者，这也是美国国家实验室管理模式的一种。美国突出军方自己拥有一定规模的研发力量有其必然的原因，主要原因是：军方所属的研发机构对军队的需求最为了解；武器装备研发所需技术的复杂性、集成性、综合性,需要军方对技术有较为深刻的理解和较强的认知力,以便于对项目进行管理;必须具备对国防部资助的研发项目的运行过程及结果进行评估的能力,以帮助军方成为一个"更加精明的买方";某些功能是军方的固有职能,不可以委托给其他机构;从事必要的基础研究,从中孕育并产生一些新的作战概念,并据此对某项技术未来的发展趋势及其在武器装备开发上的应用做出预判;从事一些产业界不感兴趣的、或是有着较高保密要求而不便为产业界所知道的科研项目;为部队提供一些装备后勤支持与技术改进的工作;对军方在紧急状态下的需求做出快速反应。正因为此,军方必须保留一定规模的内部研发力量。

第二章　美国国防部直属科研机构

美国国防部是美国最大的政府机构,国防部的职能和任务随着美国的发展而变化,其主要职能是提供所需的军事力量来赢得战争,确保美国国家安全。目前美国国防部的年度预算是 8579 亿美元(截至 2022 年 12 月),员工总数(包括现役军人和职工)291 万名,机构总数 4800 余个,遍布全球 160 个国家。美国国防部具有多种职能,其中科研职能在国防部长办公室领导下组织开展。美国国防部直属的科研机构主要包括科研管理机构和专家咨询机构,如图 2-1 所示。本章主要选取一些典型机构围绕历史沿革、组织架构、研究领域、运行机制以及重要成果等内容进行介绍。

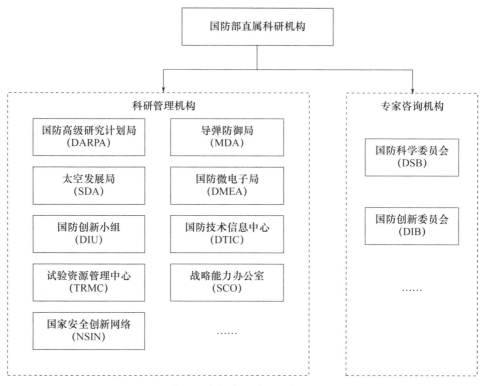

图 2-1　美国国防部直属科研机构组成示意图

第二章　美国国防部直属科研机构

第一节　科研管理机构

美国国防部设立了国防部长办公室,其主要职能是负责国防政策制定、规划计划论证、国防资源管理以及国防项目评估。根据业务类别,国防部长办公室由不同的副部长负责研究与工程、采办与维持、预算与财务管理、情报与安全、人事与战备、政策制定、改革等具体任务。其中国防部的科研工作主要由分管研究与工程的副部长负责,并领导国防部直属的科研管理机构,这些科研机构包括美国国防高级研究计划局、导弹防御局、太空发展局、国防微电子局、国防创新小组、国防技术信息中心、试验资源管理中心、战略能力办公室、国家安全创新网络等。

一、国防高级研究计划局

国防高级研究计划局,也有学者将之译为"国防预先研究项目署"或"国防先期研究项目署"。作为美国国防部直属业务局之一,该机构隶属美国国防部,在行政上直接受国防部领导,在业务上由美军科研业务主管部门领导——负责研究与工程的助理国防部长领导,是美国甚至全球国防科技创新的领头羊。国防高级研究计划局局长为文职官员。

(一)历史沿革

1957年苏联卫星发射成功后,美国在太空技术领域落后于苏联。为了确保美国在军事上拥有最先进的技术地位,美国根据国会立法于1958年2月正式成立了高级研究计划局(Advanced Research Projects Agency,ARPA),1972年3月更名为国防高级研究计划局。成立60多年来,国防高级研究计划局从项目决策、项目启动、技术培育到成果推广与应用的整个过程均表现出了独特的运行特点和做法,引领了世界军事科技革命,始终保持技术优势。国防高级研究计划局隶属于美国国防部国防研究与工程署,是美国国防部核心研究与开发机构,负责管理和指导基础研究、应用研究与先期技术开发,其开展的研究项目在一定程度上代表了世界前沿军事领域和基础技术领域的发展方向。成立以来,国防高级研究计划局作为新概念武器系统的"摇篮",先后促成了全球定位导航系统、隐身飞机、激光武器等重大历史意义的技术创新,始终保持着美国军事技术的领先地位,这些科研成果深刻影响并引领了美国乃至全世界的科技创新发展。俄罗斯、日本等世界军事与科技强国也效仿美国先后设立了类似的研究机构,通过具有前瞻性的关键技术研究和创新来保持本国在军事技术方面的领先地位,以增强本国军事科技自主创新能力①。

(二) 主要职能

美国国防高级研究计划局的研发项目可分为3类:基础研究、应用研究与先期技术发展研究。其中,基础研究主要指探索新概念、新原理、新方法的科学研究活动,提供基础理论以解决装备研制中的技术问题,不要求直接解决当前和近期的具体军事应用问题;应用研究主要指探索基础研究成果在军事上应用的可能性和技术可行性的科学研究活动;先期技术发展研究,则是指通过实物试验和演示,验证基础研究和应用研究的成果在装备研制中的可行性和实用性的科学研究活动。

(三) 组织架构

美国国防高级研究计划局局长办公室设局长和副局长各一名,局长的主要职责是监督全部技术领域的发展和行政事务管理。副局长的职责是就所有工作业务向局长提供专业建议和保障,并承担局长交办的其他工作。局长办公室聘请专家团队对整体发展提出咨询意见,协助编制战略规划、确定项目需求等。国防高级研究计划局由技术办公室、专项计划与技术转移办公室和职能保障办公室三类主体职能部门,主要工作机构由8个部分组成:6个技术办公室、2个专项计划与技术转移办公室(航空航天办公室、自适应能力办公室),国防高级研究计划局组织架构图如图2-2所示①。

1. 技术办公室

国防高级研究计划局的核心部门是技术办公室,负责谋划和推动各技术领域发展、聘用和管理所属项目主任,指导帮助项目主任开展项目立项、信息发布、建议书审查等工作。技术团队主要由生物技术办公室、国防科学办公室、信息创新办公室、微系统技术办公室、战略技术办公室以及战术技术办公室6个技术办公室组成。这6个技术办公室主要负责开发突破性技术,并及时将技术成果转化为作战能力。

(1) 生物技术办公室

生物技术办公室(Biological Technologic Office,BTO)主要负责开发生物独特性的能力,包括生物对于军队战斗力的适应性、复制性、复杂性影响,并运用生物特性提升美军的战斗力,积极争取和成为保护陆海空三军的重要手段。生物技术办公室旨在帮助国防部增强技术驱动的能力,以发现新威胁并随时应对威胁保护美军的战备状态,如通过部署生理干预技术以保持美军作战优势,提升作战人员的战斗力,确保任务成功。

---

① DARPA. [EB/OL] [2021-10-15]. https://www.darpa.mil/

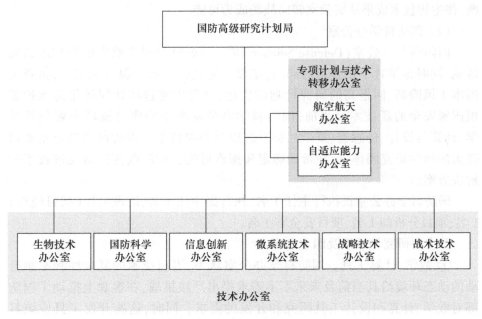

图 2-2　DARPA 组织架构图

生物技术办公室设主任、副主任各 1 名,项目经理 11 名。主要涉及的领域包括:

① 探索未知威胁并保护部队战备状态。当前,美军认为多数现役军人正面临新的生物威胁以及不可预测的意外袭击,包括从新出现的病原体到先进的陆地和海洋平台,威胁与意外无处不在。生物技术办公室正在开展生物技术的创新方法研究,其一是为了快速发现和描述新的威胁,其二是提前做好预警防止因生物技术影响部队作战能力并维持部队良好战备状态。

② 加强生理干预维持军事行动优势。生物技术办公室通过多年研究积累得出结论:预防新出现的和历史上难以治愈的疾病需要尖端的医疗技术。为此,生物技术办公室正在开发新的生物技术,加快部署预防已知和未知病原体的方法。

③ 提高作战人员的战斗状态。通过多年观察,生物技术办公室认为,现役官兵在训练和战备期间会有极端的身体和认知需求。该办公室需要通过开发具有激励性的技术方法,确保战斗员保持最佳作战状态并为受伤的官兵提供快速恢复的解决方案。

④ 构建任务周期的供应保障体系。持续的清洁水、食物、药品和物资供应是保证官兵完成作战任务的前提条件。生物技术办公室通过灵活的食品、医疗物资供应体系和物流体系,确保物资在任务周期中持续供应,避免出现物资中

断,使生物技术成果从实验室转向战场成为可能。

(2)国防科学办公室

国防科学办公室(Defense Science Office,DSO)是很多重大前沿技术的发源地,同时也孕育了很多新的部门,主要是通过科学和工程研究工作,负责美国本土风险高、回报高的研究计划的实施,并努力将这些计划转化为维护美国国家安全的新技术。当前,国防科学办公室涉及的项目领域主要包括数学、计算与设计、传感器、复杂社会系统以及预测科学。国防科学办公室通过强大的科学研究团体,旨在帮助确定和探索可能会彻底改变的最先进技术的解决方案。

国防科学办公室设执行主任1名、执行副主任1名、助理主任(项目经理)1名、项目分析师1名、项目安全官1名。

其主要研究领域涉及四个方面:

① 数学、计算工具。国防科学办公室认为,当前技术的复杂性和军事行动的动态环境给其当前及未来军事需求提出严峻挑战,在客观上推动了国防部对数学、计算和设计工具研究和开发的需求。同时,这些开发工具应该具备更快的分析速度以及可信度,从而为作战决策提供手段支撑。数学、计算和设计涉及的具体内容包括:一是为复杂规划和优化问题提供可靠的解决方案,如数学、计算和设计框架工具;二是人工智能的基础科学及其局限性;三是量子信息处理;四是开发效率更高的决策模型来替代当前的传统计算模型、架构,以满足资源匮乏的环境中系统在大小、重量和功率等方面的限制条件。

② 传感器技术。传感和测量是军事系统和作战任务中不可或缺的要素,监视、导航、官兵的身体健康监测、以及目标识别和跟踪都依赖于各种传感器。基于当前传感器对于军事行动的影响,国防科学办公室重点向以下6个方向持续用力加强探索创新:开发新的传感方式;突破基本传感极限;开发实用和可机动部署的传感器及设计方案;量子传感和计量基础研究;新型光学和成像新材料和工程材料;恶劣环境下的成像技术等。

③ 复杂社会系统。社会动态变化是影响作战行动的关键因素,如社会维稳、战略威慑、舆论影响、反恐怖主义、塑造态势、军事训练以及任务规划等。国防科学办公室认为,以自动化平台和人工智能形式出现的机器学习能力日益强大,并在某种程度上改变传统基于人工制订的计划、运行和管理方式。鉴于此,国防科学办公室重点开发以下领域:一是论证开发不同类型冲突规模下社会动力学模型等决策科学验证模型;二是研究提高复杂社会系统因果关系的方法;三是开发改进的人机共生决策工具;四是开发战争游戏和冲突模拟新概念;

五是战略威慑的科学基础。

④ 防御性基础设施研究。国防科学办公室研发投资的最终目标是确保美军作战人员能够获得最先进的技术。该重点领域资助的研究支持科学和技术发现，以确保加强军事准备以应对当前及未来国家安全威胁。防御性基础设施研究项目主要涉及以下几个方向：一是新型功能、结构材料和制造工艺；二是极端或恶劣环境下的新材料；三是防御大规模杀伤性武器/大规模恐怖武器威胁；四是高能材料；五是储能和发电的新方法；六是提高关键基础设施和供应链的稳健性和弹性的新方法。

（3）信息创新办公室

信息创新办公室主要研究信息科学和软件领域中的颠覆性技术，以预测和适应复杂的国家安全格局快速变化。冲突可能发生在陆地、海洋、空中和太空等传统领域，也可能发生在网络和其他类型的非常规战争的新兴领域。信息创新办公室的研究集中在预测这些新兴领域的新战争模式，并开发必要的概念和工具，通过推进核心技术基础以及在这些基础上设计新的应用概念，确保美国及其盟友在广泛的信息技术领域获得持久优势。信息创新办公室的核心技术领域包括人工智能和数据分析的安全工程和方法。在其核心技术工作的基础上，信息创新办公室还专注于解决诸如网络安全、网络和多领域操作、人—机交互和自主保障等领域。

信息创新办公室设主任1名、副主任1名、助理主任（项目经理）1名、项目安全官1名以及24名项目经理。

信息创新办公室主要研究领域有以下几个方面：

① 人工智能。信息创新办公室专注于探索和推进全范围的人工智能技术，包括符号推理、机器学习、元认知等。人工智能项目的重点是提高机器对人类的语言理解等认知能力，并将其与提高稳健性和可信度相结合。信息创新办公室还重点研究人机协作。在协作中，基于人工智能的系统可以以有效而又自然的方式与人和团队进行互动。此外，该项目还关注包括多种人工智能组件的可靠性系统工程。随着人工智能技术的快速发展，新一代人工智能成为信息创新办公室研究的重点。

② 网络作战。信息创新办公室网络作战项目小组主要研究和开发网络作战技术、工具和框架，涉及从节点到节点的多系统层次和阶段。信息创新办公室的研究领域包括网络操作分析、攻击属性、安全多方计算、攻击的降级和恢复以及社会工程防御等应用密码学。该计划还通过改进数据来源和分析、工具和框架以及操作员体验设计（包括指挥中心和网络操作员的环境）以应对和提高网络操作员的能力。

③ 信息战。互联互通的网络环境和现代媒体的结合极大地放大了信息对民众的潜在影响,也包括那些社交媒体人群。在现代战争中,信息战对其他领域作战都变得至关重要。信息创新办公室关注的重点是研究潜在敌国民众的网络社会,在信息领域开发构建完善的战略和战术行动技术模型,并在这些模型的基础上建立态势感知,为战略决策提供信息保障支撑。

④ 系统工程。基于软件的系统工程在过去几十年里稳步发展,但是军事系统仍然不稳定,在客观上是由于用户对于功能和质量的要求超过了工程实施能力。信息创新办公室专注于创造新技术和新工具,并利用这些新技术和新工具改进基于软件的军事系统及其供应链的工程实践。项目主要通过综合集成、持续验证和确认的方法,进一步探索软件开发的迭代模式。信息创新办公室的研究主要集中在建模和分析、工具开发,为开发人员和系统分析师提供手段支撑。

(4) 微系统技术办公室

微系统技术办公室(Microsystems Technology Office,MTO)的核心任务是开发高性能智能微系统和下一代组件,以确保美国在指挥、控制、通信、计算、情报、监视和侦察(Command,Control Communication,Computer,Intelligence,Surveillance,Reconnaissance,C^4ISR)、电子战(Electronic Warfare,EW)和定向能(Directed Energy,DE)等领域的主导地位。微系统技术是影响C^4ISR系统有效性、可靠性和可维持性的关键因素。自成立以来,微系统技术办公室一直在美国国防部高级研究计划局制造技术突破中发挥着关键作用。

微系统技术办公室目前设主任1名、副主任1名、助理主任(项目经理)1名、国防高级研究计划局总监特别助理、项目支持助理以及十余名项目经理。

在技术融合趋势的背景下,微系统技术办公室越来越关注人工智能、机器学习、专用计算以及3D异构技术等领域的技术攻关。一是加强人工智能、机器学习、专用计算技术攻关。这些技术在微系统中的应用才刚刚开始,但具有高度破坏性的潜力。国防部C^4ISR和电子战系统日益面临数据过剩的问题,因为数据传输和数据处理需求已经超越当前的处理能力。如,目前构建的射频阵列,需要采用相当于全球互联网数据传输的速率收集和处理数据,这需要调动商用资源和力量。二是加强硅制造的技术研究。硅制造的技术研究发展迅速,尤其是硅制造的全球化,受到了微系统技术办公室的关注。除了民用领域,国防部在所有微系统技术方面都面临被赶超。三是推动3D异构技术的发展。随着摩尔定律接近物理设备缩放极限,专用元件和电路的3D异构集成正在推动微电子技术发展向第四代发展。近年来,在异质和多晶集成、单片组装、3D打印和制造技术方面的突破,为3D电子技术的发展奠定了较好的基础。基于上述技术融合与发展趋势,微系统技术办公室正在寻求新的技术,以进一步建立

和保持美国在 C^4ISR、电子战和定向能武器微系统的领先地位。

主要研究方向：

① 嵌入式智能微系统技术。在战术优势上建立快速评估和决策的能力将从根本上改变未来的战斗形态。智能微系统在可接受的尺寸、重量、功率和成本下的自调整、自优化和任务可重构一直是微系统技术办公室研究和投资的重点。过去实现这一目标的尝试都以失败告终，典型例子就是如 21 世纪初的智能 RF 前端计划，人工智能/机器学习专用处理器、图形处理单元和其他专用计算技术的发展为克服这一限制提供了新手段。微系统技术办公室主要探索传感器及其技术发展，其目的是加强战术层面的计算能力和开发具有学习能力的微系统。

② 下一代电子战系统前端组件技术。模拟和混合信号前端是影响 C^4ISR 和电子战系统关键性能的重要因素，如带宽、调谐范围、动态范围等。这些系统的战技性能已经远远超过了民用标准，因此，这些技术往往是被民用电子工业所忽视，但这些技术具有潜在的军用价值。为了保持美国在电子战技术上的技术优势，微系统技术办公室投资新兴材料和基础设备，用于提升 RF-毫米波、主被动光子学和磁场传感技术性能。微系统技术办公室还在寻找大型、昂贵的光学系统的替代方案，探索高度集成的微系统和新的制造技术，以使光学系统能够在各种成本较低的平台开发应用。

③ 微系统集成技术。在过去的几十年里，微电子技术的发展经历了几次科技浪潮。第一波由设备缩放引起，第二波由新材料和结构技术引起，第三波由 3D 技术引起。微系统技术办公室已经在进行的第四次革命中扮演了重要角色，该技术将由 3D 异构集成主导。实现这一愿景的关键是精细规模的集成可以作为一种手段，将无比强大且商业能力与国防部特定的要求联系在一起。微系统技术办公室将实现精细规模集成，通过开发下一代电子设计自动化工具，确保 DoD 芯片系统设计周期能够保持民用领域技术升级和更新速度。

④ 破坏性防御微系统应用。微系统技术办公室寻求通过识别和快速演示创新微系统组件技术，包括在前三个重点下开发的技术，来加快创新的步伐。微系统技术办公室将探索高风险/高回报技术的初期阶段，以便在操作使用前很好地识别干扰。如果成功，这一推动力下的活动将加速采用先进的微系统技术，并使未来的国防部 C^4ISR、电子战和 DE 系统成为可能。

(5) 战略技术办公室

美国国防部高级研究计划局的战略技术办公室是主导国防部重大战略技术发展的重要机构，其任务重点是研发具有全球或战区级影响力的、或涉及多个军种的高新技术,以执行国防部在战略领域的新任务,包括发现高难度目标、通信战、电子战和网络战等。战略技术办公室的重点研究领域包括作战管理、指挥与控制、通信与网络、情报监视与侦察、电子战、定位导航与授时技术等。战略技术办公室通过马赛克战争的战略为美国军队提供杀伤力,以取得快速、可扩展、自适应的多域联合杀伤力。战略技术办公室的研究领域包括镶嵌技术、镶嵌效果 Web 服务、镶嵌实验,以及基础战略技术和系统。

战术技术办公室目前设主任 1 名、副主任 1 名、助理主任(项目经理)1 名以及 10 余名项目经理。

主要研究方向:

① 镶嵌技术。扩展了作为体系作战的技术发展,基于信息技术的定制服务技术(Service To Order,STO)加速了这个概念,以适应任务速度。最终的愿景是士兵到达战场,立即用可用的任何能力达成想要的效果。为了实现马赛克战争,马赛克技术将提供解决方案使以下功能实现自动化。

计划和组成:领导一支基于马赛克战部队的指挥官需要自动决策辅助和工具来确定部队应该是什么样的。技术将使战区指挥官能够在战役规划时间执行作战分析、战争演习、需求分析和理论发展所进行的工作。

互操作性:随着马赛克战的开发,需要互操作技术来实现全球互操作性的作战架构。

执行:需要结合战斗管理决策支持和机器自主的技术。技术将需要解决诸如在作战条件下重新分配能力的资源管理、特定系统分配的任务规划,以及对没有经验的作战人员进行新的镶嵌元素的训练等问题。

② 马赛克 Web 服务。战略技术办公室拥有发展先进任务系统技术的传统包括传感器、搜索器和电子战,战略技术办公室一直在开发这些系统,以使体系成为可能。在马赛克战中,这些能力是马赛克内的"瓷砖"。战略技术办公室寻找与马赛克战战略一致的新型传感器和效应器技术,如杀伤链的"发现和修复"部分以及用于对抗对手的攻击性非动能效应。

传感:战略技术办公室继续寻找新的方法,在竞争激烈的环境中寻找目标,提供提示潜在目标的能力,以填补当前系统的空白。使用效应链发现和执行目标需要跨越不同领域中的传感器检测、跟踪和维护目标的能力。战略技术办公室重视处理技术,可以确保这些传感器之间的保管链,以确保目标跨域传递的信心和准确性。

非动力效应:战略技术办公室寻求方法,为士兵提供一系列可扩展的选择,通过提供复杂的多样化困境,在重大冲突情况下战胜同行对手。重点是使用非动力效应对抗对手,以降低其能力将其击败并取得进步,或为威慑和降级制造混乱和不确定性。

③ 基础战略技术和系统。战略技术办公室正在寻求系统和马赛克战争架构的创新想法,结合颠覆性技术,在多个重点领域提供潜在能力改进,将减少系统的尺寸、重量、功率或成本;适应能力和(或)快速更新;并使系统级性能方面取得进步。

(6) 战术技术办公室

战术技术办公室的职能任务是为地面系统、海上(水面和海底)系统、空中系统和太空系统的革命性新平台提供或防止战略和战术突袭,并进行高回报、高风险的项目开发和演示。

战术技术办公室目前设主任1名、副主任1名、助理主任(项目经理)1名以及十余名项目经理。

主要研究方向:

① 系统架构。可分解、多样化的破坏性,以威慑先发制人的侵略,最终目标是始终保持美国的军事优势。

② 识别、开发和演示系统。通过分解、增加刷新机会、节省生命周期成本,同时在更广泛的战略需求范围内保持或增加运营效用。

③ 对新技术进行系统演示,以支持技术过渡。

④ 支持传统的战术技术办公室执行者在学术界和创业社区寻求技术进步,支持空间、空中、海上和地面领域的新概念。

2. 专项计划与技术转移办公室

专项计划与技术转移办公室主要从事临时性专项计划和技术转移。其中,临时性专项计划是为加快协调、开发或部署工作而设立的,对美国国家安全有重大影响,项目管理方式与国防高级研究计划局传统项目不同。自适应能力办公室原属于技术办公室类别,2015年与新成立的航空航天计划办公室一并纳入专项计划与技术转移办公室。目前国防高级研究计划局运行专项计划与技术转移办公室主要包括航空航天办公室(Aerospace Projects Office,APO)和自适应能力办公室(Adaptive Capabilities Office,ACO)。

(1) 航空航天办公室

为响应美国国防部提出的航空航天创新倡议,确保美国在未来竞争环境下持续保持空中优势,2015年,国防高级研究计划局设立航空航天计划办公室。目前,该办公室主持航空航天创新倡议项目,负责设计和验证先进的飞机技术,推进美国新一代飞机技术发展。航空航天创新倡议项目除投资平台技术外,还关注缩减未来系统的前期准备工作,以加强对美国至关重要的国防工业基础设计团队的实力。在这一项目中,国防高级研究计划局将与空军和海军合作,开发和验证能够抵御未来风险、具备经济有效的空中作战能力的尖端技术。

（2）自适应能力办公室

国防高级研究计划局始终重视技术成果的转化应用。自适应能力办公室的任务就是更快、更有效地把国防高级研究计划局"改变游戏规则"的技术转化为实战能力。该办公室的职能是规划与实施国防高级研究计划局在研项目的技术演示验证活动，同时通过加强与作战部门的沟通交流，推进国防高级研究计划局相关科技成果向战斗力转化。

（四）运行机制

国防高级研究计划局的研究模式为"研发一种潜在突破性的技术能力，然后依靠市场的力量使这种创新最终反馈到军事上"。尽管如此，国防高级研究计划局并不着眼于近期项目上与其他军种科研单位争长短，而是致力于为美国国防部增强未来军事能力"提供技术解决方案"与充当"技术引擎"。因此，有人称国防高级研究计划局是未来战争的"预言家"。

国防高级研究计划局的基本任务是专事于"科技引领未来"，开拓新的国防科研领域，为解决中、远期国家安全问题提供高技术储备，研究分析具有潜在军事价值、风险大的新技术和高技术在军事上应用的可能性。按下达的科研计划的目的和要求，对国防部长批准的跨军种的重大预研项目进行技术管理与指导。该局所管的项目一部分由本部门提出，一部分由国防部长或国防部长办公厅下达，还有一些由高等院校和工业部门提出。该局虽然不是统管三军预研工作的职能机构，但在保持美国军事技术领先地位，牵头组织多军种联合科研计划、安排、协调和管理跨军种科研项目及节省科研力量和科研经费，缩短研究周期等方面效果显著。

1. 项目经理责任制

项目经理是国防高级研究计划局管理科研工作的核心，国防高级研究计划局的所有工作，都围绕和依靠项目经理展开。项目经理人机制是国防高级研究计划局的主要运行模式，强调弹性管制和授权，从构思确定研究方向、选题、公开招标、方案甄选、研究团队选取、项目经费分配，到整个项目的组织实施、进度把控、项目完成质量、以及项目成果应用推广等都依赖于项目经理的判断与决策，项目成功与否与项目经理的个人素质有着密切的关系。因此，选拔合适的项目经理并最大化发挥项目经理作用，是国防高级研究计划局成功的关键之一。

国防高级研究计划局有自己独特的选拔项目经理的标准和要求。国防高级研究计划局坚持选用既有技术背景也有管理经验的复合型人才和拥有丰富想象力、高度技术敏锐性、强烈责任感和进取心的知识型管理人才。国防高级研究计划局选择的项目具有高度的风险性和不确定性,很多是前瞻的、无人涉及的领域,比普通的项目研发要面临更大的困难和挑战,存在很大的风险,且并没有高额的报酬,仅在项目管理过程中能获得极大的自主权和自我成长,因此需要项目经理有着强烈的责任意识,注重工作的自主性。

当国防高级研究计划局项目经理决定资助某个项目时,通常只需要说服两个人:所在技术办公室的主管和国防高级研究计划局局长。因为对项目经理的最大授权,使得项目经理肩头承担更大的压力,也能激发出他更大的责任感和使命感。而出于责任感和使命感,项目经理会更加谨慎地行使他所管理项目的权力,并周密考虑和安排,以期将项目研发风险降低,更好地控制项目时间和成本。

在国防高级研究计划局的每个项目运行过程中,项目经理有四项任务:了解美国在目前和未来面临着哪些军事挑战;识别有助于应对上述挑战的新兴技术;推动从事新兴技术研究的科研人员队伍不断发展壮大;确保将这些技术的进一步开发任务移交给军方或者商业部门。可以说,国防高级研究计划局的项目运行机制,就是项目经理人管理项目的工作步骤。项目经理人需要通过5个步骤借助嵌入既有社会网络,培育和鼓励新技术路线:①识别方向;②培育共同研究主题;③建立共同体;④提供对新技术路线的第三方验证;⑤撤离该技术以避免对政府的依赖①。

在人事管理上,项目经理采取限期聘任制,任期一般3~5年,最长不超过6年。在任期间,国防高级研究计划局成员将精力集中投入到项目的研发管理中,并随着技术瓶颈的解决与新技术难点的出现而灵活调整,平均每年有25%的人员进行轮岗。对于国防高级研究计划局成员而言,他们的离职日期被印在工作证件上,以提醒他们完成重要任务的时间非常有限。

较之长期任职,这项制度更加高效。如国防高级研究计划局可以为一个项目招聘来自不同国家和不同机构的顶尖人才,并在短时间内解决大部分技术问题。一方面,从某种意义上来说,这与国防高级研究计划局注重组织结构的"扁平化"并最大程度地避免官僚主义有着密切关系;另一方面,国防高级研究计划局注重对具有潜力人才的选拔与培养,在推动颠覆性军事技术创新方面的效果显著。此外,为了吸引更多的科研机构、高校及企业的创新人才加入国防高级研究计划局,它还专门地创建了面向卓越青年专家和创新团队的专门项目。

国防高级研究计划局减少专职和终身雇用,增加临时雇佣员额,增加了组

---

① Fuchs E H. Rethinking the role of the state in technology development:DARPA and the case for embedded network governance[J]. Research Policy,2010(39):1133-1147.

织的灵活性,保证计划、决策、执行和协调能够有效进行。另外,国防高级研究计划局局长可直接招聘来自科研第一线的科技人员,并可因其良好的项目可行性报告而直接任命他为国防高级研究计划局新项目的项目经理。国防高级研究计划局的项目经理可以直接向国防高级研究计划局的总顾问办公室甚至局长申请经费,以支持其研发项目的开展。这种管理的直接性和高效率使国防高级研究计划局成为一个高效运转的系统。

2. 项目决策流程

国防高级研究计划局召集精英科学家进行"头脑风暴",包括正式制度和非正式制度。正式制度方面,国防高级研究计划局成功地建立了若干机构以帮助项目经理召集优秀的科学家,其中最著名的机构是国防科学研究委员会。自1968年起,国防高级研究计划局成立了国防科学研究委员会(Defense Sciences Research Council, DSRC),理事会成员包括20到30名全国最出色的科学家和工程师,还包括20名左右国防高级研究计划局项目官员。每年7月,国防科学研究理事会要召开一个月的会议。每次会议的主题(拟讨论的技术方向)由7人组成的国防科学研究理事会指导委员会确定。会后,成立几个工作组,进一步讨论会议确定的具体题目。除了集中的研究时段外,国防科学研究理事会成员还经常访问军营,观摩军事训练,甚至参与作战模拟演练,以切实把握军事科研的需求。除此之外,还有一些非正式的制度,例如由项目经理以个人名义召集科学家开展"头脑风暴"。

国防高级研究计划局项目经理并不仅限于同顶尖科学家的"头脑风暴"。他们会不断发掘研究新出现的项目。项目经理们不仅识别技术方向,还致力于鼓励该方向的研究,其方式是资助不同的研究者共同研究某个可能有助于军事需求的问题。项目经理经常出差,了解哪里有潜在的好项目、好人才。值得注意的是,项目经理并不总是资助单一技术路线,他们还可能资助相互竞争的技术。

在对一个项目进行投资决策时,每个项目经理和单项工程的领导以及研究负责人都必须回答以下7个关键问题:

① 你想要实现什么目标?
② 现在完成到什么阶段以及有什么局限性?
③ 你有什么新的方法可以解决目前的局限并提高性能?改善效果怎么样?
④ 如果成功了,可能会有什么影响以及对谁有影响?
⑤ 什么是可以证明你的假设的中期测验、最终测验和完全的应用?它们分别可以在什么时候实现?
⑥ 退出国防高级研究计划局的机制是什么?当把这项技术发展和转化成

一种新的技能或者是一种真实的产品时,谁会为之买单?

⑦ 实现计划需要多少资金?

另外,为了保证有更多机会,从意想不到的地方发现新兴技术的来源,国防高级研究计划局规定,联邦政府资助的研发中心不允许申请国防高级研究计划局招标项目。但是,国防高级研究计划局可能请这类研发中心(如林肯实验室)帮助自己准备招标文件,帮助研究国家的长期技术需求。

项目招标后,项目办公室会收到来自企业、大学或军队等研究机构的方案说明,经过初步筛选,送给项目经理的方案剩下三分之一。项目经理通过实地调研、头脑风暴等方法,探讨什么样的技术能够满足军事需求,并依据咨询信息,项目经理进行第二轮筛选,大概三分之一的方案会被留下来。这时,项目经理通知呈交选中的项目更详细的方案,然后组织更为严格的论证甄选。最后中标并获得资助的,大约占第二轮筛选后的三分之一。在多数情况下,项目经理会将属于同一课题领域的不同方案的优点合并成同一个资助项目,然后安排经费。另外,国防高级研究计划局还会召开快速营销会议,有合作意向的机构或者个人花几个小时甚至是几十分钟的时间向国防部高级研究计划局局长推销超前沿的、极富想象力的想法,以吸引他的注意,以当场改变机构的预算①。

总之,在项目经理人充分发挥主观能动性的情况下,自下而上的技术识别过程,奠定了国防部高级研究计划局的成功基础。

国防高级研究计划局还有很多科研创新项目源于需求,虽然最终可能研发失败,但仍然会有意想不到的价值。如 20 世纪 60 年代,国防高级研究计划局提供资金建造了至今仍是全球最大的单孔径望远镜,它的出现使数不胜数的太阳系内外的发现成为可能。但该项目本来是隶属于导弹防御体系的研发项目,初衷是希望能够利用该望远镜检测弹道导弹重新进入北美上空大气层时发出的无线信号。这项研究最终被证明进入了死胡同,但项目经理坚信该望远镜在其他相关用途上的潜力,因此一直确保此项目继续进行。

3. 项目投资流程

每年美国政府划拨给国防高级研究计划局的预算在 30 亿美元左右,在外包的机制导向和作用下,这些资金绝大部分会被划拨到各个大学的实验室、大型公司的研发中心,也可能是一些名不见经传的小型科技公司,用于各式各样的前沿研究。每个研究项目都有 1000~4000 万美元的预算,并由项目经理直接控制该项目进展和经费使用情况。

---

① 方令. 解密 DARPA 的机制与文化[DB/OL]. 2013(1). http://www.1000plan.org/qrjh/article/24773.

一般情况下,国防部高级研究计划局将不同的技术项目进行分类。第一类是元件和基础级项目,它会按"局计划—工业产品开发—军种生产"的技术转化流程,由国防部高级研究计划局提供98%的项目资金,被直接投向大学和工业界的研究机构,随着项目的实施和成果转化,这些资金会逐渐转化为新的工业能力,从而增加基础性技术储备,创造更多潜在应用方案。第二类组件和小系统技术转化流程是"局计划—军种科研—概念与技术开发—系统研制与演示—军种生产"。此过程中,国防高级研究计划局将项目资金的70%拨给各军种,由军种的研究机构作为该局代理和承接任务的研究机构签订合同,并负责管理,监督日常技术研究工作。第三类是大型综合系统级技术转化流程,"局计划—概念和技术开发—系统研制和演示—军种生产",因为大型综合系统技术容易造成投资滞后,从而影响研制进程。国防高级研究计划局一般制造样机以验证新系统的费效比和满足作战需求的可靠性。具体做法是在新系统研制项目启动之前,先与接受系统的军种磋商并签署谅解备忘录,确保样机向军种的转移,同时积极争取国防部对该项目的投资。

4. 项目推进过程

在国防部高级研究计划局,项目往往是分阶段进行的,当项目经理选定了初步方案后,项目依旧是开放的。项目经理通过第二、第三个步骤,培育共同研究主题和建立共同体,推进项目研究。

受国防部高级研究计划局资助的项目组之下会分成几个研究工作组,每个研究组依据研究关联性再细分成不同的系统组,研究组内部每周有讨论会、子系统每月举行碰头汇报会、每季度还有联席会议,项目经理人特邀产业界的技术专家进行早期知识共享,从而促进信息的流动,保证项目有条不紊地推进。在每季度的联席会议上,项目经理会听取各个研究组的汇报,根据每个研究组汇报的情况,可以当场砍掉或新增子项目,也可以当场调整各个项目组的预算。通过定期的讨论、汇报,国防部高级研究计划局保证每个项目有条不紊地推进。只要新方案优于现有方案,且更有利于项目目标的实现,项目经理可以随时吸纳更新的技术方案。国防部高级研究计划局每年大约有20%的技术方案被取代,被替代者通常会获得一些补偿。这种办法要求计划的技术执行者不断寻求技术进步,而不能仅仅满足于现阶段取得经费。

国防部高级研究计划局在项目推进过程中的这种开放的文化,使其能够通过竞争和协作获得最优的结果。国防部高级研究计划局在项目实行过程中,会通过各种途径向全社会介绍项目,或者当项目执行遇到困难时,公开征集解决方案。国防部高级研究计划局在项目推进过程中具有成熟的信息发布、信息搜集和信息处理机制,营造一个全方位的立体透明环境,为国防部高级研究计划局的竞争模式提供了保障。同时,国防部高级研究计划局通过科学计量学指标进行数据挖掘分析,如果发现有两个科学家同时在攻克同一问题,但采取的技术路线不同,会对他们分别给予资助,从而避免两人今后的重复研究,而他们也省去了复杂的经费申请过程。如果最后两人中只有一个人拿到了国防部高级研究计划局的资助,双方就必须在国防高级研究计划局组织的研讨会上与大家分享研究思路和工作进展,这就是国防高级研究计划局培育一个研究领域的方法,推动了领域成员间的协调合作,提高了整体的科研效率。

2019年3月,国防高级研究计划局正式推出"聚网"新型社交媒体平台,旨在利用实时交互能力加速前沿科技领域新思想、新设想、新概念的形成与论证,快速将新创意转变为高价值解决方案,加速协同创新进程。

国防部高级研究计划局认为,当前美国国家安全所面临的挑战日益复杂多元,客观要求技术解决方案能有效整合各领域专业知识。这不仅需要多领域专家的积极参与,还需要一个通用协作平台帮助其获得完整的解决方案。为此,国防部高级研究计划局于2016年11月推出"游戏化寻求战略突袭"(Gamifying the Search for Strategic Surprise,GS^3)项目,旨在整合在线游戏与社交媒体技术,使科学家和研究人员等广泛参与科学证据的收集与分析,以快速识别、理解和扩大新兴科学技术的潜在影响与应用,应对对手潜在技术突袭。

"聚网"是GS^3项目的初步成果,不同学科、不同背景的个人和团队均可在该平台提出构想与见解。国防高级研究计划局国防科学办公室项目经理约翰·梅因表示,该项目为研发探索阶段创建了一个动态环境,对新兴科学技术进行评估分析。项目还开发出一种机制,以识别并快速资助这一过程中产生的研究机会。

"聚网"是一个全球性开放平台,任何人均可在该平台上创建账户。国防高级研究计划局寻求有兴趣分享和学习新兴科技的人士积极参与,特别希望来自不同学科、不同行业的研究人员、从业人员、退休人员及资助方注册成为平台用户,交流分享专业知识。用户还可为"聚网"版本2和版本3中的新功能提供建议。

"聚网"平台主要分为3个部分:

① 信息源公开发布区。用户可发布类似推特的"微公告"。"微公告"包括"证据微公告"和"猜想微公告"两种,前者旨在向公众推广期刊、书籍、研究论文等来源的新科学发现,后者则基于两条不同的"证据微公告"提出新的合理的科学猜想。

② "微公告组合"私人开发区。"微公告组合"是指收集到的所有证据、提出的猜想以及相关支撑材料等组成的集合。用户在平台私人工作空间可利用

私人开发工具,对集合中的证据和猜想等进行整合,以生成新的研究构想。为保护个人知识产权,平台将新的研究构想默认设置为隐私,不过用户也可邀请其他用户共同参与。

③研究主题孵化区。由于平台上的"证据公告""猜想公告"等信息均可共享,政府和工业部门可作为资助方,在该平台围绕某个特定的研究主题设置孵化器,每个孵化器对应一个研究主题,用于发布相关研究信息,提供与潜在参与者的对话渠道,寻找合适的研究人员开展研究。

平台使用流程主要包括以下5步。第一步,用户注册。对"聚网"平台感兴趣的参与人员可在 www.polyplexus.com 网站注册成为用户。第二步,证据收集。用户共同开展科学研究证据收集,并通过发布"证据微公告"来推广其感兴趣的最新科学研究发现。在证据收集阶段获得的所有内容均可与其他用户分享,用户也可对他人提供的证据进行监督和审查。第三步,提出猜想。基于上述收集的大量科学证据,用户可对其潜在应用价值提出科学猜想并发布"猜想微公告"。同样,用户在该环节提出的科学猜想均可与平台其他用户共享。第四步,提出新的研究构想。用户利用"微公告组合"开发工具对收集到的大量信息进行整合,并提出新的研究构想。第五步,孵化器。资助方将针对其感兴趣的研究主题设置一个专门的孵化器,寻求符合资格的研究人员开展深入研究。在孵化器环境中,研究人员与资助方针对该主题开展线上对话。对话期间,用户可向特定主题的孵化器提供证据和猜想,或咨询相关问题;资助方可支持或反对研究人员提出的证据或猜想,并给予相关指导。对话有一定期限,感兴趣的研究人员可在对话结束后,通过"聚网"以外的其他途径提交摘要或正式提案,竞争资助方提供的研究资金。"聚网"平台的建立具有重大意义。

一是"聚网"平台促进跨学科交流协作,加速研发进程。平台用户来自不同学科和领域,并可分享其他用户发布的科学证据和猜想公告,从而有效促进跨学科知识的交流。同时,该平台还为研究人员之间、研究人员与资助方之间提供了便捷有效的研发合作途径。这将有助于获得新的研究设想,并促使其迅速落实为有价值的研究方案,加速推进协同创新与研发进程。

二是平台为普通民众广泛参与国防部高级研究计划局研发活动提供新途径。作为美军最主要的创新研发机构,国防部高级研究计划局主要通过工业部门、学术界、研究机构等开展项目活动,普通民众很少有机会直接参与其中。"聚网"平台的开放和不断完善,势必将吸引越来越多具有广泛专业背景的研究人员甚至普通用户积极加入,通过科学领域合作和迸发创意设想,为国防部高级研究计划局研发活动献策献力,实现集思广益和"社会智慧"的充分发挥。

三是注重知识产权保护,为美军科技创新提供有力支撑。某种程度上,未来的大国竞争最终将落脚于科技的竞争,因此科技创新必须高度重视知识产权保护。当前美军在知识产权保护方面拥有相对完善的知识产权保护体系和较高的保护力度,注重科技创新过程中各环节的知识产权保护。例如,"聚网"平台将用户在个人工作空间提出的创新研究设想默认设置为隐私,真正做到从创新源头进行知识产权保护,有利于科技创新能力的培育及可持续发展。

5. 项目退出机制

项目经理通过"组合管理—技术转化",提供对新技术路线的第三方验证和撤离该技术以避免其对政府的依赖,退出对项目的资助和管理。

项目经理对研究的资助使该技术路线得到外界认可。一般而言,从国防高级研究计划局获得资助的项目,一旦研究观点为人所知,发表了1~2篇论文,国家科学基金会(National Science Foundation, NSF)便会认为研究是有价值的,继而提供第二批资助。因此,项目经理在提供第三方验证上扮演了重要角色。而产业界关注的项目,项目经理会追踪这些项目的进展并强调其重要性,使其得到产业界高度关注,最终推动获得企业投资。

项目经理关注新技术并对其进行支持,组织成熟企业与学者及初创企业进行合作,但这种支持不会持续到该技术的商业化。某项目经理人概括:"DTIC做了很好的科学研究。但当IBM察觉到其价值并决定开始投资,DTIC就会撤离。"

6. 项目监督机制

国防部高级研究计划局大概有100名项目经理,他们的工作受到国防部管理部门的监督。项目经理通常是通过签订合同,以临时雇员的身份被招聘进国防部高级研究计划局,聘期3至5年。

项目经理被赋予充分的职权,他们提出计划,寻求国防部高级研究计划局高级官员的批准和资助,拟定相关资金的征集书,并具体负责机构成员的聘用及实际问题等。一个项目的成功与失败,项目经理的责任一目了然。项目经理重视自己的声誉,因为他们最终会回到自己的工作领域,因此在工作中认真而谨慎,深知要对自己的行为负责。与此同时,国防部高级研究计划局资助的是"高风险高回报"的项目,他们给项目经理创造了一种勇于承担风险而不是逃避风险的文化氛围,鼓励首创精神和个人责任,在失败项目的界定上具有高度的灵活性。因此,项目经理敢于去创新,同时对个人行为负责。项目经理掌握着项目预算经费,有权自由支配,但国防高级研究计划局内部也有财政管理小组监督和批准项目经理的经费使用情况。但总体而言,国防高级研究计划局的监督机制主要来源于已有的较为成熟的法律体系,以及自律的科学共同体,这使得国防高级研究计划局的项目经理注重自己的声誉以及这段经历所带来的身份认同。

(五) 典型案例

国防部高级研究计划局的宗旨是"保持美国的技术领先地位,防止潜在对手意想不到的超越"。秉持这一信念,国防高级研究计划局的创新业绩有目共睹,互联网、半导体、个人计算机操作系统 UNIX、激光器、全球定位系统等许多重大科技成果都可以追溯到国防高级研究计划局资助项目。

1. 智能假肢项目

智能假肢项目是国防部高级研究计划局在 2005 年的一项资金支持计划,该计划的初衷主要是为了开发更灵活、舒适和方便的假肢,满足在伊拉克战争中失去肢体的伤残军人的需要。

国防高级研究计划局的智能假肢的项目经理杰弗里·林于 2005 年加入国防部高级研究计划局。1982 年,他获得康奈尔大学的药理学博士学位和乔治城的医学学位后,选择在部队服役,之后被派到一所军队医学院担任医生和医学教授,并管理实验室。他先后完成了沃尔特·里德国家医学中心的神经病学医师实习和约翰·霍普金斯大学的神经重症治疗培训,成为了创伤性脑损伤专家。作为该领域学术理论和临床实践经验丰富的专家,以及其现役军官的身份,杰弗里·林完全符合国防高级研究计划局项目经理的要求。

2002 年,海军司令科特·亨利打电话给杰弗里,推荐他加入国防高级研究计划局。这是国防高级研究计划局常见的招聘方式,通过人才网络的相互推荐,发现更多适合这个机构和岗位的人才。杰弗里接受了亨利的提议,参加了国防高级研究计划局的招聘,并顺利加入其中。使杰弗里坚定了加入国防高级研究计划局的想法的是,在阿富汗服役时,面对因为战争失去手和脚的孩子,他希望能尽自己所能让他们过上正常的生活。他认为国防高级研究计划局的资金和专业的科研团队,必定能推动医学技术的革新。于是他在 2004 年与国防部高级研究计划局的局长特瑟签了合约。

杰弗里·林参加过两次战役,作为战地医生,他见过很多在战场上失去双臂或双腿的士兵。他认为国家应该为那些因战争而失去生活能力的人提供帮助,让他们能像正常人一样生活。国防高级研究计划局的智能假肢项目就是基于这样的愿景而产生的。杰弗里将项目的目标设定为创造出外形、功能和重量都无限接近真实手臂的假肢,并让使用者能够灵活操纵。

由于人工假臂一直都停留在一战时的钩状假手,没有太大的科技突破,这个领域市场很小,投资回报率低,除非政府投资,私人经济一般不会进入。但在阿富汗和伊拉克战争之后,军队对高质量假肢的需求迅速提高,20 世纪 90 年代,沃尔特里德陆军医院开展了名为"C-Legs"的项目,研究肌电手臂和电脑控制的人工假腿。他们研发的假腿极大地帮助了负伤老兵,但在肌电手臂上却没有很好的进展。因为常规的肌电手臂经常发生安装不方便和信号误读的情况,虽然外表比较好看,但几乎所有需要配置人工假臂的人都会选择使用钩状假手。国防高级研究计划局之前的相关研究是由项目经理艾伦和艾瑞克发起的"HAND"项目,主要研究如何开发人机接口,通过直接读取大脑信号,向电脑发送指令。

国防高级研究计划局赋予杰弗里充分的权利开展整个项目。杰弗里基于目前人工手臂的研究和"HAND"项目成果,希望研究出一个便携、舒适和灵活的假臂,技术上要解决人类大脑控制假肢的方法,以及假肢电源质量的提升,从而满足使用者生活工作需求,同时考虑该假臂的美观性。杰弗里说这是一个非常疯狂的构想,但是国防高级研究计划局敢于去实现它。

在项目的组合投资管理上,改进假肢的项目由国防高级研究计划局局长特瑟派给了约翰·霍普金斯大学应用物理实验室(The Johns Hopkins University Applied Physics Laboratory,APL)。该实验室是国防高级研究计划局重要的承包商,担任过子午仪卫星导航系统的研发,这个系统为全球定位系统奠定了技术基础。作为约翰·霍普金斯大学的非营利性研究机构,应用物理实验室担任革新假肢项目后,迅速联合20多家研究机构和私人公司,组成一支强大的团队共同研发。应用物理实验室的项目负责人将项目分解成很多子项目,分派给下属的研究团队,指定子项目的负责人,统一调度,最后再把假臂的各个部件整合在一起,制作出假肢的原型,并在国防高级研究计划局技术研讨会之前尽可能地对原型进行升级完善。在国防高级研究计划局的技术研讨会上,会有其他的研发团队与应用物理实验室竞争国防高级研究计划局下一轮的经费资助。

国防高级研究计划局的投资方式就是采取组合式的管理。杰弗里和特瑟都觉得将所有经费投注在革新假肢上风险太大,因为这种智能手臂需要在人的大脑中植入超小电极,使用者难以接受,而且也不能保证植入电极对人体而言会不会是长期的隐患。因此,杰弗里和特瑟开始跟进另外一个假臂项目,该项目的目标就是研究出装卸方便的假臂,该假臂不需要跟人脑相连,虽然无法像智能手臂一样灵活,但其主要特点就是方便和舒适。该项目由德克研发公司承办。在2007年8月,国防高级研究计划局的技术研讨会上,德克公司的研发团队与应用物理实验室的革新假肢研发团队在同一个展位上进行了成果展示。

国防高级研究计划局会关注一些回报周期长或者回报率低、私人难以给予经济支持,但研发成功对社会产生很大的正面效益的领域,并招聘对该领域同样感兴趣的项目经理,让他负责整个项目的实施过程。项目经理利用自己极广的权限,组织成熟的研究团队和企业进行合作,直至该领域的核心技术研发成功,但是国防高级研究计划局的支持不会持续到该技术商业化。当有其他企业认识到该技术的价值,市场愿意投资时,国防高级研究计划局就会撤出,让其自由发展。

德克公司除了完成国防高级研究计划局交付的任务,他们还计划利用这个项目继续改进,在时机成熟后将其推向市场,从而完成该项目由政府资助到自力更生、由军事领域扩展到民用领域的转变。但是对于革新假肢项目,始终无法突破"感知"的障碍,于是在该项目之后,国防高级研究计划局又与凯西西储大学、克利夫兰医学中心等8家大学和研究机构合作,开展HAPTIX(hand proprioception and touch interfaces)项目,开发可以为使用者提供触觉和肢体位置的机械假手,该项目的周期为4年,国防高级研究计划局声明可供测试的产品在4年内就可以面向公众。

一般而言,国防高级研究计划局的项目从研究到开发再到市场分销和使用的过程并不是公开的,只有机构内部才知道具体的决策,但按照国防高级研究计划局的管理模式和投资习惯,它拥有一套完整的项目退出机制,这更有利于新项目的进入和保证机构内部的持续性创新。

2. 拒止环境协同作战项目

国防高级研究计划局为增强现有无人系统(无人机、导弹等)能力,使其更好适应拒止环境作战。2014年,国防高级研究计划局战术技术办公室启动了"拒止环境中的协同作战"(Collaborative Operations in Denied Environments,CODE)项目,旨在研发先进的自主协同算法和监督控制技术以增强无人机在拒止环境的作战能力。拒止环境协同作战既是美军提出的新概念,也是新技术,国防高级研究计划局按照先提概念,而后进行虚拟实验、技术验证和实装演示等步骤进行开发。

研发工作以四个技术领域为重点,主要包括协同作战自主化、航空器层面自主化、监控界面,以及适用于分布式系统的开放式结构。关键技术发展注重传感、打击、通信和导航等方面的自主化协同作战,以减少所需的通信带宽和人工系统界面。

协同作战可极大地提高作战效能和效率,并可减少群射的导弹数量。这种基于效应的思路既可节省资源,又可优化任务成功概率。协同作战的另一个重要方面是相干射频效应。具有高精度时钟的多个平台可以传送能够有益组合的波形,这样组合的波形其功率随平台数目的平方值增长,而不仅仅是各平台波形功率相加。

拒止环境中的协同作战项目正在探索一整套任务规划工具和界面,向人工操作员提供适度的信息,使他们能对机器行使适度的控制。该项目的一个主要研究方向是找到符合童话故事中"金发姑娘原则"（Goldilocks Principle）的适度范围。

开放式系统结构对于拒止环境中的协同作战通信的发展极为重要。现有的系统和尚未构建的新设计必须能够在允许连续改进的环境中共同运行。若要实现这个目标，必须向所有的相关方提供明确界定的界面，这些界面由政府拥有，适合快速整合、自主适调和灵活测试。开放式结构是一个设计承诺，必须融入系统研发的每一步。鉴于系统目标是促进许多不同力量的协同作战，开放式结构是实现拒止环境中的协同作战愿景不可或缺的条件。

拒止环境中的协同作战项目为实现拒止环境中无人机的自主协同作战，充分利用先进的交互设计思想、开放式架构等。项目分为三个阶段。

第一阶段，2016年初完成，完成了需求定义和初步系统设计，验证了无人机自主协同的应用潜力，并起草了技术转化计划；选择了约20个可以提升无人机在拒止或对抗环境中有效作战的自主行为。人机接口和开放架构基于"未来机载能力环境"标准、"无人控制程序"标准、"开放任务系统"标准、"通用任务指挥和控制"标准进行研发，并已取得一定进展。

第一阶段的承包商分为两类，一是系统承包商（雷神公司和洛马公司）；二是技术发展商，包括尼尔·H. 瓦格纳协会（弗吉尼亚州汉普顿）、科学系统公司（马萨诸塞州沃本）、智能信息流技术有限责任公司（明尼苏达州明尼阿波利斯）、飞腾科技公司（密歇根州安阿伯）、SRI 国际公司（加州门洛帕克）、Vencore 实验室管理员应用通信科学公司。

第二阶段从2016年初到2017年底，洛马和雷神公司以RQ-23虎鲨无人机为测试平台，加装相关硬件和软件，并开展了大量飞行试验，验证了开放架构、自主协同等指标。第二阶段的系统承包商与第一阶段相同。

第三阶段，雷神公司将完成三个任务场景飞行试验验证及全任务能力，测试6个无人机系统并协同其他模拟飞行器合作的能力。试验将通过单人指挥无人机编队执行复杂任务，包括目标搜索、识别以及对主动、不可预知的对手的打击。

二、导弹防御局

（一）历史沿革

导弹防御局（Missile Defense Agency，MDA）的历史可以追溯到战略防御计划（Strategic Defense Initiative，SDI）的起源。里根总统于1983年发起了这一倡议，以发展非核导弹防御系统。战略防御计划合并了分散在几个政府部门的导弹防御计划，并将它们塑造成一个在战略防御计划组织（Strategic Defense Initiative Office,SDIO)管理下的统一计划。

随着技术在最初计划下的发展,负责其管理的组织也在发展。在1994年,战略防御计划组织正式更名为弹道导弹防御组织(Ballistic Missile Defense Organization,BMDO)。1999年的《国家导弹防御法》规定了弹道导弹防御组织的任务,而美国在2002年退出反弹道导弹条约,减轻了开发和测试这些技术的限制。在2002年,弹道导弹防御组织更名为导弹防御局。国防技术信息中心继续研究和开发打击技术,并及时开始测试和实战弹道导弹防御系统的要素。

(二)主要职能

导弹防御局的职能是开发和部署一个多层次的导弹防御系统,以保护美国及其部署的部队、盟友在各个阶段免受导弹攻击。《国防授权法》(公法114-328)明确规定:美国的政策是维持和改进一个有效的、强大的多层次导弹防御系统,能够保卫美国的领土、盟友、部署的部队,以及应对不断发展和日益复杂的导弹威胁的能力,其资金取决于国家导弹防御的年度拨款授权和年度拨款。

导弹防御局的战略目标较为全面。一是支持作战人员;二是通过试验检验验证美国的导弹防御能力;三是为美国国土和地区防御继续开发和部署综合导弹防御系统;四是以团队方式运作机构;五是优化可利用的各类资源;六是激发各主体的专业技术优势为导弹防御所用;七是为多元化和专业人才队伍构建良好的培育环境;八是通过导弹防御国际合作实施国家安全战略;九是充分利用美国大学和小企业的创造力和创新精神。

导弹防御局通过核心价值观定义了导弹防御局的文化,这也是其全体官兵和员工应遵循的价值标准。

① 互相尊重:彼此以尊重相待;
② 团队合作:互相帮助比个人更能完成任务;
③ 积极献策:效忠于美国导弹防御任务;
④ 诚信:在所有的事情上,所有的时间上保持忠诚和信用的态度;
⑤ 职业化操守:在所做的一切工作中都要努力做到职业化。

(三)组织架构

在美国国防部内部,导弹防御局负责管理、指导和执行导弹防御计划。总统和国会通过导弹防御局的工作提供决策指导,导弹防御局负责执行总统和国会赋予的任务。导弹防御局的组织框架图如图2-3所示(截至2021年8月31日)。

美国国防部导弹防御局组织架构由局长、副局长、作战指挥团队、总架构

第二章 美国国防部直属科研机构

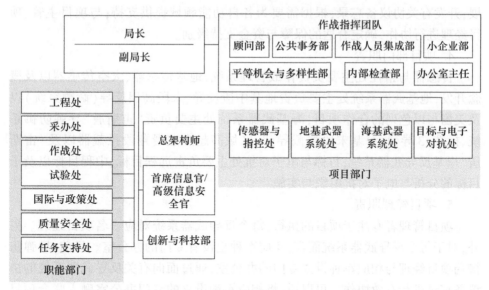

图 2-3 美国国防部导弹防御局(MDA)组织架构图

师、首席信息官/高级信息安全官、创新与科技部、职能部门和工程部门等部分组成。其中作战指挥团队直接对局长和副局长负责,包括顾问部、公共事务部、作战人员集成部、小企业部、平等机会与多样性部、内部检查部以及办公室主任;职能部门按照导弹防御职能区分为工程处、采办处、作战处、试验处、国际与政策处、质量安全处、任务支持处;项目部门按照导弹防御系统构成分别设立传感器与指控处、地基武器系统处、海基武器系统处、目标与电子对抗处。以上组织机构中,职能部门和项目部门是导弹防御局的关键部门。各部门的职责如下:

1. 总架构师职责

负责弹道导弹防御、高超声速巡航导弹防御、本土巡航导弹防御、防空反导一体化防御的总体架构设计。

2. 创新与科技部职责

主要负责传感器与定向能武器、技术成熟度评估以及概念开发。

3. 职能部门职责

职能部门主要指负责作战、工程、采办管理、先进技术、测试/集成与列装、国际事务的副职。他们在各自领域实行对弹道导弹防御有关事务的领导工作。此外,职能部门管理者还负责为项目经理提供训练有素的合格人才;与国防部有关人士、联邦政府资助的研发中心、有关大学与企业洽商有关事务;担负人才招聘与录用职责,对各个岗位的人员进行年度评估;监督各有关部门的职业发展；开发有关协议备忘录，根据需要为各自功能领域提供支持；与项目主管、项目经理进行协作，确定合适的保障与资金支持级别。

4. 项目部门职责

传感器与指控处主要负责作战管理系统、地基传感器、太空传感器以及概念开发；地基武器系统处主要负责地基中段反导、末段高层反导（萨德系统）以及美国与以色列的合作项目；海基武器系统处主要负责"宙斯盾"导弹防御系统、标准-3导弹、海基末段拦截导弹、区域高超声速滑翔段拦截器以及"宙斯盾"岸基反导武器系统；目标与电子对抗处主要负责远程目标、中程目标以及子目标的分析与电子对抗组织与实施。

5. 项目经理职责

项目管理者专注于项目的执行，每个反导武器系统对应一名项目经理。另外，对于每个反导武器系统而言，相应军种也设有专门的办公室。目前，导弹防御局项目经理与相应军种设立专门的办公室，通过面向有关反导武器系统的协议备忘录进行有效协作。可以说，将相应军种设立的专门办公室融入联合项目办公室，有助于促进导弹防御局与有关军种协调，有助于促进导弹防御局将有关职权在适当的时候移交有关军种。

（四）运行机制

导弹防御局是美国国防部的一个研究、开发和采购机构，其工作人员包括政府文职人员、军人和承包商，分布在美国各地，该机构专注于保留和招募对支持美国国家安全的专职工作人员。随着美国开发、测试和部署综合导弹防御系统，导弹防御局与战斗司令部（如印太司令部、北方司令部等）密切合作，后者将依赖该系统保护美国、美国前沿部署部队以及美国盟友免受敌方导弹攻击。该局积极与指挥机构合作，以确保导弹防御局开发出强大的弹道导弹防御系统技术和发展计划，以应对不断发展的威胁。此外，该局还通过支持导弹防御方面的共同安全利益，加强导弹防御局的国际合作。导弹防御局致力于通过持续的流程改进，使其管理和运营的成本效益最大化。

（五）典型案例

导弹防御局的能力开发模式处于不断发展变化中。最开始，导弹防御局局长引入两年一度的 Block 结构，以保证实现能力增量式开发的概念。但这种模式过于固定，很难应对每个 Block 阶段出现的种种挑战，往往导致资金投入及其他一些任务频繁变动。因此，后来人们对这种固定的发展模式进行了修改，现行的开发模式主要基于已定义的能力增量，如图 2-4 所示。

当导弹防御局认定某一能力是期望的、可得的（应当结合战区司令部的意见，特别是通过部队参与程序），那么就应当进一步确定有关项目的进度、成本、

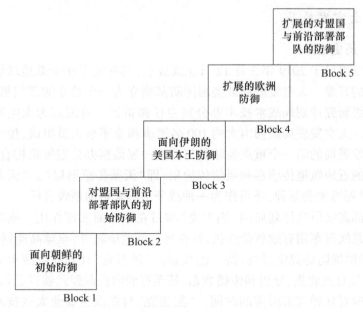

图 2-4　导弹防御局（MDA）Block 项目结构示意图

性能。对于那些尚未集成至弹道导弹防御系统的能力开发项目，诸如机载激光系统等，可以在其充分成熟后纳入到 Block 开发模式的轨道。

Block 1 与 Block 3 主要提供有限的战略弹道导弹防御能力，以拦截来自朝鲜或伊朗的远程弹道导弹。简言之，提供此类能力的基本系统包括：

（1）部署于阿拉斯加和加利福尼亚的远程地基中段拦截弹；

（2）部署于阿拉斯加、加利福利亚、英国与格陵兰岛的固定式雷达；

（3）机动式、可运输式雷达——包括"宙斯盾"系统、TPY-2 雷达、"萨德"反导系统、海基 X 波段雷达等；

（4）"国防支援项目"卫星传感器（用于导弹初始预警以及传输敌弹道导弹的飞行弹道信息）。

Block 2 主要是为某个地区或战区的驻军、盟国或友好国家提供拦截来袭的短、中程弹道导弹的能力，包括海基中段拦截器、"萨德"反导系统（拦截器与传感器）、改进的"标准-2"海基末段拦截系统、"爱国者"防空系统等。

Block 4 与 Block 5 主要是为欧洲盟国和驻欧部队提供拦截来自伊朗的远程弹道导弹的能力，以及为两个地区或战区范围内驻军、盟国或友好国家提供拦截敌来袭的短程、中程弹道导弹的能力。这里，不仅需要在欧洲部署远程拦截系统与前沿雷达，还需要增加扩展的全球指挥控制与战场管理能力。

三、太空发展局

(一) 历史沿革

太空发展局于2019年3月12日正式成立,其首先专注于低地球轨道传感器层架构的开发。太空发展局被美国国防部确立为一个独立的部门机构,并任命国防高级研究计划局战术技术办公室主任弗雷德·肯尼迪为太空发展局首任负责人。太空发展局最初由大约100名军事和非军事人员组成,位于五角大楼。太空发展局的第一个重点领域是与美国国家侦察办公室等机构合作,开发一种扩散的近地轨道传感器和通信传输层,即"天基传感器层"。"天基传感器层"探测并跟踪来袭导弹,还可作为一种战争工具来帮助摧毁目标。

国防部高级研究计划局的"黑杰克"项目在这方面发挥作用。该项目利用商业卫星总线与军用有效载荷连接,旨在进行低地球轨道"全球高速网络"演示验证,为美国国防部提供弹性、持久的覆盖。"黑杰克"计划在轨演示验证使用"智能"卫星自主收集、分析和传播数据,甚至可能向拦截弹武器发送信息,这将大幅减少应对导弹攻击所需的时间。"黑杰克"旨在改进商业太空技术用于军事用途,其理念是抓住商业太空创新,减少军事系统的成本和开发时间。

太空发展局的目标是为联合部队提供响应性和弹性空间能力和支持,并作为联合全域指挥和控制的一部分——增加作战人员的杀伤力、机动性和生存能力。太空发展局的使命开始于作战,结束于作战,为迅速让作战人员掌握足够好的能力可能比晚交付完美的解决方案要好。太空发展局在两年内向DTIC的联合作战部队交付能力。太空发展局认需要建立一个"智力管道",以获取来自整个战区的想法,为未来提供信息。太空发展局将寻求体系结构概念、系统设计、启用技术和紧急能力,以实现未来领域的跨越式发展,或启用新的能力层来满足新兴的作战人员需求。太空发展局的团队由来自太空领域的专家组成,他们在开发作战能力方面经验丰富。太空发展局管理团队专注于培养国防部内部和跨行业合作伙伴的关系,以确保最佳技术迅速得到应用,致力于动员所有必要的领导,为作战人员提供他们所需要的技术和装备[①]。

(二) 主要职能

太空发展局的主要职责是加速发展和部署新的军事航天能力,确保技术和军事优势,负责军事航天情报以外的下一代军事航天能力发展的政策制定和执行;整合航天能力开发,减少重复工作;加强与盟国和合作伙伴的合作,充分利用商业航天和盟国航天技术;加强与作战部门的配合,开发满足作战需求的能

---

① https://www.sda.mil/wp-content/uploads/2021/04/Mission-Statement-Graphic.png

力。美国国防部2020财年预算案为太空发展局申请了约1.5亿美元[①]。

太空发展局的工作将是开发和部署美国所谓"国防部空间愿景"中提出的8项关键能力,包括:

① 用于先进导弹目标瞄准的持久全球监视;

② 用于防御先进导弹威胁的指示、告警、目标瞄准和跟踪;

③ 用于全球定位系统拒止环境中的备用定位、导航与授时;

④ 全球实时太空态势感知;

⑤ 威慑能力构建;

⑥ 通用地基太空支持基础设施(如地面站和发射能力);

⑦ 跨域、联网独立于节点的战斗管理指挥、控制和通信,包括核指挥、控制和通信;

⑧ 高可扩展、低延迟、持久、通过人工智能实现的全球监视目的是采取新的方法建立卫星星座,重点关注在低地球轨道运行的小型卫星。与大多数由地球同步轨道中的几颗卫星组成的美国军事太空星座不同,美国国防太空体系架构(National Defense Space Architecture,NDSA)将由数百颗在低轨运行的卫星组成。新的星座将由多层组成,提供从跟踪高超声速武器到提供超视距瞄准的各种能力。

(三) 组织架构

太空发展局由国防部主管研究与工程的副部长领导,国防高级研究计划局战术技术办公室负责人担任局长。最初由现任国防高级研究计划局战术技术办公室主任弗雷德·肯尼迪为太空发展局首任负责人,后由德里克·图尔尼尔(Derek M. Tournear)任局长。太空发展局最初将由大约100名军事和非军事人员组成,位于五角大楼。目前,太空发展局已启动转移隶属流程,从美国国防部国防研究与工程副部长办公室转移到美国太空军,该过程计划在2022年10月全部完成。

(四) 运行机制

太空发展局自身并不建造、发射或控制卫星,而是采用非常成熟的技术,依靠企业和政府合作伙伴开发和部署卫星,以持续快速获得能力。该局的作用是简化采办流程、消除重复工作和从作战司令部收集需求反馈。

太空发展局于2019年3月成立,自成立以来一直致力于帮助发射军用卫星并使之进入各种轨道。太空发展局提出了"国防太空体系架构",这种架构采用一种分层的方法,最终将包括数百颗卫星,可以跟踪导弹、高超声速飞行器和

---

① https://www.sda.mil/wp-content/uploads/2021/05/Frigm_short-bio-with-photo_March-2021_May21.pdf

其他物体等目标,并在 GPS 拒止环境中为作战人员提供定位、导航和授时,还可与地球上的平台和作战人员以及其他卫星通信。实现"国防太空体系架构"的许多技术尚未产生,因此太空发展局依赖于行业的创新,同时也得到了美国空军研究实验室、导弹防御局、国防高级研究计划局的帮助。

目前,太空发展局将"国防太空体系架构"的发展分为五个阶段,每个阶段为期两年,被称为"级别"(Tranche)。其中,2022 财年为级别 0(Tranche 0),作战人员能利用演示卫星测试对导弹的探测和跟踪;2024 财年为级别 1(Tranche 1),实现初始作战能力,获得区域性的导弹探测与跟踪能力;2026 财年为级别 2(Tranche 2),把级别 1 中的区域性能力扩展到全球范围;2028 财年为级别 3(Tranche 3),将对级别 2 的能力进行改进,例如更高的导弹探测与跟踪灵敏度,与"联盟及联合全域指挥与控制"网络通信以及实现增强的定位、导航和授时;2030 财年为级别 4(Tranche 4),将进一步推进太空体系架构。

(五)案例分析

太空发展局在 2021 年 2 月 11 日的小卫星 Smallsat 网络会议中表示,在 2022 年开始正式发射构建国防太空安全架构之前,计划在 2021 年先试验性发射演示卫星。

太空发展局的 8 项任务中,最关键的项目就是建立"国防太空卫星体系架构"。该架构将由数百颗在近地轨道运行的卫星组成,有能力提供多种任务功能,从跟踪高超声速武器,到提供替代位置、导航和定时数据。与大多数由地球同步轨道中的几颗卫星组成的美国太空星座不同,国防太空卫星体系架构将由数百颗在低轨运行的卫星组成。新的星座将由多层组成,提供从跟踪高超声速武器到提供超视距瞄准等各种能力。

国防太空卫星体系架构从 2022 年开始发射首颗卫星,计划发射几颗演示卫星,有助于为各种技术铺平道路。前两个启动的项目是黑杰克(Blackjack 技术验证项目)项目的 Mandrake Ⅱ 和 LINCS,这两个项目都将展示激光星间链路技术。激光星间链路是太空发展局创建国防太空卫星体系架构安全架构的关键技术,在国防太空卫星体系架构中它们将被用来创建一个星间网状结构。

太空发展局在国防太空卫星体系架构安全架构中的第一批传输层卫星将由洛克希德·马丁公司和约克太空系统公司建造。星间网络能够在卫星之间快速分发数据,以利于在轨处理,将任何卫星收集的传感器数据在几秒钟内分发到地面上的作战人员。Mandrake Ⅱ 演示由两颗小型卫星展示星间的光学连接,以及与地面和机载系统的星地连接能力。Mandrake Ⅱ 原计划于 2021 年 1 月利用 SpaceX "传输-1"拼车发射机会与 143 颗卫星一起进入轨道。但是出师不利,太空发展局主任德里克·图尔伯尔说:"Mandrake Ⅱ 两颗卫星是国防高级研究计划局、空军实验室和太空发展局合作开展的联合任务,不幸的是1月在开普敦的有效载荷处理中出现了一次事故,所以它们并没有与"传输-1"143颗卫星一起发射入轨。"但好消息是,DTIC能够及时修复它们,能够在2021年6月启动的"传输-2"拼车服务中发射它们。Mandrake Ⅱ是国防高级研究计划局为Blackjack计划的降低风险卫星,目的是证明在低地球轨道上部署分散星座的军事可行性和有效性。

太空发展局主任德里克·图尔伯尔说,国防高级研究计划局于2021年晚些时候发射其Blackjack前两颗卫星。太空发展局主任德里克·图尔伯尔在谈到Blackjack计划时说:"国防高级研究计划局有几个不同的概念,他们先发射两颗卫星,然后他们将发射更多的卫星达到顶峰——在2022—2023年的时间周期内最高可达18个,作为国防高级研究计划局的全部Blackjack星座。"尽管Blackjack项目与太空发展局自身的国家太空安全架构星座密切相关,太空发展局正就一些Blackjack技术开展合作,比如Mandrake Ⅱ演示,但其实国家太空安全架构国防太空卫星体系架构与Blackjack项目两者并没有直接隶属关系。Blackjack项目的另一个激光链路演示是LINCS项目,它由通用原子公司建造。太空发展局授予该公司550万美元合同,和Mandrake Ⅱ一样,LINCS将使用两颗卫星通过轨道上的星间链路进行通信,也将在SpaceX的"传输-2"任务中发射。

一个稍微不同的演示项目是原型红外有效载荷(Prototype Infrared Payload,PIRPL)。太空发展局主任德里克·图尔伯尔介绍说:"PIRPL是一个太空发展局与导弹防御局合作项目,承研方是诺斯罗普·格鲁曼,其利用中视场的多光谱成像的OPIR过顶红外探测器,验证DTIC的一些模型和可行性。"太空发展局授予诺斯罗普·格鲁曼公司1380万美元PIRPL合同,PIRPL将在国际空间站的商业再补给任务期间,乘坐诺斯罗普·格鲁曼公司的天鹅座NG-16航天器进入轨道。太空发展局还在与空军研究实验室合作进行"XVI计划"。太空发展局主任德里克·图尔伯尔说:"这将证明可以从太空接入LINK 16战术数据链网络。"太空发展局希望利用美国作战人员使用的最常见的战术数据链LINK 16将其传感器数据传输到武器系统和作战人员。太空发展局首批传输层卫星中有6颗将安装LINK 16链路终端。空军实验室2019年通过太空企业联盟授予ViaSat 1000万美元合同,建造搭载LINK 16链路的航天器。它将在低地球轨道上运行,将LINK 16网络能力扩展到视线外。其有效载荷将装载在Blue Canyon公司的卫星平台上,由Roccor公司提供天线阵。

四、国防微电子局

国防微电子局位于美国加利福尼亚州萨克拉曼多,是国防部的直属实验室,向国防研究与工程部助理部长报告。

（一）历史沿革

国防微电子局由专业的微电子工程师和支持人员组成,通过与主要的国防承包商和半导体行业密切合作,共同为作战人员快速开发先进的技术。国防微电子局的微电子专家提供关键的军事行动的解决方案,推进了微电子技术的发展,以支持当前和未来的作战需求。国防微电子局先进的实验室设施和独特的柔性半导体铸造厂使国防微电子局的专业团队能够提供值得信赖的高混合、小体积的微电子解决方案。

（二）主要职能

国防微电子局的职责主要有2项。一是负责管理美国国防部可信代工项目[①]。该项目的主要目的是有效保证集成电路在设计和制造过程的完整性和保密性,为美国政府的可信和非敏感应用提供前沿微电子技术。二是负责合同管理。国防微电子局是先进技术支撑项目(Advanced Technology Support Program,ATSP)的合同管理机构,即承包商若想申报先进技术支撑项目,需要在该项目支持范围内向国防微电子局提交相关申请即可,通过评估、采购等一系列流程获取所需技术或产品,这种方式不仅节约了时间,降低了国防部项目管理成本,同时也充分利用了先进技术。

（三）组织架构

国防微电子局设有一个项目办公室,负责征集和认证可信电子供应商,确保获得当前的商业制造技术以及设计、封装、测试和制造工具及服务。可信代工厂和精简的采购流程相结合,减少了国防部采购过程中的繁文缛节,目的是加快微电子技术合同的签订与确定。这些细节包括明确加快技术升级所需的工程任务,加速的程序还确保了武器装备所用器件的稳定供应。

（四）运行机制

国防微电子局主要通过项目管理方式运行。先进技术支撑项目利用国防微电子局的工业资源和专门技术为政府机构提供获得新技术和工程能力的最新渠道。先进技术支撑项目的用户包括各军兵种、其他国防部部门、情报机构和非军事机构,例如美国空军、空军国民警卫队、陆军、海军、海军陆战队、国防高级研究计划局、运输部、环境保护局、国家航空航天局、测绘局、国家海洋和大

---

① DMEA 的可信代工项目目标是为国防部和其他政府机构提供一系列微电子器件制造服务,确保国家关键任务国防系统能够获取秘密和非密的微电子器件,以此保证特殊军用器件的秘密性和完整性。如从格罗方德等类似制造厂获取的专用集成电路,器件中敏感信息和器件自身安全均可得到保证。可信代工包括设计、聚集、掩膜、晶圆制造、后处理、封装和组装、测试和分销服务。但是,DMEA 的官员说,集成电路产业近年的全球化使得该功能变得困难。

气局、国家安全局等。

先进技术支撑项目旨在为美国政府机构顺利获取先进技术和工程能力提供有效途径。第一阶段先进技术支撑项目合同数为5个,总价值4.8亿美元;第二阶段先进技术支撑项目(ATSP2)合同数为7个,总价值8.75亿美元;第三阶段先进技术支撑项目(ATSP3)合同数为8个,总价值60.47亿美元;第四阶段先进技术支撑项目(ATSP4)合同数为11个,总价值80亿美元。

(五) 案例分析

以先进技术支撑项目(ATSP4)为例阐述国防微电子局对先进技术支撑项目合同管理的步骤。

(1) 先进技术支撑项目(ATSP4)宗旨

先进技术支撑项目项目旨在增加作战人员的能力,并通过向武器系统中应用先进的微电子技术来解决可靠性、可维护性和过时等电子支持问题。先进技术支撑项目(ATSP4)覆盖硬件和软件,包括研究、分析、设计、软件、仿真、原型、集成、测试、产品化和小批量生产,以提高电子元器件能力,满足国防快速反应能力的需求。

(2) 先进技术支撑项目(ATSP4)目标

先进技术支撑项目(ATSP4)的目标是为美国国防部元器件快速获取微电子工程相关的针对性技术解决方案提供有效途径。

(3) 合同管理流程

先进技术支撑项目(ATSP4)的合同授予包括两部分,一部分是通过公开招标的竞争方式选择承包商,一部分是100%选择小企业承担。

国防微电子局选择了美国八大国防承包商将签订一份价值72亿美元合同,该合同计划执行12年,以对抗电子器件陈旧过时的影响,解决电子硬件和软件不可靠,维护性、性能欠佳或不足的问题。

位于加利福尼亚州麦克莱伦市的国防微电子处官员曾与8家公司签署先进科技支撑计划Ⅳ(ATSP4)合同。先进技术支撑项目(ATSP4)计划的8大承包商包括:

(1) 位于新罕布什尔州纳舒厄市的BAE系统公司的电子系统部;
(2) 位于密苏里州黑兹尔伍德市的波音公司;
(3) 位于纽约奥葳格的洛克希德·马丁公司任务系统和训练部;
(4) 位于科罗拉多州斯普林斯的科巴姆半导体解决方案公司;
(5) 位于明尼阿波利斯的通用动力任务系统公司;
(6) 位于新墨西哥州阿尔伯克基的霍尼韦尔航空公司;
(7) 位于马里兰州林西克姆高地的诺斯罗普·格鲁曼公司任务系统分部;

(8) 位于加利福尼亚州埃尔塞贡多的雷声公司太空和机载系统分部。

国防微电子局官员称,这些公司将在10年内分享价值高达72亿美元的潜在订单。订单将支持美国以及外国军队的军事技术和武器的发展。签订合同是先进技术支撑项目(ATSP4)计划下规模较大的两项举措。第二个预计价值8亿美元的项目合同也是该计划的一部分,将留给小企业,目前尚未公布。先进技术支撑项目(ATSP4)计划旨在建立快速反应能力,以发展保持军事系统可用的必备技术,提高他们的成熟水平,迎接新的挑战。先进技术支撑项目(ATSP4)订单可能包括开发组件以满足五角大楼对超小体积、扩展组件的可用性,或确保一个可信的、放心、安全的微电子供应的要求。这项工作还涉及先进技术的快速应用,以提高军事武器在应对传统及不规则的威胁方面的性能,并解决武器系统老化问题。

先进技术支撑项目(ATSP4)计划旨在通过将微电子器件嵌入到武器系统,提高士兵能力,解决电子支持的可靠性、可维护性及老化问题。AT先进技术支撑项目(ATSP4)计划涵盖硬件和软件,包括研究、分析、设计、软件、仿真、原型,集成,测试,生产和有限的生产。在先进技术支撑项目(ATSP4)计划中,各项目承包商根据自身定位承担相应的工作,并应在2028年3月前完成全部工作。

五、国防创新小组

(一) 历史沿革

近年来,美国国防部和军种纷纷将推动科技创新作为未来工作重心。但因国防预算有限,且军方复杂程序和繁琐规章已不适应技术发展需要,严重挫伤私营企业参与国防研发工作积极性,这些都对军事技术创新产生不利影响。而随着以信息技术为代表的现代科技加速发展,民用领域技术发展水平已大大超越国防领域,美国国国防部开始将目光转向创新活力更强的商业领域。为此,2015年美国国防部设立了国防创新试验小组(Defense Innovation Unit Experimental,DIUx),总部位于硅谷,并在波士顿、奥斯汀及华盛顿特区3个地区设有办公室,主要职责是加快国防部商业技术引入、促进商业技术转化为军事能力以及加强国家安全创新基础建设等。但由于采用繁琐的传统模式运行,且无任何资金支持和合同签订权,运行不足1年即宣告失败[①]。

随后,国防部吸取有关经验教训,对国防创新试验小组的管理运行模式进行了较大调整,并于2016年7月在波士顿设立第二个办公室,由华盛顿勤务总署负责管理,授权直接向国防部长汇报,赋予合同签订权、划拨专项预算等权

---

① https://www.diu.mil/about

限,国防创新试验小组发展开始步入正轨。

2018年8月,国防创新试验小组更名为国防创新小组,反映出美国国防部对其前期工作的认可。国防创新小组成为国防部常设机构,纳入研究与工程副国防部长统管,仍以开展创新模式试验为核心工作,在刺激国防创新方面发挥重要作用。截至2020年前,国防创新小组启动了77个项目以应对国防部面临的挑战,已完成33个项目,将16个商业解决方案移交至国防部各部门,平均仅需362天。即可使技术样机具备转化应用条件;共计撬动90亿美元的社会资本参与国防技术研发;共与商业公司签订166份合同,共涉及120家非传统承包商,有60家是首次成为国防部承包商。国防创新小组已经成为国防部重要的技术研发组织部门,其技术样机研发投资达4.5亿美元,占整个国防部的11%。

2019年,国防创新小组将"国家安全创新资金"和"国家安全创新网络"办公室纳入管理。前者2020财年预算为7500万美元,主要资助军民两用硬件技术,改变这些技术领域通常由中国企业资助;后者2020财年预算为2500万美元,主要用于加速非传统能力发展、促进国防实验室技术商业化及增强国家安全创新基础等工作。

2020财年,国防创新小组预算申请为1.64亿美元,较上一财年增长约4倍。除新纳入的"国家安全创新资金"和"国家安全创新网络"办公室预算外,其他预算分布于"研究、开发、试验与鉴定"(用于引入和试验创新出成果)、"活动与维持"(用于机构运营)、"样机制造项目",分别为2940万美元、1740万美元及1700万美元。此外,国防创新小组将电力和能源、先进技术材料纳入研究,进一步扩展了技术重点领域范围。

国防创新小组通过加速军队采用商业技术和发展国家安全创新基地维护国家安全。国防创新小组与国防部的各个组织合作,从服务和组件到战斗指挥和国防机构,快速原型和部署先进的商业解决方案,以应对国家安全挑战。国防创新小组在硅谷、波士顿、奥斯汀和五角大楼设有办事处,将其国防部合作伙伴与全国领先的技术公司联系起来。

国防创新小组是唯一专注于在美国军队中以商业速度部署和扩展商业技术的国防部组织,专注于商业领域处于领先地位的6个技术领域,包括先进能源和材料、人工智能、自主系统、网络、人因系统和太空。

国防创新小组的战略目标是在60~90天内完成从问题识别到原型合同的授予,而传统的国防部合同过程通常需要18个月以上。原型项目通常运行12~24个月,并根据其他交易授权(Other Transaction Authority, OTA)进行管理。完成后,成功的原型可以过渡到后续的生产协议。

(二) 主要职能

国防创新小组是美国国防部唯一专注于在美国军队中部署和扩大商业技术以帮助解决关键问题的专职机构。国防创新小组降低了商业公司进入国防市场的门槛，推动新兴和基础技术领域的创新。国防技术信息中心快速而灵活的合同流程和建立一个明确的大规模国防合同的承诺，为企业与国防部在商业条款和商业速度下的合作创造了一种新的方式。

国防创新小组通过与国防部各部门和公司合作，旨在帮助国防部各部门将国家安全挑战转化为问题声明，引入最佳的潜在商业解决方案，并指导与合作的公司通过国防合同授予的过程。从潜在客户第一次向国防技术信息中心提出挑战到一项新技术投入使用，国防创新小组团队一直致力于促进国防技术信息中心的国防部合作伙伴和供应商之间的轻松合作，并快速、敏捷地执行原型项目。

国防创新小组作为从高新技术公司和企业获取前沿技术的前哨，通过协调军种、作战司令部等国防机构，与初创公司、成熟公司、风险投资公司等非传统国防承包商合作，采取灵活的签约授权和快速的样机开发等形式，推动民用技术快速转化为军事能力。国防创新小组重点技术领域主要包括能源、人工智能、自主系统、网络、人类系统以及太空等。

(1) 能源

利用能源和材料技术增强安装和分布式作战的能力和可靠性[1]。

(2) 人工智能

应用人工智能和机器学习加速关键决策和作战影响[2]。

(3) 自主系统

以人机交互和可扩展组队技术开发和完善自主系统[3]。

(4) 网络

为全体美国作战人员提供作战信息开放、可访问和安全[4]。

(5) 人类系统

通过强化装备、创新培训和新型健康应用，优化人体系统及其赋能平台[5]。

(6) 太空

发展对太空的按需访问、持续卫星能力和宽带太空数据传输。

---

[1] https://www.diu.mil/solutions/portfolio#AdvancedEnergy&Materials
[2] https://www.diu.mil/solutions/portfolio#ArtificialIntelligence
[3] https://www.diu.mil/solutions/portfolio#Autonomy
[4] https://www.diu.mil/solutions/portfolio#Cyber
[5] https://www.diu.mil/solutions/portfolio#HumanSystems

（三）组织架构

国防创新小组主要聚焦能源、人工智能、自主系统、网络、人类系统以及太空6大领域。由各技术领域的业务主管专职推动，其内部建立了扁平化的组织体系和运行机制，保证了技术项目的快速立项、实施和转化，一些领域的项目成果已在美国陆军、空军和海军陆战队等作战部队推广应用。此外，国防创新小组还根据实际运行情况，持续进行组织体系和运行机制的调整，以不断适应技术发展需要①。

2018年7月，随着美国科研管理体制改革正式成形，国防创新小组在研究与工程副国防部长领导下运行，主要着眼近期作战需求快速引入民用领域创新技术，与国防高级研究计划局、战略能力办公室等机构互为补充、协同合作，国防科研机构之间衔接更加紧密，为推动国防科技稳定持续长远发展开辟了新的局面。国防创新小组，由75名军内文职人员组成，设有硅谷、波士顿、奥斯汀和华盛顿特区4个办公室。国防部专设由研究与工程副国防部长任组长的技术审查小组，对国防创新小组整体业务进行审查监督。

国防创新小组实行团队管理制度，每个管理团队由2名主任（一人负责机构的总体管理，另一人负责战略筹划）、5名技术领域主管和10名行政领域主管组成。2名主任的主要职责是向研究与工程副部长汇报、对管理团队进行指导管理等，共同确定国防部感兴趣的技术领域、监督国防创新小组分支机构运行以及开展对外联系交流等。研究与工程副部长负责主任的任命工作，经研究与工程副部长批准后，由主任任命其他管理团队成员。如果在特定领域需要技术支持，还将增加来自承包商的专家。同时，为了加强国防部与学术界、工业界的联系与合作，国防创新小组在国防部实验室、采办机构、各军种、作战司令部，以及企业之间设立联络员，并成立子单元。

国防创新小组的全职员工来自现役军人、预备役人员、国民警卫队、平民和承包商，他们带来了广泛的军事和私营部门经验以及与风险投资和创业社区的深厚联系。国防创新小组在硅谷、波士顿、奥斯汀和五角大楼设有办事处。利用这些关键地区员工的广泛专业知识，与前沿技术公司和风险投资公司建立紧密的联系。

国防创新小组90%以上的员工在其职业生涯的某个阶段都拥有军事经验，因而更加了解部队实际问题，并对国防部客户更为熟悉。此外，国防创新小组利用兼职预备役人员的专业经验来加强国防领域和商业领域的合作程度，主要通过将国防部的需求传递给商业部门，加强商业推广以及寻找先进技术和

---

① https://www.diu.mil/team

公司。

每个国防创新小组项目都需要一个国防部合作伙伴,一个明确定义的问题或需求,以及适当的资源,来资助和现场验证商业解决方案。国防创新小组建立了项目决策委员会,以加强项目选择和评估过程。国防创新小组建立了新的外延团队,并在项目识别、选择和评估过程方面进行了改进,以提高能力和成果。国防创新小组创建了国防参与团队和商业参与团队,以寻找具有高影响力的国防部项目和新的扩展合作伙伴,加深国防创新小组对市场格局及其与关键技术领域关系的理解。

(1) 商业参与团队:国防创新小组与行业的接口

国防创新小组的商业参与团队与公司创始人、刚起步的公司、投资者和传统的国防工业合作,向他们阐明国防市场中的机遇、展示他们感兴趣的领域、分享国防创新小组的公开招标计划,并将国防部的合同转换为商业条款。商业参与团队的目标主要包括:为商业公司无缝提供国防部采购经验;帮助风险投资者及其投资组合公司深入了解国防部;确保每次招标都有供应商的席位;促进私营企业参与投资涉及国家安全的商业公司。

(2) 国防参与团队:建立国防部各部门的合作通道

国防参与团队的工作跨越整个国防部,该团队旨在创造新的机会、建立和维护国防部的关系,并通过原型开发将国防创新小组那些成功的、具有变革意义的项目移交、部署和推广至国防部其他部门。

(四)运行机制

国防创新小组的运行模式如图 2-5 所示,国防创新小组针对特定技术领域发布问题需求,组织国防部、商业公司,以及相关军方用户参加技术展示会等活动;感兴趣的商业公司,介绍其技术信息,以及问题解决方案,仅提供简短的、思路性的材料即可;经过沟通需求、技术推销后,筛选目标公司;国防创新小组将在与目标公司建立联系后的 90 天内签署意向合同,并拨付经费;军方用户与商业公司进行联合技术研发,并模拟作战环境,对技术进行测试;假如经过验证能够满足军方用户的需求,国防创新小组就与其签订后续的生产合同,进入国防采办程序。

意向合同的投资来自国防创新小组的国防部合作部门,主要包括军队部门、作战司令部、国防秘书处办公室、国防部办公室等。国防创新小组与其国防部合作伙伴的投资比例为 1:4,而生产合同的经费由国防部合作伙伴全部承担。此外,随着与其签署合同的创新商业公司数量越来越多,参与进来的私人投资数额也越来越高,国防创新小组主任布朗表示将更加合理地利用私人领域的资金投入。

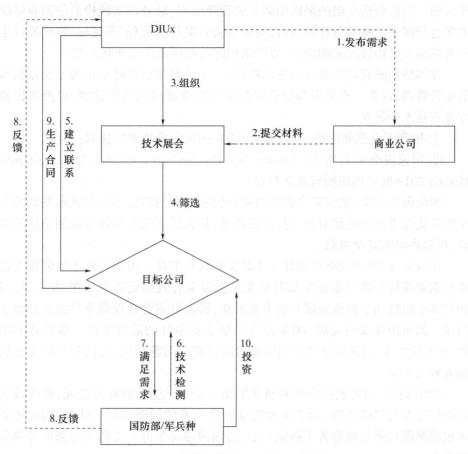

图 2-5 国防创新小组（DIU）运行模式

（1）工作机制

国防创新小组主要依靠"商业领域开放方案征集（Commercial Solutions Opening，CSO）"及"其他交易授权"运行。"商业领域开放方案征集"是一个竞争性的招标流程，其他交易协议是一种特殊的签约方式，通常不受联邦采办条例等传统法律法规的约束，允许完成样机项目的承包商不经进一步竞争即获得后续生产合同。商业领域方案征集流程和其他交易协议的结合，使得国防创新小组可以商业领域的缔约速度与企业达成合作协议，实现快速试验、交付先进的商业领域解决方案。

国防创新小组利用私营部门投资和商业解决方案为美军联合部队提供先进能力。通过灵活的合同签订模式，国防创新小组与人工智能、自动化、网络安全、太空技术、医学和人类效能领域领先的公司合作，以商业条件解决军方的现

53

实问题。国防创新小组的采购团队负责管理流程,对经过实践检验的商业解决方案进行部署。从项目开始,经过商业解决方案开放流程,到授标,再到签订生产及其他交易协议或采购合同,该团队始终与项目经理工作在一起。

在国防部研究与工程办公室的指导下,国防创新小组将承担两个实体机构的运营管理,以进一步巩固和加强国防部与商业部门的合作途径,以及军民两用先进技术的研发:

① 国家安全创新网络,以前称为 MD5-国家安全技术加速器;

② 国家安全创新资本(National Security Innovation Capital,NSIC),由 John McCain 2019 财年国防授权法案授权。

国防创新小组、国家安全创新网络和国家安全创新资本将在技术发展的各个阶段优先考虑国防部对新兴技术的需求,并为国家安全创新基地创造新的机会,以解决国家安全挑战。

在战术、运营和战略层面建立了必要的核心工具。国防创新小组依赖于快速的商业领域开放方案征集和其他交易授权来有效满足需求。在 2016 年,国防创新小组启动了商业领域开放方案征集,旨在以商业速度竞争性地签订商业协议。如果协议成功完成,OTA 允许开展非竞争性的后续生产。通过将 CSO 和 OTA 相结合,国防创新小组能够针对国家安全问题测试,交付和扩展先进的商业解决方案。

2020 财年,国防创新小组的预算增加了 55%,达到 7000 万美元,并增设先期部件开发与样机预算,用于演示验证商业技术的国防应用。此外,国防创新小组将继续加强与联合人工智能中心、美国网络司令部及美国太空部队等单位的联系。

未来,国防创新小组将优先考虑可提供新的、颠覆性能力的项目,包括"响应空中威胁""小型反无人机团队""快速补丁""安全云管理""预测健康""多轨道物流"等。其中,"响应空中威胁"项目旨在应用机器学习技术提升决策能力和速度;"快速补丁"旨在解决国防部用户终端关键漏洞问题;"多轨道后勤"旨在为国防部提供低成本、快速进入地球同步轨道的能力。这些项目紧密围绕 5 大技术重点领域,并基于特定目标推动新质作战能力成形。随着业务的不断增多,国防创新小组的未来能力将得到不断深化,其在推动美国国防科技创新中的作用有望更加突出。

国防创新小组推动国防创新的目标是为集结各领域专家,帮助向国防部作解释工作,让国防部了解现实情况,从而在公司和国防部之间建立互信。国防创新小组中的 x 是实验的意思,意味着目前该小组还处于试行阶段,会尝试多种不同的行动来支持国防部。目前为止,国防部其他部门对于国防创新小组给予的信息还是持不接受的态度。有几项工作是现有的国防创新小组办公室以及后续再设立的办公室应该做的。

① 建立并维持自己数据库,保存参与创新发展生态模式的所有公司、人员、风险资本以及专家的数据。该数据库要对现有的数据汇编(如 TechCrunch)进行补充,同时还要加入国防部人员对于如何将资源用于国家安全的想法。有些应用案例可能是保密的,该数据库可以帮助国防部了解谁是合适的人选可以邀请参加讨论交流。

② 举办关于特定主题的论坛和技术交流,邀请政府实验室的科学家和国防部相关领域代表和相关技术专家、风险资本家、执行总裁以及企业开发人员会面,共同探讨国防部需求和可能的解决空间。信息交流是双向的,但是国防部参加人员务必不能说教,而是要倾听,学习潜在的新技术,尤其是要学习能够撬动那些为国防部所用的科技所要面临的挑战,国防部人员需要时刻准备好保证这些互动取得效果。

③ 建立一个可以给创新人员展示他们创意的空间,然后请国防部人员参加这些展示,交流想法,发现可能的结合应用案例。有些情况下,国防创新小组还可以资助一些公司进行创意展示,或者参加融合演习,还可以给最适合国防的创意或者最有创意的展示实施奖励。

④ 组织研讨会。政府官员可以非正式地和公司企业接触,建立更亲密的私人关系,更好地了解国防部面临的挑战和机遇。由于有些政府机构过多地召开非现场会议,开会成了国防部和其他政府部门的一大问题,国防创新小组是理想的场所,可以通过研讨会的形式重新开始思想交流。

(2) 工作流程

国防创新小组采用"商业领域开放方案征集"流程进行招标,该程序是一个持续开放、竞争性的招标过程。商业领域开放方案征集,旨在寻求创新建议、商业技术,创新指的是任何新型技术、方法、现存技术中新的应用以及有助于维护美国国家安全的商业解决方案。该过程主要由主管部门发布公告初步征集解决方案概要,然后对征集的解决方案概要进行评估,评估结果为优秀的公司会被邀请提交正式提案进入下一轮竞争。主管部门还会邀请公司通过方案评估来展示他们的技术,也可以随时与公司进行讨论,并且在任何时候添加他们感兴趣的内容。CSO 将会催生原型项目,不仅包括商业或战略投资的商业化技术,而且还包括概念演示、试点以及灵活的开发活动,这些都可以逐步提高商业技术以及国防应用的思想观念。

国防创新小组极大地简化了采办流程,吸引了大量非传统防务承包商参与国防部业务。2018 年 11 月修订的国防部 5105.85 号指令规定,国防创新小组如遇到与现行政策冲突问题,可向负责政策的副国防部长等相关领域负责人申请免于执行相关规定,这一制度的确立有助于进一步扫清推动创新工作的障碍。

① 主要步骤

一是解决方案概要的准备,如图2-6所示。

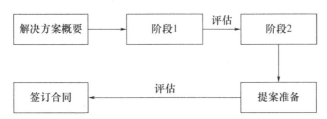

图2-6　国防创新小组商业领域开放方案征集实施步骤

阶段1:提交方需提交一份解决方案概要,主要包括标题页、执行概要、技术概念、公司的生存能力;

阶段2:这一阶段公司通过面对面演示或提交书面意见向政府展示,需包括更多的细节以及技术和商业上的可行性。主要标明:价格/时间表的估算、国防效用、运行影响、技术原型、数据权力声明。

二是提案准备。阶段2评估通过后,公司会收到政府提案邀请,届时公司需提交一份完整的提案。这一阶段主要讨论提案的想法和细节。由技术提案和提案价格/成本/进度四部分组成。

三是签订合同。根据评审结果和经费的实际情况,国防创新小组将会与最合适的单位签订合同。合同为固定价格,使用"其他交易授权"的基本类型。OTA类似于商业合同,可以不受绝大部分政府采购法规和规章束缚,允许政府更加快速及简便的与企业签订合同,从而避免部分最具创新性的商业公司因手续繁琐不愿意为国防部开展研发工作。首席执行官将直接参照OTA的条款和条件(包括支付)与公司进行谈判。

② 评估标准

一是阶段1的评估标准。该阶段的评估分三部分,首先评估技术观念的价值优势即在政府目的领域的可行性;然后对概念/技术/方案与政府目的领域的相关性以及提议的创新性、独特性和可利用性进行评估;最后政府会评估公司实力和提出方案的商业可行性,并将根据外部市场的研究来评估公司的生存能力。

二是阶段2的评估标准。该阶段将会基于以下因素进行评估:a. 提案与增强DOD任务有效性的相关程度;b. 粗略估算价格的可接受程度;c. 大致进度表;d. 非传统和小企业参与或分担1/3费用的公司情况;e. 提案要具备开发样机的条件;f. 相关数据权属。

三是提案评估。提案由政府的专家基于以下标准进行评估:a. 提案与破坏性防护能力的相关程度,包括加速创新发展对第三次"抵消战略"促进的程度;b. 提案尤其创新方案的技术优势;c. 提案执行计划的现实性和充分性;d. 价格的现实性和合理性。

(3) 项目选择

国防创新小组选择项目最重要的指标是有可能在整个联合部队中产生变革性影响。虽然国防创新小组在选择项目时考虑了各种各样的标准,但一些最重要的变革潜力指标可以扩展到所有国防部领域的技术或方法;大大减少生命损失并提高部队保护能力;提高效率并节省纳税人的钱;启发新的操作概念,增强军事能力。

衡量绩效的主要方式是根据运营商业解决方案的能力,并通过OTA或其他合适的合同将其交付给国防部客户。国防创新小组渴望执行变革性项目;利用国防部客户资金,以商业速度运用,所产生的国防收益等于或大于国防创新小组预算的10倍;并向国家安全创新基地推荐新的和非传统的供应商。

项目统计:2016年6月至2018年12月,共授予104项合同,其中87家来自非传统供应商,43家为新的国防部供应商;开展了5个变革性项目,12个过度项目,完成了43个项目;项目总经费3.54亿美元,94%的项目经费来自国防部客户。

发展国家安全创新基地:截至2018年12月,国防创新小组收到来自42个州的700多家公司提交的材料,向来自18个州的90多家公司签订合同,并利用超过40亿美元的风险资本。

(五) 案例分析

国防创新小组开发了一种称为"商业解决方案机会"的工作流程。该流程可以使参与国防项目的私营企业在竞标时,能够在军事应用中证明其解决方案的合理性并迅速进入生产。此外,国防创新小组还成功简化了与国防部的合作流程。2020年提交项目的公司数量增加了40%,国防创新小组还与大约120家非传统供应商(通常不涉及国防合同)合作,吸引了60家从未与国防部合作过的公司,提出帮助战场士兵的解决方案。

在这些项目中,利用人工智能对战机进行预测性维护的项目具有一定的变革性。当基于人工智能的软件准确地预测飞机的哪部分零件将发生故障时,技术人员可在零件失灵前对其进行更换。这一方案可减少战机的维护时间,从而提高战机的可靠性和战备能力,并节省维护费用。该项目最先开始于空军,国防创新小组于2019年11月通过其他交易授权与硅谷的C3.ai人工智能公司签署了一份为期5年的预测性维护人工智能产品生产合同,以将预测性维护这一技术规模化应用于国防部各型机群,减少计划外的维护任务。当前,国防创新小组正与海军陆战队和陆军合作,将预测性维护技术用于地面车辆和直升机,同时希望将该技术应用于海军船舶维护。

另一个国防创新小组项目通过使用由经验丰富的公司 Shield AI 初创公司生产的手持式四轴飞行器,自主探测建筑物、隧道和洞穴,向海军特种作战部队提供实时视频和地图流媒体数据。除此之外,小型无人机还具有红外功能,有利于城市作战。

国防创新小组即将展开实施的项目之一是蓝色小型无人机系统项目,该项目建立在陆军的近程侦察项目的基础上,计划选择小型无人机供应商以替代中国制造的无人机。该项目计划将陆军测试过的产品标准化,以供各个军种使用。国防创新小组在其进行的项目过程中,每两年会影响大约 5~6 亿美元的采购,使国防部从商业采购中受益匪浅。但国防创新小组面临国防预算的压力和对手国家的战略,未来仍需不断进行改进和创新。

六、国防技术信息中心

(一)历史沿革

国防技术信息中心的前身是 1945 年 6 月成立的空军国防文献中心(Air Force Defense Documentation Center, ADDC),如图 2-7 所示。该机构的最初任务是收集德国航空文件,文件分为三类:有助于太平洋战区战争的文件,对英美军队有直接情报利益的文件,以及对未来研究有益的文件。

图 2-7 美国国防档案研究中心

1945年,美国航空防务委员会将其在英国伦敦的业务转移到俄亥俄州代顿的赖特-帕特森空军基地,在那里更名为航空文件司。航空文件司的工作人员对捕获的文件进行了分类,并翻译了少数被视为高优先研究的报告。

1948年,美国海军和空军部长将航空文件司重组为中央航空文件办公室,扩大了其任务范围,其职责包括收集、处理和传播用于军事法规的信息。从名称和任务上来看,该组织已经演变成为国防部和政府资助的科学、技术、工程和国防部相关业务信息的中心[1]。

(二)职能任务

国防技术信息中心的任务是"聚合和融合科学技术数据,以快速、准确和可靠地提供开发下一代技术所需的知识,以支持国防技术信息中心的作战人员,帮助确保国家安全。"国防技术信息中心已经为国防行业的信息需求服务了近80年,在国防部应对新兴技术挑战和保持军队的技术优势方面发挥着关键作用。国防技术信息中心的战略计划将作为指导性文件,在未来5年付诸行动,以支持国防部的研究和开发活动,并与行业合作伙伴一起扩大美国的技术优势。国防技术信息中心向国防研究和工程助理部长和负责采购、技术和后勤的国防部副部长负责,为五角大楼的决策者以及实验室研究人员、工程师和科学家提供服务。决策者需要对研究的状态有一个完整的了解,具体包括有哪些选择,评估在哪里投资,以及何时可以获得一种能力[2]。

国防技术信息中心支持国防研究与工程的努力,以减轻新的和正在出现的威胁能力,使现有军事系统具有可负担或扩展的能力,并通过工程开发技术完成以下任务:

(1)保存和传播国防科技信息;

(2)提供工具,促进研究和工程企业加速技术的发展,保持国家的技术优势;

(3)通过向公众和行业提供国防部资助的研究成果促进创新;

(4)通过分析资金、在建项目和独立研发数据,确定差距、挑战和前进方向,使国防经费价值最大化。

这些任务的完成可以使研发机构减少外部因素的威胁和干扰,增强军事系统研究能力,通过新的科学与工程开发实现技术突破。

国防技术信息中心收集的超过50%的研究记录可通过研究与工程网获得。研究与工程网是一个访问控制的知识管理知识库,可用于授权的国防

---

[1] https://discover.dtic.mil/wp-content/uploads/2018/05/DDC-Opti.jpg

[2] https://discover.dtic.mil/

部人员、国防承包商、联邦政府人员、政府承包商和选定的学术机构。研究与工程网需要使用通用访问卡（Common Access Card，CAC）登录或注册。公众可以通过这个网站获取非机密的、无限的信息，包括许多可下载的全文文件。

国防技术信息中心还管理信息分析中心，为作战司令部、国防部长办公室、国防机构和军事服务的不同客户群提供必要的技术分析和数据支持。美国国防部信息分析中心积极与国防研究和工程重点小组以及网络、国土防御和防御系统领域的利益团体进行合作。他们由科学家、工程师和信息专家组成，为客户提供多样化、复杂和具有挑战性的研究和分析。

(三）组织架构

国防技术信息中心总部设在美国弗吉尼亚贝尔沃堡，有400多名工作人员，设有主任1名、副主任（首席信息官）1名、参谋长1名、项目管理主任若干名、企业内容主任、信息技术服务主任、用户服务主任、信息分析主任、资源管理主任，职能部门包括平等就业处、档案管理处、科技政策与项目处。国防技术信息中心在国防部长的领导下运作，并向国防部研究与工程副部长（USD（R&E））报告。国防技术信息中心组织架构如图2-8所示①。

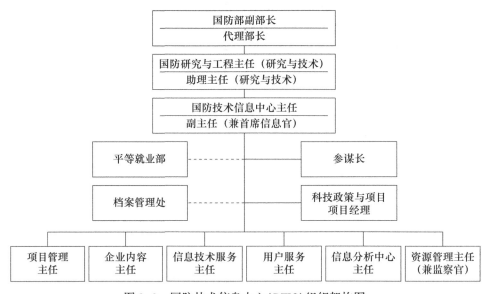

图2-8 国防技术信息中心（DTIC）组织架构图

---

① https://discover.dtic.mil/wp-content/uploads/2021/09/DTIC-OrgChartSept2021.pdf

(四) 运行机制

国防技术信息中心将确定实验室、联邦资助的研发中心和行业合作伙伴,这些都是能够促进创新的领导者加速开发未来能力的进程。国防技术信息中心能使研究、开发、测试和评估人员能够迅速识别哪些研究路径有希望,哪些尝试似乎没有成效以及哪些尝试没有成功。国防部每年在科学技术上的投资超过120亿美元。

国防技术信息中心的使命是将所得成果与部门分享,使投资最大化。为了确保国防技术信息中心认可并建立最佳实践,国防技术信息中心将为在不同的地理位置的团队提供帮助,为不同的组织工作,以协作确定解决方案。在每一步,国防技术信息中心都必须保护国防部和工业的知识产权,以及国防部网络,同时不断改进国防技术信息中心提供的产品和服务,以帮助国防部跟上国防部、学术界和工业界的技术现状。国防技术信息中心的用户包括国防部、联邦政府的其他部门、行业合作伙伴、学术界和公众。

国防技术信息中心将通过非保密互联网协议路由网络(Non-classified Internet Protocol Router Network,NIPRNET)、秘密互联网协议路由网络(Secret Internet Protocol Router Network,SIPRNET)和公共互联网提供在用户首选设备和平台上操作的直观工具。国防技术信息中心的员工对国防技术信息中心任务的成功至关重要,国防技术信息中心向他们的开发和所需的技术进行投资,以交付国防部需要的工具。国防技术信息中心重视多样性以及其所带来的优势和人才。

这些优势和才能将有助于国防技术信息中心培养包容和尊重的文化,并创造一个分享知识和克服挑战的开放环境。国防技术信息中心的业务范围代表其核心职能,是完成使命的基础。业务范围是收集、信息分析和传播,即收集、保存和丰富国防部资助的技术信息并确保信息安全;提供技术数据搜索和分析服务;并在用户工作的平台上传递技术信息。

国防技术信息中心寻求与行业合作伙伴合作的机会,为客户在国防部提供最好的产品和服务,支持收集和信息传播。这些机会包括扩大使用开源软件、软件作为服务产品和非盈利资源。它还将支持信息分析中心,为国防部提供访问跨越国防部研发技术重点领域的数千名主题问题专家的途径。国防技术信息中心未来五年的战略主题或成功支柱将是以客户为中心,创新、卓越运营的战略合作。

国防技术信息中心的战略目标将围绕四个主题发展,推动各项目标的实现,同时将重点放在优先领域,包括信息搜索能力、协作能力、访问身份管理、数据融合与分析、网络安全、数据中心优化和云。

优先战略方向包括扩大和加强数据收集能力,从而提高数据质量和完整性,为用户发现信息节省时间,并确保国防技术信息中心首先呈现最相关的信息。与客户合作,具体包括了解他们的需求和任务目标;从多个数据源收集信息,并提供知识产品,将不同的数据集融合到研究生命周期的单一视图;减少用户搜索和发现关键信息所需的专业知识以及改进运筹学研究,识别技术趋势。

(五)案例分析

2020年10月29日,美泰科技宣称获得美国海军一项为期五年,价值8500万美元的靶场测试能力合同,该合同旨在建立海军武器系统的高级硬件/软件测试能力,管理美国海军水面作战中心起重机部门使用的作战测试程序套件,以确保美国海军飞机上先进武器系统的高可靠性和维护性。美泰科技是根据国防部信息分析中心(Defense of Department Information Analysis Center, DoD IAC[①])的多重授权合同(MAC)获得该合同的。这些国防部信息分析中心多重授予合同任务订单由美国空军第774企业采购中队授予,旨在开发和创造新知识,以增强国防技术信息中心信息库以及研究与开发和科学与技术社区。

根据该合同,美泰科技开发专用的测试硬件和软件,以对包括SIGINT、ELINT和RF组件在内的系统执行最高级别的"Depot Level"诊断测试。根据需要,美泰科技将使用其ACRE网络靶场解决方案来测试飞机武器系统,以加强海军武器系统的网络平台防御能力。

美泰科技曾于2009年参与美国国家网络靶场[②]项目,并于2010年正式承建美国国防部的信息保障/计算机网络防御靶场(DoD IA/CND Range, IAR),后更名为美国国防部网络安全靶场(Defense of Department Cyber Security Range, DoD CSR)。该靶场主要由美泰科技进行构建,包括第一代的IAR靶场以及第二代的CSR靶场。美泰科技创立于1968年,总部位于美国弗吉尼亚州,全职雇员7000人,是一家国防信息安全技术服务供应商,为美国国防及政府设计、开发、采购和维护任务关键的企业信息技术。同洛克希德·马丁公司的国家网络靶场项目,美国国防部网络安全靶场也由美泰科技负责运营技术支持,并在美国国防部网络安全靶场的基础上设计了的持续诊断和缓解计划。美泰科技于2014年在国防部网络安全靶场内推出了海军陆战队网络靶场及其网络培训和

---

① DoD IAC 计划是国防技术信息中心的一部分,为DoD和联邦政府用户提供技术数据管理和研究支持。IAC计划始建于1940年代,通过为国防部和更广泛的科学技术社区提供集成的科学技术信息开发和传播来加强协作,从而为国防部研究与开发和科学与技术社区提供服务,以推动创新和技术发展。

② 美国国防部的主要网络靶场(包括国防部网络安全靶场、国家网络靶场、C5评估部靶场和联合信息作战靶场。目前,针对网络空间安全的高度真实的测试和培训环境,已经全部实现基于虚拟化和云计算来提供资源的弹性伸缩,在工控、信号情报和电子战等方面,上述网络靶场还是基于实物物理的方式进行构建。

评估平台。

美泰科技管理运营美国国防部网络安全靶场,并运行综合团队服务设施。这些解决方案可以为信号、网络、电子战提供先进的虚拟持久训练环境,该环境可以与动能和合成战士训练系统集成在一起。美泰科技的综合团队服务设施与美国国防部网络安全靶场相关联。该综合团队服务设施是经过改造的集成空间,拥有50000平方英尺以上的完全可重新配置的环境场地。自2003年以来,海军陆战队及美军的其他机构已使用美泰科技的综合团队服务设施来支持和其他国家资产的整合和逻辑组网,并提供支持作战人员所需的靶场测试和评估资源。

美泰科技基于上述项目的技术积累推出了商业化的"网络靶场"产品,并于2017年推出高级网络靶场产品。此外,美泰科技还是美军下一代网络靶场——持续网络训练环境(Persistent Cyber Training Environment,PCTE)的主要供应商之一。美泰科技为持续网络训练环境提供计划的网络、培训和部署环境功能集成。该公司主要帮助美国陆军持续网络训练环境建立独特的物理和虚拟计算设备,并通过其开放式微服务企业框架提供基础架构和集成支持。此外,美泰科技还将学习管理系统以及部分功能分包给了其他供应商,比如分包商终极知识研究所提供用于网络培训的EMF 360学习管理系统。学习管理系统支持面向全球学生的讲师指导或自定进度的在线课程。SimSpace为持续网络训练环境计划开发订单门户和内容存储库,这将使学生(网络使命部队的成员)能够访问持续网络训练环境平台和相关的培训工具。Metova将支持通过网络靶场相关的技术和持续网络训练环境集成:包括基于Metova的SLAM-R的蓝色空间,其重点是建立网络关键地形;灰色空间,支持商业和国防部信息网络架构;基于Metova的SLAM-R技术的流量生成和威胁模拟以及基于Warfighter Platforms的网络集成,最终要为持续网络训练环境集成的内容包括建模与仿真、电子战、情报和动力学等领域。

七、试验资源管理中心

(一)历史沿革

美国国防部2004年成立了试验资源管理中心,实现了国防试验与鉴定资源的统筹规划和集中监管,具体从三个层次对全社会的设施资源进行统筹利用,提升科技资源的利用效率和投资效益。第一个层次是国防部内部的设施资源,重点是重大靶场设施资源,以及分布在国防部下属实验室、试验与鉴定中心的其他设施,这一层次是监管的重点,由国防部直接规划建设并给予稳定投入。第二个层次是能源部、美国国家航空航天局等其他政府部门的设施资源,这一层次主要通过部际委员会进行协调或签署合作备忘录等方式进行资源共享。如2007年,美国国家航空航天局与国防部签订国家伙伴航空试验设施共享备忘录,两家部门下属的风洞、推进测试设施、模拟设施、开放靶场等实现资源共享。第三个层次是全国范围内与国防科研密切相关的设施资源,包括分布在大学、工业界等的设施,这一层次主要通过合同的方式进行利用。

(二) 主要职能

近年来,随着美军一体化联合作战概念的形成,一体化联合作战已经成为信息化战争的主要作战样式。这一变化不仅对各国军事发展产生了深远影响,也对武器装备系统的试验能力提出了更高要求。为此,美国针对未来一体化联合作战需求,积极实施武器装备转型计划,改变新型武器系统论证、研发和试验的方法,提出发展联合环境下的试验能力,从装备发展的源头提升武器装备联合能力。

同时,为了促进和保障能力发展,美国国防部依托试验资源管理中心从军事需求、技术和经济等角度综合考虑,按严格的规程筛选出包括试验与鉴定核心投资计划(Central Test and Evaluation Investment Program,CTEIP)、试验鉴定/科技计划和联合任务环境试验能力(Joint Mission Environment Test Capability,JMETC)计划等在内的重大投资计划,从而持续、有序地推动联合试验能力的全面提升。

(三) 组织架构

美国国防部试验资源管理中心在国防部副部长的直接领导下,主要管辖靶场和测试设施基础。试验资源管理中心设主任1名、代理副主任2名,副主任2名(分别分管网络测试和国家网络靶场)、首席财务官、首席运营官,如图2-9所示。

(四) 运行机制

随着联合作战概念的不断发展和深入,为了进一步推进联合试验能力的提升,美国国防部部长办公室、作战试验与评估局以及空军作战中心于2006年共同授权联合试验鉴定(Joint Test and Evaluation,JT&E)项目组继续针对联合试验鉴定方法(Joint Test and Evaluation Methodology,JTEM)开展研究,并要求利用三年时间建立一套通用、切实可行且高效的联合试验鉴定新方法,旨在进一步提高在逼真的联合任务环境中跨采办生命周期进行试验的能力,其核心是研究在联合环境下试验与鉴定的方法和步骤。

能力试验方法(Capability Test Methodology,CTM)是美军JT&E项目中有关联合试验鉴定方法研究的重要成果。2009年,项目组公布了新版能力试验方法文件——CTM 3.0,其中包括《能力试验方法项目经理手册》、《能力试验方法执

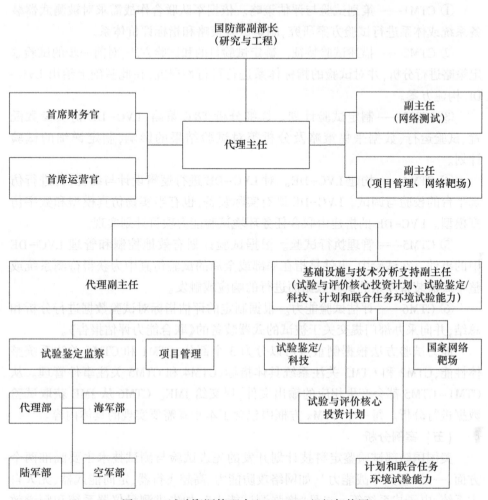

图 2-9　试验资源管理中心（TRMC）组织架构图

行人员手册》和《能力试验方法分析人员手册》，该文件从不同时间节点、不同参与者的角度对能力试验方法执行过程进行说明，涵盖了试验流程中的各个阶段。

美军提出能力试验方法的目的是为了让武器装备能够像在联合作战环境下一样进行有效的试验鉴定，其核心是在所构建的真实、虚拟、构造分布式环境（Live、Virtual、Constructive Distributed Environment，LVC-DE）里对被试装备进行试验，并针对装备的性能、体系贡献度以及被试装备执行联合作战任务的有效性进行评估。CTM 主要包含六个并行、交互的步骤，即 CTM1~CTM6，具体内容如下：

① CTM1——策划试验与评估策略。依据军队联合作战需求对被测武器装备系统或体系进行试验方案研究,制定试验策略和指标评价体系。

② CTM2——描述试验特征。确定试验目的和试验方法,对前一步的试验鉴定策略进行分析,并对试验的指标体系进行可行性研究,在此基础上给出 LVC-DE 构建方案。

③ CTM3——制定试验计划。详细分析 T&E 策略、LVC-DE 仿真参数配置、试验运行、数据采集策略及分析等对试验结果的影响,制定详细的试验计划。

④ CTM4——构建 LVC-DE。对 LVC-DE 进行逻辑设计与编程,再进行仿真平台的校验与调试。LVC-DE 既有实际装备,也有半实物仿真模型和数字仿真模型。LVC-DE 的搭建由联合任务环境试验能力项目计划实现。

⑤ CTM5——管理执行试验。根据试验计划有效地控制和管理 LVC-DE 中的事件。在试验中,事件是指在局部或全局的试验仿真中为获得待测系统或整个武器装备体系的试验数据而进行的响应或触发。

⑥ CTM6——评估试验能力。根据制定的评估指标对试验数据进行分析和总结,并向采办部门提交关于被试的武器装备的《联合能力评估报告》。

能力试验方法根据侧重点可以分为 3 个部分,CTM1 和 CTM6 关注系统整体性能,CTM2 和 CTM3 关注系统具体指标,CTM4 和 CTM5 关注事件管理。从 CTM1~CTM5 都会产生相应的输出文件,提交给 JME。CTM6 从 JME 获取试验数据进行分析。每一个 CTMx 方框内包含了本步骤需要实现的具体内容。

(五) 案例分析

美国国防部试验鉴定科技计划开发的先进试验与测试技术主要瞄准两个方面,一是"新兴作战能力",如网络攻防能力、高超飞行器、定向能武器、无人自主系统、电子战系统等。二是"增强测试能力",如先进测量仪器系统和频谱效率技术。该计划通过对这些重点技术领域的长期持续投资,为美国军工重大科研试验设施和武器装备试验鉴定能力的提升奠定了基础。该计划所开发的大量技术已经或正在转化为有效的试验手段和试验能力。下面列举一些典型的转化应用实例:

(1) 改进高速/高超声速武器系统试验

在高速系统试验技术领域,转化了一部能在马赫数 4 风洞中支持武器分离试验的高温、6 自由度平衡和应变仪样机。该技术已转化到阿诺德工程研发中心、空军研究实验室、美国宇航局格伦研究中心和兰利研究中心的风洞中;高速系统试验技术领域正在开发高超声速航空推进洁净空气试验台样机,在风洞中以所要求的温度和能量复制真实、可变马赫数的飞行包线。该项目已进入第二个开发阶段,演示验证将不同来源的洁净空气混合并输送至试验发动机,模拟发动机在马赫数 4.5~7.5 速度下飞行时所受应力。该项目通过在地面试验设施进行充分的冲压发动机性能和操作性试验,有效降低国防部开发和采办高速打击武器的风险。

(2) 改进高能激光器试验

在定向能试验技术领域,开发了光探测和测距系统,以描述高能激光器偏移传播路径的大气情况。该系统将提供距离分辨反射湍流剖面、水雾密度和由悬浮微粒造成的衰减剖面。该技术将帮助了解大气如何影响失真的高能激光器波束传播。目前该项目已开发了地基和海基样机;定向能试验技术领域向高能激光系统试验设施转化了一套高能激光武器传感器阵列。该传感器阵列用于支持美军高能激光武器联合技术办公室的反情报、监视和侦察无人机试验,是第一个使用仪器化战术级无人机的非破坏性试验。传感器提供的以前无法获得的数据被用来改进美国陆军和国防高级研究计划局的固态激光移动演示器的建模与仿真代码。

(3) 改进红外对抗系统试验

在电子战试验技术领域,向马里兰州帕图森特河的空战环境试验鉴定设施交付了一套大功率激光目标板,用于试验定向红外对抗干扰激光器的性能。该技术是确保定向红外对抗干扰激光器指向精度的关键;针对试验与鉴定核心投资计划中的联合分布式红外对抗地面试验系统的风险降低工作,电子战试验技术领域完成了一种新型超点阵发光二极管光源的研制和试验工作,以便在美军设施中更逼真地试验红外对抗系统。该技术提供双色高温场景的帧速率足够快,能够测试新的红外对抗和导弹告警传感器,该技术对于改进美军定向红外对抗系统的试验能力至关重要。

(4) 提高国防部靶场遥测质量

在频谱效率试验技术领域,向试验与鉴定核心投资计划的增强遥测综合网(Integrated Network of Enhanced Telemetry,INET)项目移交了一种服务质量软件,支持增强遥测综合网网络遥测链路管理器系统的开发。服务质量软件对数据包优先级排序,首先发送较高优先级数据,记录试验平台上的低优先级数据,提高了网络遥测链路的吞吐量。

(5) 改进鱼雷性能试验

C^4T 正在持续开发 MK48 和 MK54 鱼雷的试验与测试技术。这些技术将为在各种海上战术环境中测试鱼雷性能提供高保真度的窄带和宽带声传播模型。该模型包括一个实时仿真/模仿系统,用于在多目标测量、生化和威胁环境中测试鱼雷声纳系统,该模型将纳入目标潜艇或水面舰船的自主规避动作。

(6) 提高自主系统试验的性能预测能力

在 C^4I 与软件密集系统试验技术领域的前身——无人自主系统试验技术领域,开发了一种无人自主系统软件的应力测试工具。该工具可揭示系统的性能故障,通过自主学习规则激活无人自主系统网络的漏洞,从而提高易损性检测的全面性和充分性,以及试验安全性。开发期间,利用软件测试工具支持自主系统技术演示验证装置的测试。开发完成后,样机移交给美军系统集成试验室支持下一代自主系统的测试。

(7) 提高静爆试验场试验的实弹发射测量能力

先进测量系统技术领域开发了一种无源成像技术以提取弹头测试中单个碎片的尺寸、形状、质量、阻力系数和速度矢量,快速描述碎片性状。该技术可以提高太空分辨率和快速瞬间分辨率来感知碎片,并提高弹头测试效果,这对下一代武器的开发至关重要。此外,该系统还极大降低了传统静爆试验场碎片回收的人力和材料成本。

(8) 提高网络试验环境的净度

在网络试验技术领域,开发了自动化消毒框架。这种持续的消毒方法可使专业资源在用户间根据不同的安全等级进行共享,而不存在国家网络靶场保密数据丢失、泄密的风险。其中,一些消毒模块用于美国国家网络靶场,消毒框架正在达尔格伦的联合作战分析中心实施。

八、战略能力办公室

(一) 历史沿革

战略能力办公室成立于 2012 年,最初成立的目的是发展对抗中国的能力。该办公室曾被形容为美国国防部重点关注北京的"战略沟通"工具,而现在,战略能力办公室已发展成为国防部的一个重要机构,不仅拥有大量资金,而且能不受约束地使用这些资金。战略能力办公室主要负责协调发展国防部各军种的武器及系统,研发对抗高端的新能力。

(二) 主要职能

战略能力办公室所开展的每项工作均与各军种合作进行,而非由该机构独自开展。战略能力办公室重点负责战略分析,各军种则发挥工程师和编程专长等优势,通过与各军种合作更加快速地推进项目进展。

战略能力办公室的主要目标就是通过秘密开展相关项目使国防部在冲突中通过突袭取胜,因而,最好的项目都是秘密进行。同时,通过该机构开展的相关工作也应有助于保持美国的威慑能力。所以战略能力办公室开始公开发布部分项目信息,向世界展示美国正在快速做出改变,重新获得快速实现技术研发的优势。

（三）组织架构

目前战略能力办公室拥有 6 名政府职员、约 20 名合同制技术工程师、13 名军职人员以及其他人员。该办公室每年可提出 5~6 个新概念，目前在从概念提出到列编项目具有非常高的转换率。

（四）运行机制

一是手段创新机制。美国在中东地区持续数十年的作战，为对手研究美军武器装备与战略方面的弱点，提供了有价值的范例。但是，当美国认识到他们正在被人观察研究时，通过非常规的"迷惑对手的打法"赢得比赛胜利。战略能力办公室正是通过作战概念创新和系统集成，对现有武器系统采用出其不意或敌方无法应对的方式，通过创新制造出"技术突袭"的效果。

二是技术突袭攻关机制。战略能力办公室主要基于现有武器系统，在较短时间内取得"技术突袭"效果，因此其研发过程本身就具有创新性。与传统武器系统不同的是：传统武器系统从作战需求出发，研发未来作战系统，而战略能力办公室的创新是一个逆向过程，即从现有武器系统反推到作战需求，在考虑现有武器系统硬件和软件制约条件下，研究新系统可能实现的作战能力。

三是与军方对接机制。战略能力办公室与军种和作战司令部保持密切联系。由于战略能力办公室都是在现有军种和机构所拥有武器系统基础上进行创新，因此与军兵种、作战司令部及情报部门保持密切合作是战略能力办公室取得成功的秘诀。目前，战略能力办公室与海军、陆军、空军、海军陆战队及导弹防御局建立了伙伴关系，美军太平洋司令部和欧洲司令部已在战略能力办公室派有常驻代表。2016 年，美国战略司令部及特种作战司令部也将启动相关工作。战略能力办公室重点负责战略与分析，各军种则充分发挥工程和设计优势。每年战略能力办公室都会召开年度"特别专项"会议，向各军种征求项目建议，"武库机"项目就是在 2015 年的"特别专项"会议上由空军提出的。此外，因为需要赋予旧系统新的作战任务，就算这些老系统本身是成熟的系统，战略能力办公室的概念在验证之前仍具有高风险。战略能力办公室在现有军兵种项目办公室的资助下，开展周期为 2~4 年的样机试制工作，可以为未来的技术转化做好准备，提高技术转化的成功率。

四是项目遴选机制。战略能力办公室着眼于快速形成作战能力，通过项目遴选机制，缩短研发周期，加快成果转化。每年 1 月，战略能力办公室为最佳的 5~6 个新项目编列预算申请，提交国防部办公厅及成本评估与项目评价办公室审查。战略能力办公室的年度预算并不包括未来项目的经费，"这意味着如果我们不能提出新项目，这一机构就将消亡，从而使我们一直保持不断创新的紧迫感。"自 2012 年成立以来,战略能力办公室已完成 15 个项目,共包含 23 种能力,其中 6 个项目已从样机阶段转为正式装备项目,没有一个失败的转化案例。战略能力办公室每个项目的实施周期约 3~4 年,相比美军目前平均 14 年的武器系统研发周期大幅缩短。

战略能力办公室运行的过程本身具有创新性,它没有采取从作战需求到未来系统的发展过程,而是从现有系统到作战需求的逆向过程。现有硬件及软件的限制促进了联合跨域思维,迫使战略能力办公室与系统所有者(包括各军兵种、国防部机构及情报部门)相互合作。在几年的实践中,战略能力办公室启动了 30 余个项目,包含 23 种能力,且至今没有一个失败的转化案例。除与军兵种、国防机构合作执行项目以外,战略能力办公室的运行机制还包括以下特点:

(1) 注重综合集成

与其他科研机构不同,战略能力办公室不是创造全新能力的技术驱动型科研管理机构,其旨在通过重新定位国防部、情报或商业机构,与其他国防部资源进行集成,或吸纳新的商业技术,重新整合并定义现有能力;寻求通过改变现有能力的方式,尽可能延长其可用时间,以达到挫败潜在敌对抗美国的企图。

(2) 强调创新责任

战略能力办公室谋求每个预算周期推出 5~6 个战略能力替代选项,这是战略能力办公室在解决长期问题过程中贯之的创新任务节奏。

(3) 创新的约束条件

现有政府及商业硬件和软件行业所强制实施的诸如尺寸、重量、功率等约束条件,为战略能力办公室提供了创新的构架,也提供了明确的终止准则。这使得研发过程既可以少走弯路,又最大限度地增加了创新方案转化为列编项目的机会。

(4) 跨部门提出解决方案

战略能力办公室寻求发挥现有系统的最大潜能,不得不打破军兵种、任务、密级、项目名称的分类。其很多工作是将不同的能力集成为复合型的联合解决方案。鉴于响应速度是一个关键指标,战略能力办公室(SCO)也探索旨在为国防部领导提供更快、更低成本替代选项的部分解决方案。

(5) 快速原型化

在赋予旧系统新任务的过程中,尽管旧系统本身是成熟系统,但在概念验证之前仍具有高风险。通过在现有军兵种项目办公室框架下资助 2~4 年的概念原型化工作,战略能力办公室可以为未来的成果转化做好准备,同时无需在方案成熟之前创建项目。对于战略能力办公室成员来说,在现有项目办公室框架下工作有助于小型的灵活团队同时启动很多项目。

(6) 注重发展战略伙伴关系

战略能力办公室与各军兵种、国防部机构、作战司令部及情报界建立良好的伙伴关系是其取得成功的秘诀。战略能力办公室探索新概念必须依靠各军兵种和国防部机构独特的工程与项目规划专业能力。目前,战略能力办公室与空军、陆军、海军、海军陆战队及导弹防御局建立了伙伴关系。鉴于战略能力办公室提出解决方案的快速性,美国印太司令部与美国欧洲司令部专门创立了地区战略能力办公室小组,作为战略能力办公室的战区联系桥梁,确保其想法可以有针对性地解决战区最棘手的问题。

(五)案例分析

战略能力办公室正通过3种方式开展项目研究工作。本节分别以案例形式阐述这3种方式的运行特点。

第一种途径是改变系统用途。以"标准-6"导弹为例,"标准"导弹是美国海军于1981年首次部署的面对空防空武器,可从巡洋舰和驱逐舰上发射,用于拦截大气层内来袭的低空反舰导弹和巡航导弹。现在,将其改造为完全不同的系统,如提高导弹射程以实施进攻性打击,使其转变为可摧毁敌人舰船的武器系统。第二种途径是将多个系统集成到一个项目中,通过系统整合完成单个系统无法完成的任务,如"武库机"项目可解决F-35联合攻击战斗机无法搭载大量武器的问题。第三种途径是采用商业技术。通过将现有技术集成于智能感知、计算和网络中,可以提升系统性能,从而提高分布式作战程度并具有更好的控制力。在上述3种新系统研制的方式中,融合商业技术对国防部而言最具挑战性。因为当国防部准备好采用第一代系统时,商业界也许已出现了第三代系统。因此,美国必须改变相关流程跟上商业技术发展的节奏。此外,鉴于国防部所拥有的大多数系统都可以通过改变来执行新任务,该机构每年都对国防部现有的所有系统进行考察,以寻求通过上述3种方式实现对敌优势。

九、国家安全创新网络

国家安全创新网络是美国国防部提升国家安全能力的创新机构,其任务是在国防部、研究型大学及新兴技术公司之间建立全新联盟,打破国防部内部需求与外部创新资源之间的壁垒,通过开放式、非传统途径整合利用外部人才、技术等资源,形成覆盖全美的创新生态系统,以加速解决国家安全问题。尽管其运作模式仍处于探索阶段,但作为国防部推动军民科技融合、加速技术产品开发的新尝试,在创新理念、运营机制方面积累了宝贵经验。

(一)历史沿革

国家安全创新网络诞生于美国国防部积极扩展创新渠道、推动军民一体化发展的背景之下。其前身为 MD5 国家安全技术加速器,成立于 2016 年 10 月,组建初期隶属于负责制造与工业基础政策的助理国防部长帮办,于 2019 年更名并纳入国防创新小组统一管理。此举目的是将具有类似职能的重点机构整合在一起,集中力量推动非传统采办模式的发展。与国防部其他创新机构的区别在于,国家安全创新网络的成立并非国防部授意,而是由国防部内部一小部分创新人才为解决问题自发成立,之后逐渐发展到官方支持的规模,所以本质上是一种自下而上的模式。国家安全创新网络致力于构建人力交流与合作的创新网络,形成分布式创新人才体系,从而快速解决国家安全问题①。

(二)主要职能

国家安全创新网络在波士顿、华盛顿特区、罗利等 13 个商业创新中心设有办事处。作为凝结创新力量的实体枢纽,驻各地办事处的使命是将国家安全创新网络的项目和计划嵌入属地及大学,职能包括:培养具有创造性解决问题能力的国家安全创新人才;与非传统合作伙伴共同开发解决问题的新方案;促进国防部实验室相关技术的开发、应用及商业化。目前,国家安全创新网络正在开展的项目包括国家服务项目组合、协作项目组合和加速项目组合。

(三)组织架构

国家安全创新网络将由 DIU 负责管理,目的是把同样关注的重点机构置于一个单一的领导结构之下。国家安全创新网络将帮助美国国防部"移交"准备水平较低或成熟度较低的技术,直到该技术准备被更广泛地采用。DIU 在奥斯汀、波士顿和硅谷设有办事处,通过扩展创新网络,国家安全创新网络未来将向芝加哥、迈阿密、哥伦布、博尔德、罗利、圣路易斯和明尼阿波利斯等人才众多的城市发展。为了利用当地人才优势,需要学术界以外的资金支持,在全国大约 35 个社区创建一个中心和一个早期风险投资的轴辐式网络,帮助企业寻找到更多与国防部合作的途径。

(四)运行机制

国家安全创新网络通过技术交流机制、人才培养机制以及创新机制促进国防部内外协作,旨在广泛寻求潜在创新力量、汇聚先进创新思想、挖掘前沿创新技术。成立以来,国家安全创新网络已通过各种项目计划产生 1000 余条创意、创造近 400 个岗位、完成 30 余项挑战,其作用和影响逐渐凸显②。

一是交流机制。国家安全创新网络的核心使命是将创新的两端——需求和能力相连接,为国防部与技术创新者、企业搭建直接接触的平台,促进各领域

---

① https://www.nsin.mil/news/2021-06-01-xforce-fellows/
② 蔡文蓉.美国国防科技创新力量集结的新模式——国家安全创新网络,科技创新资讯平台[EB/OL][2020-03-18]https://www.163.com/dy/article/F7VAG9V80511DV4H.html

就解决国家安全问题开展有效对话,从而打破专业界限、人才界限、行业界限,实现创新资源与国防部需求的精准匹配。作为凝结创新力量的枢纽,国家安全创新网络为国防科技创新营造更包容的环境,促进科技人才和初创企业更好地融入国防科技创新体系。

二是育人机制。国家安全创新网络充分地整合国防部、企业和研究型大学的优势资源,创造了"大学—企业—国防部"协同育人机制,突破了体制障碍,充分激发创新潜能和育人效应。通过多方协作,指导学生运用创新创业理念参与解决现实的国家安全问题,既能产出创新性成果,又能提高人才培养目标与国家安全需求的匹配度,从而促进国防科技创新与人才培养耦合发展。

三是创新机制。国家安全创新网络通过其区域中心和大学等建立起覆盖全美的创新人才网络,促进学术界、企业界和国防部开展合作并形成反馈机制,显示了更加广泛的协作和集成水平。国家安全创新网络强调人才流动,促进创新知识的共享,在创新资源既定的情况下,激励跨域创新人才集思广益,有利于增强创新能力,并推动国防部文化向交互式、网络化和更加开放的思维模式转变。

(五)案例分析

目前,国家安全创新网络正在开展的项目包括国家服务项目组合、协作项目组合和加速项目组合。

(1)国家服务项目组合

国家服务项目组合包括"X特工队"项目和"Hirethon长期聘用"项目。"X特工队"项目于2019年首次启动,一般为期3~6个月,通过"奖学金计划"和"志愿者计划"帮助在校大学生了解并参与国防部相关工作,涉及领域包括软件开发、数据分析、机械设计/原型制作等。其中,"奖学金计划"的参与者需定期访问军事基地,并直接与国防部人员合作,针对具体问题开发解决方案。"志愿者计划"的参与者则通过Skype、电话、电子邮件等方式远程与军方协作。

"Hirethon长期聘用"项目允许国防部直接在顶级大学招募人才。通过该项目,拥有"直接雇佣权"的国防部机构可根据自身技术需求与相关专业的学生直接交流,确保所选人才的专业素养、业务能力与岗位需求精准匹配。此外,该项目还为优秀人才提供奖学金及在国防部实习的机会。

(2)协作项目组合

协作项目组合包括"H4D防务开拓"项目、"黑客马拉松"、"资源平台"及"创新训练营"等项目。

"H4D防务开拓"项目于2016年在斯坦福大学首次启动,是一门为期10~16周的大学课程,由大学讲师、政府导师和企业专家共同指导大学生团队利用精益启动方法解决国防部的现实安全问题。截至目前,全美共有31所大学设置了该课程,80余个国防部组织和机构参与,拥有60余家赞助商,解决了近400个国家安全和国防问题。

"黑客马拉松"于2016年10月首次启动,是面向全美创新人才的技术竞赛,竞赛主题源自国防部当下的技术难题。参与者围绕竞赛主题进行为期3天的合作与交流,最终目标是开发出原型、模型或软件应用程序等解决方案。评估小组从技术创新性、市场可行性等维度对提交的解决方案进行评估,获胜团队将获得资助以开展后续研发工作。

"资源平台"是向社会公众征集创新想法的在线平台,可通过手机移动端和电脑桌面端进行访问。国防部机构可在该平台发布技术需求,包括问题描述、所需解决方案以及奖励措施等,全球创新人才均可通过该平台提交解决方案。目前已吸引数万名用户参与,收集了近千个创意,许多创意已被国防部客户采纳。

"创新训练营"项目通过为国防部人员提供为期3~4天的快速培训课程,指导其运用创新方法和工具解决国防部问题。该课程由加州大学伯克利分校安排并实施教学。如2019年5月13日~16日,在汉斯康姆空军基地,国家安全创新网络针对"空军如何平衡敏捷和风险"的问题组织了为期四天的创新训练营。截至目前,美国太平洋舰队、美国空军大学、美国空军第70 ISR联队等11家国防机构通过"创新训练营"计划,为200余名国防部人员提供了培训。

(3) 加速项目组合

加速项目组合包括"国防创新加速器""加速计划"与"启动计划"等项目。"国防创新加速器"项目的任务是召集各领域科学家、技术专家、企业家,快速识别、发掘和整合尚未被利用的国防部实验室技术,并评估其市场可行性以及商业化潜力。2020年,国防分析研究所(Defense Institute of Analysis, DIA)将优先开展通信安全、自治系统、人工智能、虚拟现实与计算机视觉等领域技术的评估。此外,DIA还为创业人员推动其技术商业化提供支持。

"加速计划"项目通过与创业加速器合作,帮助初创企业快速理解并响应国防部需求,提高其与国防部合作的能力,同时也降低了国防部寻找新兴技术的风险。该项目尤其重视开展无人机系统、高性能软硬件、计算机视觉、增强现实等领域业务的初创企业。2019财年,国防部通过"加速计划"项目与20余家企业签订31项合同,涉及3100多万美元资金,其中,私人投资约为2583万美元,国防部出资约为517万美元。

"启动计划"项目不定期在美国各地的创新中心开展活动,为初创公司提供向国防部客户展示其技术和创新思想的平台。如2019年5月22日,国家安全创新网络与空军寿命周期管理中心合作通过"启动计划"项目,吸引了CrowdAI等五家初创公司参与并展示其创新技术。

第二节 专家咨询机构

美国国防部除专门的直属研究机构外,还设立了独立的咨询机构,直接为联邦政府和国防部提供独立的专家咨询建议,主要包括国防科学委员会和国防创新委员会,其中国防科学委员会既是联邦政府的顾问委员会同时也为国防部提供战略咨询;国防创新委员会主要由国防部领导并负责为国防部高层提供独立咨询建议。

一、国防科学委员会

国防科学委员会成立于1956年,作为联邦政府顾问委员会,负责就科学、技术、制造、采办以及其他事务向国防部领导提供独立的意见和建议,确保发现新的技术和新技术的应用,以加强国家安全。

(一)历史沿革

国防科学委员会是联邦咨询委员会的特许机构,为国防部领导提供"关于科学、技术、制造、采办流程和国防部特别感兴趣的其他事项的独立建议,同时提供在这些领域发现新技术和新技术应用的建议,以加强国家安全。"该委员会于1956年根据胡佛委员会的建议成立,国防部研究开发助理部长任命由优秀的基础和应用科学家组成的常任委员会,直接向他汇报。该委员会定期调查新兴科学技术对全新武器系统的需要和机会。

最初的委员会成员共25名,由11个技术咨询小组主席办公室的助理国防部长研发、军队的高级顾问委员会的主席,海军和空军,美国国家科学基金会的董事,国家标准局,国家航空咨询委员会(国家航空航天局的前身),国家科学院的总统,以及7名来自科学和技术团体的成员[1]。

1956年9月20日,委员会召开了第一次会议。它最初的任务涉及基础研究、组成研究和促进该部感兴趣领域的技术进步的计划和管理。1956年12月31日,发布了一份章程,规定该委员会为国防部负责研究与发展的助理部长提供咨询服务。在1957年,负责研发和应用工程的助理国防部长办公室被合并后,委员会重组为通过负责研究和工程的助理国防部长向国防部长提供咨询服务。其成员增加到28人,包括总统的科学咨询委员会主席和国防部长办公室

---

[1] https://dsb.cto.mil/history.htm

的导弹办公室的科学咨询委员会。1957年10月30日发布了修订后的委员会章程。

根据1958年国防部重组法案,该法案规定了国防研究与工程局主任(Director of Defense Research and Engineering,DDR&E)的职责、职能和权力,委员会的章程于1959年11月23日修订。修订后的章程协调了国防科学委员会的角色及使命和国防研究与工程局主任的职责,规定了8名普通成员,并调整了成员,以满足国防研究和工程办公室顾问小组的建立或解散的需求。

在组织工作人员的过程中,国防研究与工程局主任任命了几个类型的战争系统的助理主管。在1959年后期采取这一行动之后,委员会对科学和工程咨询机构的结构进行了研究。关于这项研究的报告由国防部指令5129.22执行。这个指令在1971年2月17日被修订并重新发布。1978年,国防研究和工程主任的头衔改为国防研究与工程副部长。1990年1月1日,直接向国防部采办、技术与后勤副部长(USD(AT&L))报告的国防制造委员会合并为国防科学委员会,将制造问题加入到国防科学委员会的投资组合中。国防科学委员会通过国防研究和工程副部长直接向国防部长报告,同时,与国防部研究与工程助理部长(ASD(R&E))密切协调,以制定和加强国防部的研究和发展战略。2018年2月1日,国防部负责采办、技术和后勤的副部长办公室被拆分为两个新办公室:根据2017财年国防授权法案,国防部研究与工程副部长办公室(OUSD(R&E))和国防部采购与维持副部长办公室(OUSD(A&S))。国防研究与工程副部长办公室是国防科学委员会的正式发起人[①]。

目前,委员会的授权人数为40人,都是在科学、技术、制造、收购过程和其他国防部特别感兴趣的问题领域的杰出权威。该委员会的成员被任命为一到四年的任期,每年更新。委员会的运作方式是成立由委员会成员和其他专家组成的工作团队,处理正式交给委员会的任务,每个工作组通常包括一组向委员会和适当的国防部官员的正式简报,以及一份包含调查结果、建议和实施计划的书面报告。

自1956年成立以来,国防科学委员会就研究、工程和制造方面面临的紧迫和复杂的技术问题,结合战略、战术、运营概念和其他因素,向高级领导人提供建议。通过处理国务院涉及科学和技术的最令人厌烦、影响深远和非结构性的问题。委员会有丰富的历史经验,能够在许多领域确定可以加强国家安全的新技术和应用。

(二) 主要职能

国防科学委员会主要为国防部长、国防部副部长、参谋长联席会议主席以

---

① https://dsb.cto.mil/history.htm

及按照要求为其他国防部长办公室主要成员,如助理、司令部指挥官,提供关于科学、技术、制造、采购和国防部特别感兴趣的其他事项的独立建议和意见。该委员会的成立不是为了国防部的个别采购提供建议,而是关注国防部在研究、工程和制造等领域面临的紧迫和复杂的技术问题,并将确保在这些领域确定新技术和新技术应用,以加强国家安全。无论分配给国防科学委员会审议,还是以任何委员会成员个人名义参与采购项目,负责采办、技术与后勤副部长或指定代表应被授权根据委员会的建议行事①。

国防科学委员会通过工作小组完成咨询任务。研究领域主要包括:高级技术演示验证、生物学、21世纪多域效应、可生存后勤、利用防区外远程能力对抗反介入系统、国防部在国土防御中的作用、国防系统软件的设计与采办、网络战略能力、太空能力国防战略、威慑阻止和应对大规模杀伤性武器使用威胁①。

(三) 组织架构

国防科学委员会由国防部采办、技术与后勤副部长领导,同时和国防部研究与工程助理部长密切合作,参与制定和强化国防部的研发战略。国防科学委员会由不超过45名成员和不超过12名高级成员组成,常务委员是陆军、海军和空军的咨询委员会主席,以及政策、商业、健康、创新国防咨询委员会的主席。国防科学委员会成员由国防部长任命,其任命每年更新一次。这些成员并非全职联邦官员或雇员,应根据《美国联邦法典》第5条第3109条的授权被任命为专家和顾问,并作为特殊政府雇员。委员的任期由一至四年不等。这些任命通常将在委员会成员中交错进行,以确保委员会整体组成定期有秩序地变动。除公务旅行的旅费和每日津贴外,他们通常应无偿服务,除非指定当局另有授权。国防部长根据国防部采办、技术与后勤副部长的建议,任命委员会主席,国防部采办、技术与后勤副部长任命委员会副主席。委员会主席和副主席任期两年,经国防部长批准,可以连任。国防部长可邀请其他杰出的美国政府官员担任无投票权观察员,国防部采办、技术与后勤副部长可邀请其他由国防部支持的联邦咨询委员会的主席担任无投票权观察员。国防部采办、技术与后勤副部长可任命具有特殊专长的专家和顾问,在临时基础上协助委员会。这些专家和顾问,根据《U.S.C. 第5条第3109条》的授权,也应作为特殊政府雇员;但在委员会无表决权。由国防部负责采购、技术与后勤副部长任命的无投票权观察员和无投票权的专家和顾问不计入委员会的全部成员。国防科学委员会包括已退休的国防部和情报部门的高级官员、国防工业的高级管理人员、退役的海军上将和将军,以及来自麻省理工学院等机构的大学教授,这些委员都是无偿志

---

① Defense Science Board Charter[EB/OL][2021-12-04]https://dsb.cto.mil

愿者①。

(四) 运行机制

国防科学委员会按照研究项目组织运行,针对问题成立专门工作组,工作组成员由现任委员及外请专家组成。各工作组完成的工作成果通常包括一系列简报和正式研究报告,包括调查结果、咨询建议以及实施方案等。国防科学委员会每年同时进行多项研究,研究主题是从国防部或国会领导人提出的要求中选择的,除了可以在每年的任何时间开始和停止的研究,国防科学委员会通常每年进行一个或多个"夏季研究"。"夏季研究"一词指的是,这些专家小组每年8月聚集在一起(通常在加州的欧文市),就这些特定的问题进行研究。鉴于这些会议日期已经确定,对该年度的特定研究课题感兴趣的国防部高级人员通常会在会议的最后一天前来,亲自听取到目前为止的研究结果简报。国防科学委员会的所有研究结果都是一份书面报告,其中许多会向公众公布。

(五) 案例分析

国防科学委员会所做的是回答国务卿提出的问题,即那些最没有条理、最困难、最具挑战性、但又很重要、很有影响的问题,或者发掘机会,试图详细阐述并提出这些问题。如,2012年国防科学委员会关于网络安全的一项研究清楚地表明,更好地开展网络防御工作将有助于抵御中低水平的威胁。防御不足以对付构成高级别威胁的国家。该委员会2020年还完成了关于供应链的网络腐败和网络防御管理的研究,这是关于如何最好地管理人力和财务资源,以获得最好的防御。国防科学委员会的成员提出了具体的建议,说明如何在资源有限的情况下从根本上做得更好。

由于国防科学委员会完全专注于科学和技术,所以它与国防高级研究计划局关系非常密切,这两个组织都致力于创新、创造和变革。国防委员会经常在报告中向国防部高级研究计划局提出建议,国防部高级研究计划局经常帮助国防科学委员会获得进行研究所需的背景资料。

各军种都有自己的科学技术咨询委员会,国防科学委员会也与这些委员会保持着良好的关系。国防部通常会接受国防科学委员会的建议。如,2004年国防科学委员会对伊拉克战争初期的稳定与重建进行的一项研究,当研究结果出来时,国防部长签署了一项指令来实施所有的建议。

二、国防创新委员会

国防创新委员会是根据《联邦咨询委员会法案》成立的一个独立的咨询组

---

① Defense Science Board Charter[EB/OL][2021-12-04] https://dsb.cto.mil

织,其主要职能是围绕人力资源和文化建设、前沿技术和军事力量、战略运筹等方面为国防部长、国防部副部长和国防部其他高级领导人提供独立的意见和建议。

(一) 历史沿革

根据《联邦咨询委员会法案》,国防创新委员会于2016年正式成立,其主要职能是为国防部长及其他国防部高层领导提供独立的咨询建议,其宗旨是通过为国防部提供采用的新兴技术和创新方法确保美国在技术和军事上占有绝对优势。国防创新委员会提出的建议遵循简明、可操作性强以及影响力较高的原则。到目前为止,国防创新委员会的多项建议已被国防部领导采纳并支撑战略规划制订和国会立法[①]。

面对快速演变的潜在威胁和作战环境,国防部意识到其必须不断加强创新性解决方案研究,并应用于其战略规划和作战行动中,以保持美军在本土和海外的优势。美军认为,能够与美军抗衡的大国以及同级别的竞争国正在挑战美国在许多领域和技术上的领先地位。美国国防部必须适应不断变化的经济和工业环境,以应对这些挑战并取得成功。在此背景下,美国国防创新委员会为国防部提供独立的专业知识,用于支撑作战人员并激励美军部队取得创新最佳实践。

国防创新委员会由来自国家安全创新基地的领导人组成,其目的是为国防部战略决策提供多方面的意见和建议。国防创新委员会此前曾参与国防部的重点领域,包括人工智能、软件、数据、数字现代化和人力资源建设项目。国防创新委员会通过其3个分委员会围绕科学技术、劳动力、行为和文化以及新成立的太空咨询委员会提出意见和建议。

(二) 主要职能

国防创新委员会只提供具体的意见和建议,不负责具体实施,其运行机制是在国防部内部的"赞助者"的支持下,并与其协作共同研究相关领域问题,为形成一个新的概念建立一个可持续的基础。委员会应提供独立的意见和建议,重点关注创新手段,以应对未来的挑战,并加快创新应用于文化、技术、组织结构、流程和国防部副部长提出的任何其他问题。

该委员会的成立不是为了就国防部的个别采购提供建议,而是应该关注国防部在研究、工程、组织结构和流程、业务和功能概念以及制造等领域面临的紧迫和复杂的技术问题,并将确保在这些领域确定新技术和新技术应用,以加强国家安全。凡应分配给执行局审议的任何事项,均要求执行局任何成员亲自和

---

① https://innovation.defense.gov/

实质性地参与和采办有关的任何行动,或将其置于订约官员或采购官员的地位。

国防创新委员会的目标是通过与民营科研机构、科研院所捆绑式研究,即通过军方、民企、科研机构3方的头脑风暴,为解决问题提供新的视角和思路,进一步激励定性研究的想象力和批判性思维。国防创新委员会创立的协作机制与传统定性研究和决策咨询模式相比,具有速度快、创新点多的优点,为其职能使命履行提供了较好的机制保障。

(三) 组织架构

国防创新委员会由不超过20名成员组成,成员必须具备以下部分或全部条件才能入选:

① 在领导或管理大型、复杂的私营部门公司或组织方面具有可靠的判断力;

② 在确定新技术革新并将其应用于公营或私营部门的大型组织的业务方面表现出色;

③ 在发展新技术概念方面有突出贡献;

④ 在被认可的大学或高等教育机构中有杰出的学术或研究成果。

根据国防部政策和程序,委员会成员的任命将由国防部任命机构批准,任期为1~4年,每年续签。除非经国防部任命机构批准,否则任何成员不得在委员会(包括其小组委员会)中连续任职两届以上,或同时任职于两个以上的国防部联邦咨询委员会。

任命非全职或永久兼职的联邦文职人员或雇员、武装部队现役成员的委员会成员为专家或顾问,担任特殊政府雇员。任命全职或永久兼职的联邦文职人员或雇员、武装部队现役人员的委员会成员为常规政府雇员。

委员会成员的职责是根据其个人的最佳判断提供意见,不代表任何特定的观点,并以不存在利益冲突的方式提供意见。国防部任命机构应根据国防部政策和程序,从先前批准的成员中任命委员会的领导,任期一到两年,每年更新一次,但不得超过成员批准的委员会任命。除了与委员会有关的公务旅费和每日津贴的偿还外,委员会成员的服务没有报酬。

(四) 运行机制

国防创新委员会通过小组委员会(工作组)组织实施。其中小组委员会职能任务应与国防创新委员会和国防部保持一致。

(1) 小组工作机制

在政策和程序研究方面,可设立小组委员会、工作队或工作组,以支持委员会的日常运行。小组委员会的设立应基于书面决定,包括授权范围,由国防部任命机构或国防研究和工程副部长作为委员会的发起者。所有的小组委员会都按照美国联邦航空管理局、阳光法案、管理联邦法规,以及国防部政策和程序运作。如果由授权范围确定的小组委员会期限超过了委员会章程,且国防部不延长委员会章程,则当委员会延长时,小组委员会也应终止。

根据《阳光法案》,小组委员会不得独立于委员会开展工作,并应仅向委员会报告其所有意见和建议,以便委员会在适当通知和公开的委员会会议上进行彻底的审议和讨论。小组委员会无权代表委员会作出口头或书面的决定或建议。任何小组委员会或其任何成员都不得以口头或书面形式直接向国防部或任何联邦官员或雇员或武装部队现役成员提供更新或报告。如果委员会的多数成员被指定到一个特定的小组委员会,那么该小组委员会可能被要求按照管理委员会运作的相同的联邦咨询委员会法案数据库通知和公开性要求运作。

国防部任命机构应根据国防部政策和程序从之前任命的成员中任命小组委员会领导人,任期为1~2年,每年更新一次,但不得超过成员批准的服务期限。

每个小组委员会成员在不代表任何特定观点的情况下,以不存在利益冲突的方式被任命。

目前,国防研究和工程副部长已经批准了两个常设小组委员会。小组委员会的所有工作都将提交理事会进行充分的审议和讨论。

一是科学技术小组委员会。科学技术小组委员会一般以不超过15个成员的规模,动态掌握国防部的科技生态发展,并提出具体的科学研究方法,支持增加和扩大国防部的创新。

二是劳动力、行为和文化小组委员会。劳动力、行为和文化小组委员会由不超过15个成员构成,主要研究提出如何增强创新在国防部有关私营部门的应用实践和学术奖学金相关组织领导与管理、行为经济学、组织文化。

(2)会议机制

国防创新委员会会议一般由委员会指定的联邦官员组织实施,会议议题和议程也需要委员会主席和国防部首席管理官共同协商确定。会议周期通常是每年四次。除特殊规定外,国防创新委员会的会议一般是对外公开的。按照国防部有关政策规定,非公开会议首先需要与国防部总顾问办公室协商,并只能由国防部部长、副部长或国防部授权组织实施。

(3)联邦咨询委员会法案数据库

联邦政府利用联邦咨询委员会法案数据库管理全国政府平均1000个咨询委员会。此外,国会还会利用该数据库监督相关的行政部门项目,并作为开源情报提供给公众、媒体和其他机构使用,以满足咨询委员会建议所产生的效果。

（五）案例分析

国防创新委员会影响力的一个标志性案例来自于对美国在卡塔尔航空运行中心的访问。

国防创新委员会航空运行中心加油机项目展示了一个小型的敏捷团队在高级赞助商(例如国防创新委员会主席、航空运行中心指挥官和国防创新小组负责人)的"空中掩护"下的能力。美国空军在波士顿创建了一个70人的团队，领先于当地 Hanscom 基地的一个300人团队，提供类似的敏捷解决方案。

第三章 美国军种直属科研机构

美国军种直属科研机构主要集中在陆军、海军、空军以及特种作战司令部下辖的实验室和创新机构，这些机构对推动美国国防科研能力做出了重大贡献。美国军种实验室是基础研究、应用研究和先期技术开发工作的重要科研力量。本章围绕机构的成立背景和历史沿革、职能任务、组织结构与部门职责、运行机制、运行效果等方面，分别对陆军研究实验室、陆军快速能力和关键技术办公室、海军研究实验室、海军敏捷办公室、空军研究实验室、空军敏捷创新中心以及特种作战部队工场（SOFWERX）进行分析。

第一节 陆军

陆军直属科研机构主要包括陆军研究实验室、陆军快速能力和关键技术办公室，如图3-1所示。

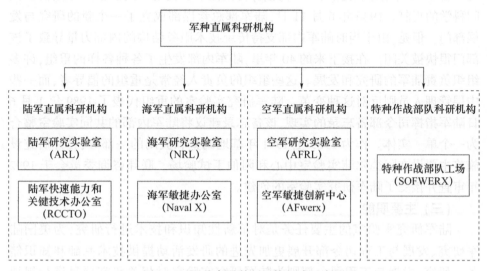

图3-1 军种直属科研机构组成示意图

一、陆军研究实验室

作为陆军总体研究机构,陆军研究实验室所开展的科研工作覆盖陆军科技投资中的75%,但不包括空间和导弹防御或者医疗研究项目。

(一)成立背景

美国陆军研究实验室创建于1992年,隶属于美国陆军研究、发展与工程司令部(Research,Development and Engineering Command,RDECOM),是美国陆军的重要研究机构,其总部位于马里兰州。陆军研究实验室是在美国1992年进行的基地重组/关闭、LAB 21研究以及其他科研项目评估中通过机构合并和改革发展起来的。实验室及其他陆军研究单位合并了实验室指挥部的7个企业级实验室,构建了一个专注于科学研究、技术开发/分析的集中式实验室。目前,陆军研究实验室科研人员主要在人体工程学、先进材料和推进系统、个体作战人员保护、能源科学、电子技术、网络科学、虚拟界面、合成环境以及自主系统等领域进行开拓性研究。

(二)历史沿革

在陆军研究实验室组成前,美国陆军拥有的研究设施可追溯到1820年,当时马萨诸塞州沃特敦兵工厂的实验室研究烟火和防水纸筒。随后这个设施演变成材料技术实验室。二战前的军事研究大多是由军职人员在陆军内部进行的。在1945年,陆军发布了一项政策,确认在军事规划和武器生产方面需要民间科学的贡献。1946年6月11日,陆军部总参谋部成立了一个新的研究与发展部门。但是,由于当时陆军内部支持传统技术服务结构的内部力量导致了该部门很快被关闭。在接下来的40年里,陆军内部发生了各种各样的重组,许多组织负责陆军的研究和发展。这些组织的负责人经常是重组的倡导者,而一些中层管理人员则反对这种变革。陆军研究实验室的重组代表了1989年1月6日陆军指挥司令部备忘录的实现,该备忘录建议将陆军内部的共同实验室整合为一个单一实体。作为1989至1991年基地调整和关闭的一部分,合并研究设施将主要设在阿德尔菲实验室中心和阿伯丁试验场。联邦咨询委员会于1992年审查并接受了陆军研究实验室的创建。

(三)主要职能

陆军研究实验室的主要任务是对革新性知识和技术进行研究,为美国陆军研究、发展与工程司令部开展更加先进的研发活动提供技术基础和知识储备。研究、发展与工程司令部则为陆军研究实验室对相关研究项目进行规划和协调,以满足陆军新兴需求。陆军研究实验室与研究、发展与工程司令部的协同合作,使陆军采办决策者能够了解技术储备情况,并对其进行演示验证和技术转化,由工业部门进行生产。陆军研究实验室将促进美国陆军形成可靠战备能力,并积极研发第三次抵消战略下美国未来陆军所需的技术能力。

作为美国国防部科技创新实验室之一,美国陆军研究实验室截止到2020年12月份为止拥有3083名员工。根据美国陆军研究实验室人员从事不同科研工作的岗位分布和科研工程人员学历结构,可以看出陆军研究实验室科研人员大多数为拥有硕士、博士的高学历人才,具备雄厚的知识储备。

美国陆军研究实验室科技研发战略旨在追寻科学发现和革新以及知识产出转化,以保证2040年以后美国陆军的作战能力。其理念核心集中于基础技术的理解研发,提出新概念并将开发的技术和方法成熟化,形成科技突破。图3-2为美国陆军研究实验室研发整体策略及影响因素。

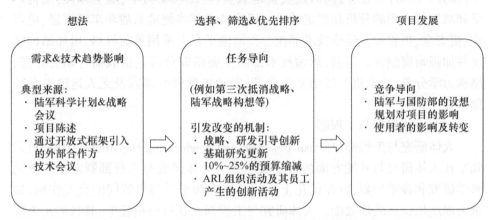

图3-2　陆军研究实验室研发整体策略及影响因素

(四) 组织架构

陆军研究实验室领导层包括实验室主任,规划与项目主任,实验室运行主任,分管基础科学的副主任,负责行政事务的主任助理,首席科学家以及军方代表等。而运输技术部、人体研究与工程部等6个机构直接向实验室主任负责。

美国陆军研究实验室由运输技术部、人体研究与工程部、生存/杀伤性分析部、武器与材料研究部、传感器与电子器件部以及计算与信息科学部六个机构组成,使陆军研究试验同时具备了科研的深度与广度,具备了灵活快速研发的能力,可将其在创新和先进基础研究成果转化方面潜能最大化,为获得战略性地面力量作战优势提供技术支持。陆军研究实验室组织架构如图3-3所示。此外,陆军研究实验室还设置了一个陆军研究办公室,用于资助机构以外的基础研究,即支持外部学术和国防工业组织的科学创新研究,向独立研究者、科学家和大学附属研究中心以及外部项目提供资金支持。

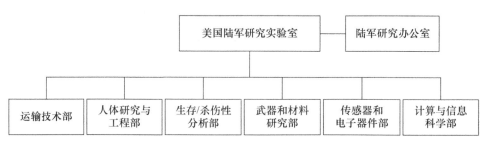

图 3-3 陆军研究实验室组织架构

（1）运输技术部

运输技术部（Vehicle Technology Department，VTD）负责管理车辆推进及其结构的研究和开发任务，同时还负责运载负荷、结构动力学、航空弹性、结构声学和减振等方面的分析和鉴定试验。运输技术部将使地面战斗车辆更轻、更可靠、更安全、更省油。运输技术部在各类运输平台上采用负荷材料，增加结构强度并加强耐腐蚀性。目前，运输技术部的主要研究分部包括载荷与动力分部，结构力学分部，发动机与传动系统分部，发动机部件分部以及无人运输平台分部等。

（2）人体研究与工程部

人体研究与工程部（Human Research and Engineering Department，HRED）是陆军在人体研究与开发方面的最主要组织。人体研究与工程部制定了广泛的科学研究和技术计划，旨在优化士兵战场表现和士兵与机器间的交互作用，以最大限度地提高战场效能。人体研究与工程部还执行分析任务，其目的是为陆军提供人为因素的领导力，以确保在技术开发和系统设计中充分考虑士兵的性能要求。人体研究与工程部对陆军、其他服务部门及实验室、工业界和学术界的技术人员进行协调，为军队提供基础研究及应用研究的机会。

（3）生存/杀伤性分析部

生存/杀伤性分析部（Survivability and Lethality Analysis Department，SLAD）是陆军系统针对生存、杀伤及易损性分析的主要研究部门，其研究范围涵盖了几乎所有的战场威胁，包括弹道导弹威胁，电子战，信息作战以及核生化作战等。生存/杀伤性研究部的目标是协助技术和系统开发人员优化系统设计，为陆军和国防部的评估人员和决策者提供数据分析依据。

（4）武器与材料研究部

武器与材料研究部（Weapons and Materials Research Department，WMRD）是美国陆军主要的武器与材料技术研究组织。该部门主要目标是增强弹药的杀伤性。武器与材料研究部涉及到的领域非常广泛，包括从传统的武器装备到先进的弹道防御系统各种的武器装备。该部门与运输技术部具有很强的联系,通过协同研发以生产更安全的车辆、运输工具和飞行器系统。此外,该部门还负责从经济角度评估军事技术,以降低总体系统成本,提高效费比。

(5) 传感器与电子器件部

传感器与电子器件部(Sensors and Electron Device Department, SEDD)致力于从小型芯片到全集成系统的生产活动,并针对先进传感器和电子设备进行研发。该部门的各个分部包括多功能射频设备分部,自主传感分部,电力管理分部以及信号处理算法分部等。传感器与电子器件部坚持的科研理念是:保护士兵的最好方法之一就是开发自主传感系统,并在从战场情报搜集到战斗等一系列行动中广泛应用,最大程度地保证战场信息感知能力,从而减小伤亡,增强作战效率。

(6) 计算与信息科学部

计算与信息科学部(Computation and Information Sciences Department, CISD)是美国陆军现代电子系统研究和发展的重要组织,主要负责研究在真实的或模拟的数字化战场环境下,提升系统分析、分配和消化战场信息的能力。此外,该部门通过应用超级计算机对很多可能对环境造成危害的试验进行仿真,避免了各种污染的产生。

陆军研究实验室的发现和创新活动已经实现了新知识、理念和概念的转化,有助于形成新的作战能力需求。目前陆军研究实验室开展的科研工作范围涵盖了陆军科技投资方向的75%,旨在进行有助于提高力量投送、信息化、杀伤和防护能力及士兵效能的创新技术开发与转化。

(五) 运行机制

美国陆军研究实验室是美国政府《政府绩效和结果法案》(Government Performance and Results Act, GPRA)唯一指定要进行绩效评估的试点研发组织。因此,陆军研究实验室的管理者被要求开发一个测度其特定规划文件中的战略和年度绩效目标的进展情况的系统。陆军研究实验室的绩效评估系统是按法案要求而开发的,通常被称为绩效评估构架。陆军研究实验室的运行主要建立在绩效评估框架下实施。

一直以来,陆军研究实验室技术雇员对满足军队当前和长远需求的技术转移的重要性持续保持出清晰而又明确的认识,并且热情很高,其工作的总体质量给人留下深刻印象。美国陆军研究实验室技术评估委员会的职责是每两年对陆军研究实验室的科研、试验发展和分析项目的科学和技术质量进行评估,专设六个工作小组协助陆军研究实验室的评估工作,每个小组分别对应陆军研究实验室的六个分部之一。此外,应陆军研究实验室要求,陆军研究实验室还对部分跨部门的工作进行评估,例如在 2011—2012 年,陆军研究实验室要求对跨部门的自动系统和网络科学两个领域的工作进行评估。

美国陆军研究实验室技术评估委员会在评估时一般会让实验室主任回答以下一些问题:

① 研究质量与国内和国际上同类领先(政府、大学和产业)实验室的可比性;

② 研究项目能否反映出其对科技发展的广度的理解;

③ 研究是否采用了适当的实验室设备或数值模型;

④ 研究团队的资历是否能够应对研究面临的挑战;

⑤ 研究设施和实验时设备的领先程度;

⑥ 研究是否能够领会陆军的研究要求和分析要求;

⑦ 项目人员中的理论、计算和实验人员组成是否合理分布;

⑧ 工作是否是陆军研究实验室的主流工作;

⑨ 是否存在特别有希望的已投入足够资源的项目能产生出杰出成果并最终能够转化应用。

美国陆军研究实验室技术评估委员会采用以下标准来评估陆军研究实验室的科学和技术工作:

(1) 与科技共同体的有效互动

a. 高质量期刊和会议的论文数(以及其引用指数)。

b. 报告和座谈。

c. 专业活动的参与程度(社团高级官员,会议委员会,期刊编辑等)。

d. 教育及其延伸活动(服务研究生委员会,教学或讲课,邀请演讲,指导学生等)。

e. 奖励和荣誉(外部和内部的)。

f. 参与各类评估的情况(陆军研究办公室,NSF,跨学科的大学研究计划等)。

g. 人才招聘。

h. 专利和知识产权(并举例专利和知识产权是如何应用的)。

i. 参与构建陆军研究实验室范围的跨部门的共同体。

j. 公众对陆军研究实验室研究工作的认知(例如,媒体或其他形式)。

(2) 对客户的影响

a. 有文件证明的技术转移,源自陆军研究实验室研究工作的概念或项目对客户的帮助,联合成立短期和长期试验发展中心和工程中心。

b. 客户直接的资金支持陆军研究实验室的活动。

c. 对陆军研究实验室支持和服务有文件证明的需求(陆军研究实验室的支持是否存在竞争?)。

d. 客户参与部门的规划。

e. 参与多学科,跨部门的项目情况。

f. 客户调查(来自客户对陆军研究实验室研究价值的直接信息)。

(3) 项目目标和规划的制定

a. 陆军研究实验室战略关注领域,战略规划或其他陆军研究实验室需求是否明晰?

b. 实现目标的工作是否得到很好地落实。

c. 项目规划是否清晰地识别出各种依赖关系(如其成功取决于项目内其他活动或外部进展的成功与否等)?

d. 如果项目是一个大项目的一部分,其负责人的角色是否清晰,以及其他项目相关的项目任务和目标是否清晰?

e. 标志成果识别是否合适?是否可行?

f. 对技术和资源的障碍和挑战是否有清晰的认识?

g. 陆军研究实验室的优势是否在该项目所在领域得以适当发挥?

(4) 研究和试验发展的方法

a. 假定框架在文献和理论范畴是否合适?

b. 对所要求的分析、原型、模型、模拟和试验是否清楚识别并且步骤恰当?

c. 所采用的方法(例如,实验室工作,模型或模拟,实地实验,分析等)是否适合该问题?这些方法是否成为一个整体?

d. 对设备和器械的选择是否合理?

e. 数据收集和分析方法是否恰当?

f. 结果是否支持结论?

g. 对进一步研究的提议是否合理?

h. 对风险和潜在收益的取舍是否理性?

i. 项目是否存在技术上的要求或技术创新要求?可行否?

j. 什么是项目终止规则?如果满足是否采用?

(5) 能力和资源

a. 职员(科学、技术、管理)的资历和数量是否满足项目成功的要求?

b. 是否有足够的经费满足项目成功的要求?

c. 设备和设施的状态是否充分?

d. 如果职员,经费和设备不能满足要求,项目将如何开展(强调哪些?牺牲哪些?)以取得最佳目标成效?

e. 实验室是否能维持对随时出现的关键问题快速反应的技术能力？

（6）对委员会建议的响应

以前报告中提到的问题和建议是否达到解决？

（六）重点领域

根据《2015—2035陆军实验室技术战略》，陆军研究实验室有8个科学工程化研究方向，分别为基础研究、计算科学、材料科学、机动科学、信息科学、杀伤科学与防护、人体科学与工程以及评估和分析[①]。

按照陆军研究实验室研发战略构架，基础科学、计算科学、材料科学以及评估和分析是陆军研究实验室的4个跨学科方向，与机动科学、信息科学、杀伤科学与防护以及人体科学在内的专业领域相呼应，不断整合出先进的技术，保证美国陆军在2030年之后的战略主导优势。

（1）基础研究

基础研究主要集中在与国家安全长期需求相关的物理科学、生命科学、信息科学和工程科学的基础研究上。基础研究领域采取高风险、高回报的研发策略，与实验室外的大学、研发机构广泛合作，聚焦于识别、驱动、转化在物理科学、生命科学、信息科学以及工程科学方面的革命性成果。该机构在提升陆军现有技术水平的同时，针对能够改变游戏规则的技术进行研发，以保障陆军未来的技术优势。基础研究规划分类如图3-4所示。

（2）计算科学研究

计算科学研究专注于推进预测性基础模拟科学，数据密集科学，计算机科学和新兴的计算架构，以转化为未来军队的复杂应用。计算科学领域未来规划将主要针对发现、革新和转化以下几种科研能力，主要包括：应用先进计算科学与高性能计算机，采用预测性建模与仿真技术保障陆军军品系统的先进性；通过数据密集科学促进信息主宰、分布式机动作战以及人体科学的发展；显著提升前沿计算框架及计算科学技术，保障陆军主导权。计算科学研究规划分类如图3-5所示。

（3）材料科学研究

材料科学研究的重点是通过科学研发和创新性解决方案的研究，对结构材料、电子、光子学、能源与电力、生物技术、高应变和弹道材料、先进制造科学与加工制造技术进行基础研发，保障新型材料快速研发及应用，以提供所需的优异材料和设备，提高陆军装备性能，实现持久性战略优势。材料科学研究规划分类如图3-6所示。

---

① http://www.nrl.navy.mil/Our-Work/

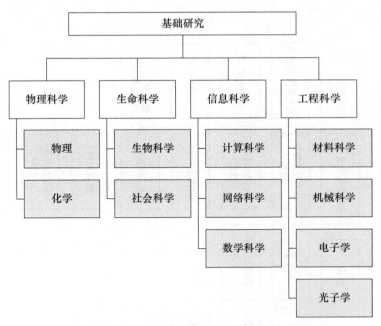

图 3-4　陆军研究实验室(ARL)基础研究规划分类示意图

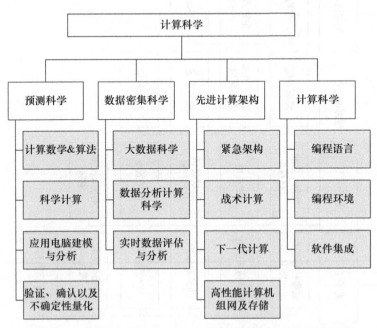

图 3-5　陆军研究实验室(ARL)计算科学研究规划分类示意图

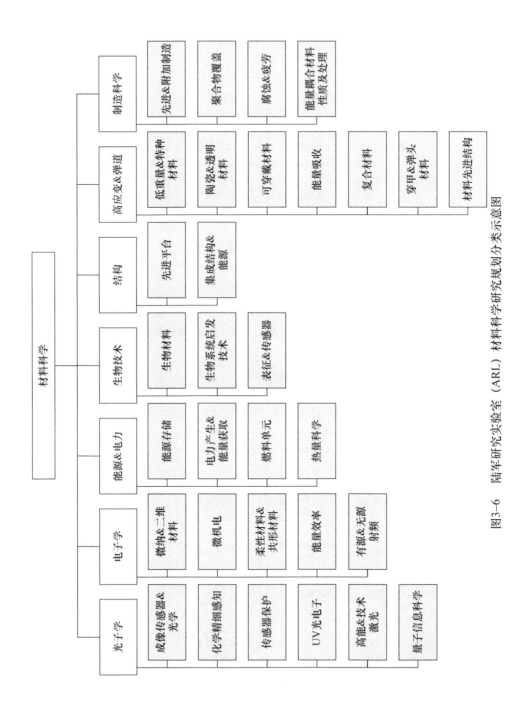

图3-6 陆军研究实验室（ARL）材料科学研究规划分类示意图

(4) 机动科学研究

机动科学研究主要在基础层面上理解认知先进的机动系统及其支撑架构,通过对能源和推进技术、平台力学、平台智能和后勤持续性的研究,提升未来陆军的行动,后勤和机动性能力,从而提升陆军作战效率及全球反应速度。机动科学研究规划分类如图 3-7 所示。

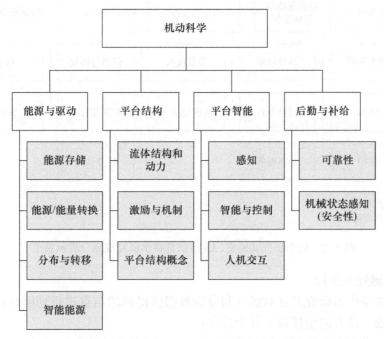

图 3-7　陆军研究实验室(ARL)机动科学研究规划分类示意图

(5) 信息科学研究

信息科学专注于更多地利用新兴技术对智能信息系统进行支撑,提升感知和执行、系统智能、人机交互、网络与通信、网络安全能力,以完成信息采集、分析、推理、决策、协同通信以及信息和知识保障任务。美国陆军研究实验室的信息科学研发战略旨在为未来陆军提供可靠、可信赖、适时及有价值的信息支持,削弱乃至消除敌军的战术突然性。智能化信息系统将支持作战部队并与其进行协同作战,构造战场所需的技术领域基础。而其进攻性信息系统则可有效限制敌方指挥控制能力,从而确保陆军在未来多变的战场上占据优势。

陆军研究实验室针对智能信息系统进行研发,主要研发功能包括信息获取、分析、推理、决策、协同通信和信息知识保障等。图 3-8 为信息科学研究规划分类示意图,信息科学可被分为感知与作用、系统智能与智能系统、人与信息交互、网络与通信以及网络安全等 5 个方向,本节针对各个方向进行详细介绍。

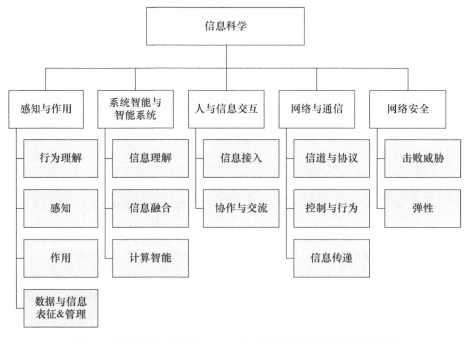

图 3-8　陆军研究实验室(ARL)信息科学研究规划分类示意图

① 感知与作用。

感知与作用研究关注对感知和分析数据所得到的信息进行理解和应用,以指导作战。该方向包括以下几个分支:

a. 行为理解。

行为理解对物理域及社会域现象进行基础性理解,研究各种现象对测量工具的影响,其主要涉及电磁现象(包括电子战、雷达信号、射频传输以及相关仿真建模等)、光电现象(大气效应、目标/背景光谱信号、视频动态目标时空特点、生化物质鉴定等)、机械波现象(声学传播建模仿真、声学实验等)、天气现象(对区域天气现象的描述预测、大气相关效应等)。

b. 感知。

感知主要包括有源电磁感知(包含可对低信号电子目标感知与利用的有源射频接收机、可实现正交信息融合的传感器及算法)、雷达感知(宽带频率雷达、可提升信噪比的先进算法、非线性雷达技术)、机械波感知(声波探测、定位与分类、声波处理算法、地震探测与定级、地震感知与处理算法)、光电感知(图像/视频采样与重构研究、全移动视频处理算法、EO/IR 图像处理技术、生化感知技术等)。

c. 作用。

将理解后的信息转化为实际行动,对环境进行影响。该方向主要包含电磁影响(包括敏捷发射机所需的认知雷达与智能波形、新型电子战概念等)、社会影响(社会情绪分析、信任与影响建模等)。

d. 数据与信息表征及管理。

数据与信息表征及管理涉及对感知到的信息进行有效表征、存储及管理。

② 系统智能与智能系统。

系统智能与智能系统主要对信息与智能系统之间的交互进行理解和应用。信息可被认为是一种数据,对信息的合理应用可进行自动化智能活动,如感知、推理、计划、协作及决策。这种智能可被广泛应用于各类系统与作战环境中,典型的事例包括网络虚拟空间以及决策支持系统。该方向包括以下几个分支:

a. 信息理解。

信息理解重点研发对不同数据源进行处理、提取以及综合的原理和技术,其目的是将数据转变为可用、可计算的信息,主要涉及自然语言处理以及图片理解技术(包括物体探测与识别、行为鉴别与分类、场景理解与感知以及视频总结等)。

b. 信息融合。

信息融合强调研发将来自不同的物理传感器及人体感知的信息融合起来的先进理论和技术,主要涉及多传感器信息融合技术(包括 EO/IR 视频信息多传感器融合、声学信号多传感器融合和无源射频信息多传感器融合技术)以及异类传感器信息融合技术(包括异类信息融合所需的数据搜集技术、任务自适应搜集、文字与视频集成分析和无源射频、EO/IR、声学融合技术)。

c. 计算智能。

计算智能强调研发强化智能能力的计算技术和理论,其目的是增强士兵作战完成战术任务的能力,主要涉及感知与认知功能(包括认知建模和作战环境的模式识别与地图绘制能力)、机器学习所需的计算推理能力、计划与实施能力(包含气象预报、智能控制战术目标执行、敌方动态预测以及社会行为预测等)、决策能力(包括协调目标和资源分配技术、分布分散决策支持、行动分析决策以及联合行动决策能力等)。

③ 人与信息交互。

人与信息交互着重研究对人与信息之间交互能力的理解与开发,强调对信息的获取、处理以及理解能力,该方向有以下 2 个重要分支:

a. 信息接入。

信息接入强调对大数据采集快速应用的人在环路的战略。相关的信息源一般认为是不同种类且广泛分布的,通过对信息源相关数据的实时分析,可用于对战术行动进行相关支持。该领域主要涉及自适应恢复01(包括决策驱动恢复、可拓展反馈机制两种方式),数据发掘(采用先进理论方法对使用者未发现的关键数据进行识别。该技术通过对使用者的目的、兴趣、能力以及对作战环境的理解,对异常情况、重大趋势以及高价值数据进行识别,主要包括大数据采集、推荐性研究),人机交流(主要包括认知驱动发掘,自然语言交流等方向)。

b. 协作与交流。

协作与交流寻求更好地理解与支撑一对一、一对多以及多对多,支持人机协作决策的交互理论与技术。该领域主要涉及人机交互技术(包括人与系统社会控制理论、协同编队技术、协同交流信息信任与价值影响以及认知战术信息输出等方向)、分布式人–人交互(包括分布式信息系统信任动态以及分布式问题解决机制等方向)。

④ 网络与通信。

网络与通信方向主要集中研究社会以及传统层面上的以通信、指挥与控制网为代表的社会-技术网络信息交互进行理解与应用。其中最主要的研究内容在于网络科学的结构、行为、动态以及发展方式,尤其是有关通信、信息以及社会网络方向上的交互技术。该方向主要包括以下几个重要分支:

a. 信道与协议。

信道与协议采用鲁棒的方式使信息能够在网络各节点中更加有效地传递,主要研究相关格式、规则以及算法相关技术,控制信息在网络域中的流动。该领域主要涉及非传统通信网络(包括射频/非射频网络中的信息携带能力、异构复合网络、量子网络以及可耗费通信网络以及模块化通信)、自适应协议(包括传感器射频网络极低功率协议、IP以及模块化协议)等方面。

b. 控制与行为。

控制与行为主要研究用于控制、信息、社会以及物理网络的复杂动态行为。该领域主要包括行为评估(包括多类型网络分组建模 & 分析,时间进化网络中的网络发现处理等)、行为控制(包括复合网络的设计 & 控制、复杂网络中的控制能力、高机动环境下自控制与自适应网络等)。

c. 信息传递。

信息传递主要包括基于网络的信息处理(包括构建统一化、结构化知识网络,语音视频分析、分布式用户导向的多域网络总结以及在线分析等)、语句区别(确定何种信息是作战人员所需要的,包括语义信息理论、语义信息传递以及网络基于信息的决策 & 信任机制)。

⑤ 网络安全。

该领域集中研究网络攻击防护技术，主要包括以下几个分支：

a. 击败威胁。

击败威胁发展可对网络威胁探测、辨别以及击败的理论及模型，可针对新出现的威胁，可快速探测、适应并提供解决方案。该领域主要包括网络威胁理解（包括分析敌方底层构造，推导敌方的战术、技术以及流程以及了解敌方行动心理方面的变化等）、敌对行为自动探测（包括探测自动学习算法、网络分析中的认知效果等）、制止及打击敌对行为（包括拒止与破坏能力、防止金融诈骗等行为）。

b. 弹性。

弹性研究主要研究计算与通信设备网络的防护方式来将攻击风险最小化。该领域主要包括威胁描述（包括威胁评估所需参数及算法、威胁数据搜集及融合、弱点及可信性评估、恶意行为后果预测、编队评估等）、敏捷适应（包括快速连续变化方法、网络机动计划与控制以及快速恢复方法等）。

(6) 杀伤科学与防护

杀伤科学与防护研究的重点在于通过对士兵和陆军作战平台杀伤性的研究，支持武器系统、防护系统的研发，并通过对士兵和陆军平台伤害影响的深入理解，研究战场伤害机制以及平台防护措施，旨在增强杀伤效率，提高对各种威胁的防护能力，提供战场估测与决策的鲁棒性技术工具。杀伤科学与防护研究规划分类如图3-9所示。

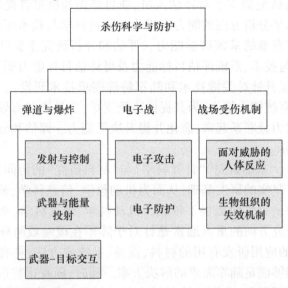

图3-9 陆军研究实验室（ARL）杀伤科学与防护研究规划分类示意图

(7) 人体科学与工程

人体科学与工程研究的重点是通过人体行为、人类能力提升、人类-系统交互研究来增加对个体身体、感知与认知能力的理解,其目标包括以下 3 项:一是提高单个个体在全过程作战任务中的作战效能;二是提高指挥官对战场认知能力及决策能力;三是确保远征军能够利用社会文化相关知识以及社会认知网络来构建理想的作战环境。人体科学与工程研究规划分类如图 3-10 所示。

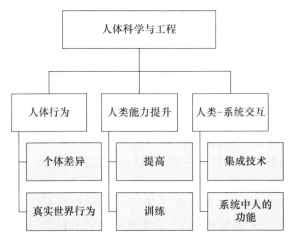

图 3-10 陆军研究实验室人体科学与工程研究规划分类示意图

(8) 评估和分析

评估和分析研究侧重于对评估人员、项目经理和决策者提供支持,使陆军在技术与系统水平分析方面的能力现代化并通过科学与技术评估、材料任务能力评估来分析开发新的基础科学能力。评估和分析研究主要针对科学与技术评估、评估科学与技术、系统评估目标能力及可评估目标能力研究,其目标包括以下 3 项:一是提升针对关键技术和陆军特殊需求技术研发;二是为决策者提供准确、详细的系统能力报告,为其提供决策支撑;三是通过有效的共享工具将机构力量和作战力量联系起来,简化并提升决策能力。评估和分析研究规划分类如图 3-11 所示。

从概念上讲,"基础研究""计算科学"与"材料研究"的协同研究,为陆军研究实验室提供了坚实的研发基础,从而为机动科学、信息科学、杀伤科学与防护以及人体科学的研究方向提供了依据。机动科学、信息科学、杀伤科学与防护以及人体科学研究方向的重点通常是针对于陆军在极端威胁环境中遇到的重点挑战,为系统的应用研发有用的材料、设备、系统或方法,将有应用前景的基础研究转化为能够满足陆军需求的解决方案。同时,随着这些重点方向的相关技术和产品的不断研发,人们对该领域内的认知和理解将不断提升,反过来将

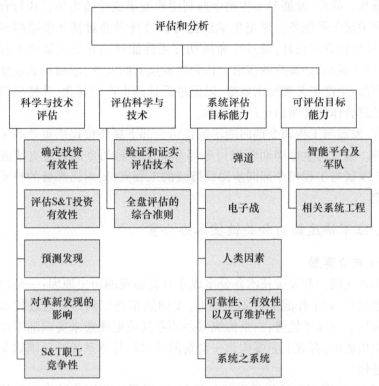

图 3-11 陆军研究实验室(ARL)评估和分析规划分类示意图

增强科研机构在该领域的评估和分析能力。

(七) 主要特点

美国前陆军参谋长马克·米利将战备作为军种的最高优先级工作。陆军对战备的定义是:既能够满足当前迫切的作战需求,同时还要保证未来陆军的强大。作为陆军主要的技术综合研究机构,研究、发展与工程司令部已制定了一个全球科技生态系统,以交付可减轻士兵负担、提高其作战与防护水平的能力。这包括利用全球数千家国内和国际合作伙伴来甄别、资助对陆军重要的技术并开展合作研究。同时,研究、发展与工程司令部和训练与条令司令部下属的陆军能力集成中心概念和需求制定机构开展合作。通过需求制定审核后的技术成果将被纳入到陆军研究实验室各科研机构的项目库,并应用于作战部队。通过与负责采办、后勤和技术的助理陆军部长办公室合作,研究、发展与工程司令部制定调整和协调陆军的科技投资组合,以确保采办项目应用最有前景的先进技术。对于已获批的项目,研究、发展与工程司令部为项目经理和项目执行官提供关键技术支持,以将成熟技术用于系统开发和演示验证,并最终进入采办流程。研究、发展与工程司令部利用原型集成设施为项目执行官和项目经理提供关键工程服务。原型集成设施可设计技术并对其开展原型研究和集成,以验证硬件开发设计,通过生命周期开展性能评估并快速集成工程解决方案,以响应士兵/采办客户的需求。作为单独运营的实体,原型集成设施交付竞争性的产品、生产工艺和甄别效率,以促进设计向生产的转化,并使项目执行官和项目经理合作伙伴明白生产的成本。

研究、发展与工程司令部向陆军装备司令部下属单位提供重要的生命周期管理支持。通过与生命周期管理司令部和陆军保障司令部开展直接或间接合作,研究、发展与工程司令部同步提供持续的工程支持,对已部署的技术进行现代化改造。

二、陆军快速能力和关键技术办公室

(一) 成立背景

陆军快速能力和关键技术办公室成立有其客观的历史原因:一是由于现代战场日趋复杂,对手作战能力不断提升,美国陆军意识到需要通过技术创新维持其在战场上的技术优势;二是传统采办体系反应迟缓要求美国陆军加快新技术转化应用速度,客观上需要构建一套新的技术转化体系提升美国陆军军事技术的先进性。

近年来,陆军面临的战场形势日趋复杂,世界主要国家陆海空天等作战力正紧密耦合,单兵作战装备性能快速提升,先进军事技术在全球范围内快速扩散。美军重点关注的战略竞争对手近年来的部队现代化进程均取得成效,作战能力显著增强,美国陆军拥有的战场优势已不再突出。同时,美国陆军现有装备难以满足战场需求,特别是随着"武装侦察直升机""未来作战系统"等重大项目相继中止,美国陆军拥有的现代化装备比例不高,战场控制力大幅削弱,在与其他军种的竞争中也日益被边缘化。为确保作战能力快速提升,加速武器装备现代化进程,提升创新能力,防止能力差距进一步扩大,并对俄军军事行动作出有效应对,美国国防部及各军种先后成立快速能力发展机构,通过广泛利用现有国防科技成果、商业先进技术和新型采办机制,快速推动美军近、中期创新能力发展,加速形成不对称领先优势。

在伊拉克和阿富汗的战争中,美国军队自认为处于绝对优势,因此延缓发展了现代化军事进程。当时,美军在远距离精确打击、电子战以及地面车辆和直升机主动防护方面都占据优势。而其他国家军队可以通过开发针对美军优势的系统开始取得战略先机,建立反介入/区域拒止地带来抵消美军空中优势,同时通过电子干扰瘫痪美军无线电和全球定位系统,使美军的优势逐步减弱。

其他国家军队在快速发展现代化的同时,技术转化应用速度也在加快,而美军传统采办体系已跟不上技术发展。例如,在网络空间作战和网络安全领域,创新几个月就会更新迭代。面对这些战略难题,2016年8月,时任美国陆军部长的埃里克·范明和美国前陆军参谋长马克·米利上将下令组建陆军快速能力办公室。该办公室有权直接向陆军部长、陆军参谋长和陆军办主任报告,其主要目的是加快技术原型建设进程,选择部队薄弱的环节进行弥补,然后设法超越其他国家或形成显著优势。快速能力办公室汇集、形成了一批作战领域和采购方面的专家队伍。因而,快速能力办公室队伍并不是凭空提出装备解决方案,而是将训练、条令、参谋技能以及其他战场因素综合起来达成作战效果。

最初,快速能力办公室只聚焦提高四种作战区域下的作战能力,这种能力对多域环境下的地面机动作战至关重要。能力是指在网络战、电子战、生存能力战及定位导航时,使美军及其作战系统在全球定位失效时候仍能继续作战。美国陆军之所以首先针对这些领域,主要是基于如下考虑:在常规战场上或者电磁战中,如果部队不能导航定位或者通信,就不能执行精确打击或者实施其他有效攻击。因此,美国陆军快速能力办公室计划在15年时间里,为美国陆军量身定制原型需求、提升作战效能水平。可以说,建立快速能力办公室旨在为今日备战和明日战争之间搭建直通桥梁。

美国陆军并非第一个成立快速能力办公室。2003年,美国空军就成立了类似的办公室,继国防部战略能力办公室、空军快速能力办公室、海军海上能力加速办公室以及海军陆战队快速能力办公室相继组建之后,陆军于2016年8月成立快速能力办公室(Rapid Capabilities Office,RCO),积极寻求所需能力的快速研发和交付部署,并在短时间内取得显著成果,并服务于美国当前国家安全环境。

2018年12月,快速能力办公室机构的任务扩大,名称也改为了陆军快速能力和关键技术办公室,这个办公室的重点是为陆军制造远程高超声速武器原型及定向能武器,到2023财年为士兵提供可作战用的武器。该办公室还在加快研发陆军第一款能作战使用的激光武器系统——定向能机动短程防空系统。目前,陆军快速能力和关键技术办公室正按计划交付各项战略成果及其他新兴技术,以确保陆军及联合合作伙伴能够在各作战域与对手交战,威慑并击溃实力相近的威胁。

2020年9月2日,陆军快速能力和关键技术办公室新总部落成,此办公室对红石兵工厂的所有总部进行了整合,全面负责开展快速试验用原型制造,向士兵提供高超声速、定向能、反小型无人机系统及其他战斗装备。

(二)职能任务

快速能力办公室的主要职能是在利用政府其他机构和工业合作伙伴创新成果的同时,通过开发和演示验证革命性创新能力,使新的能力解决方案能够满足对抗近中期和新兴威胁的需求。其主要专注于陆军最高优先事项需求,快速研发、采办、集成所需的能力,并实施简化的采办方法、流程和技术,以期在1~5年内交付所需作战能力。

在快速能力办公室的任务基础上,陆军快速能力和关键技术办公室将更加快速地研发、采办、集成所需的能力,将获得与陆军现代化优先事项相关的物资、技术解决方案,以最大程度地提高士兵在未来战场上的部署、战斗和获胜能力。

(三)关键领域

2020年9月17日,陆军快速能力和关键技术办公室举办创新日活动,旨在快速跟踪并获取有应用前景的新技术,列出十项关键能力领域。

(1)先进战术信号情报系统

以"工具包"的形式向士兵提供硬件及软件系统原型,初始硬件及软件工具包应集成到易于部署的加固装置中,以支持后续作战评估。具体包括:先进宽带天线、基于通用图形处理器的服务器硬件、基于人工智能和机器学习的微服务功能模块。

(2)弹性战场通信

弹性战场通信设计,可在面临动能及非动能攻击的情况下提供弹性通信能力,其网络设计将使用人工智能和其他使能技术,以"自动搭接"网络及数据链路。具体包括:在需要时构建及使用网络、以省电模式储存资源以备不时之需。快速能力办公室发展初期,就旨在为美军在战场中提升定位、导航与授时(PNT)能力并寻求能够向作战人员提供可靠的导航与授时的替代解决方案,以实现地面/空中自由机动、精确定位和授时能力。陆军快速能力和关键技术办公室已开展一种方案研究,该方案能在全球定位系统信号中断的情况下提供独立授时能力,同时新天线可在更长时间内保持信号。已由作战人员牵头对该导航与授时原型开展评估。

(3)联合电磁频谱作战与电子战

建立直观的传感网格,在跨深度、宽度的多域作战空间提供协同传感器作战能力。集成传感器架构建立在通用、开放标准之上,由多域指挥控制集成任务指令。传感器转发并传播数据产品,以充实全任务共享多域通用作战图。

(4)反无人机技术

即探测、识别、跟踪并摧毁小型无人机蜂群的创新性方法。具体包括:动能或非动能攻击机制；可利用基于定向能或动能的反无人机效应器的交战系统；陆基及空基反无人机系统；可对敌方无人机飞行路径、部署和集结区域、地面控制站等进行被动监视和地理定位的单个或蜂群式反无人机系统；通过模拟或实战，演示验证反无人机系统对敌方目标的高杀伤率。

（5）多域特遣部队应对"反介入/区域拒止"的能力

即应对"反介入/区域拒止"的创新性方法。具体包括：运用电子战；天基解决方案，重点关注商业可行方案；网络进攻性和防御性能力；远程精准打击及其他杀伤链新方法。

（6）持久低可见度无人自主信息搜索系统

即能够探测、分类、定位并识别目标的新方法。具有低可观测性，长续航时间（8小时以上）和连续作战能力，部署方便快捷，平台配置灵活，可集成第三方传感器、自主软件及多种电源，便捷的商业和军事运输等特点。

（7）战术网络

通过传感和发射射频信号等方式，提供拒止、降级、干扰、破坏和操控电子设备能力的网络解决方法；可使支持多域作战的网络作战部队利用物联网通信和设备确定攻击目标并交战的技术；符合模块化开放式组件标准，可远程重构、执行多个网络协议的创新型技术。陆军快速能力和关键技术办公室与陆军网络司令部等机构合作，研究如何通过原型研究加快网络能力发展。目前，办公室已采办并交付一系列原型，用于防御型网络空间作战，且已将其网络能力发展重点从关注商业现货能力转至加固型系统，以对抗网络攻击，并计划开展一系列能力演示验证。

（8）任务管理与网络指挥控制

任务管理与网络指挥控制项目主要帮助指挥员和情报分析人员提供态势感知的工具，可提供威胁应对、风险管理、目标识别等技术支撑。

（9）自主网络与人工智能

一是实现自主预测和分析网络威胁的技术，目标是利用机器学习技术实现自主网络分析和防御；二是识别技术，基于历史任务数据和宿主技术信息，提供多个推荐行动方案，并按优先级排序。举例说明，在电子战发展的第一阶段，陆军快速能力和关键技术办公室目前已帮助作战部队实现地面机动行动自由。第二阶段是改进电子战系统，为其增加航空设备和一套地面专用设备。第三阶段计划是寻求人工智能能力以快速甄别信号。办公室于2018年4月—8月举办"陆军信号识别挑战赛"，旨在利用人工智能和机器学习提升电子战速度和精度。

（10）平台与任务管理

武器系统防御技术，包括用于评估武器系统适应演进威胁的方法。包括：

平台架构的网络弹性;设备安全与供应链来源;可降低供应链风险及减少潜在弱点的嵌入式网络弹性技术。

(四) 组织架构

陆军快速能力和关键技术办公室向由陆军部长领导的理事会报告,理事会成员包括陆军参谋长,陆军副部长,陆军副参谋长,陆军采购执行官,陆军未来司令部司令。与陆军快速能力和关键技术办公室项目相关的所有决策权均属于理事会和陆军快速能力和关键技术办公室。成立之初,陆军快速能力和关键技术办公室由骨干成员组成,设一名主任、一名运营主管,后续补充更多人员,以甄别关键能力差距、研究解决方案,在5年内向作战人员交付所需能力。

该办公室根据陆军部长主持的理事会的任务,提出针对陆军现代化进程中出现问题的解决方案,加快向作战人员交付关键作战能力,确保陆军相应能力超越当前及潜在对手。表3-1所示为陆军快速能力和关键技术办公室中的主要骨干领导成员。

表3-1 陆军快速能力和关键技术办公室(RCCTO)主要领导成员

姓名	职务	基本职责
LTG L. Neil Thurgood	高超声速技术总监,定向能,太空和快速采办主任,陆军快速能力和关键技术办公室主任	负责迅速部署各种能力,以削弱军事快速现代化发展的对手实力,同时监督陆军远程超声速武器的研制。他领导陆军快速能力和关键技术办公室的各种基本任务,以快速有效地研究,开发,原型,测试,评估,采办和部署关键的使能技术和能力,以应对与近期和中期威胁,定位能使陆军快速现代化发展的重点
Craig A. Robin	陆军快速能力和关键技术办公室定向能项目计划主管	负责监督和执行陆军定向能源技术和能力的研究,确定该技术是否为推进陆军现代化优先任务。开发,原型制作,测试,评估,采办和部署,以应对近期和中期威胁
Stanley(Stan) Darbro	陆军快速能力和关键技术办公室副主任	负责监督陆军快速能力和关键技术办公室日常工作,该办公室负责进行快速原型设计并向部队单位提供剩余技术能力;先进概念和实验项目办公室,可快速选择、开发和测试高优先级的先进技术;以及计算机和电子安全主导项目办公室,该办公室在网络和电子战领域执行实验性原型项目

续表

姓名	职务	基本职责
Marcia B. Holmes	高超声速,定向能,太空和快速采办副主任	负责为陆军快速能力和关键技术办公室提供技术支持,以快速有效地研究,开发,原型设计,测试,评估,采办和确定关键技术和能力,包括远程高超声速武器系统能源激光器,网络解决方案和其他创新概念,可应对陆军的现代化优先任务,应对近期和中期威胁
Robert K. Strider	陆军快速能力和关键技术办公室副主任,陆军超声速项目办公室代表	负责实验原型超声速武器系统的实地研究,监督其成本,进度,性能,预算,合同和测试活动,以在2023财年之前完成此项研究。与陆军高级领导层,陆军未来司令部,国防部长办公室,桑迪亚国家实验室,工业界和其他组织保持着密切的合作,同时确保陆军快速能力和关键技术办公室主任了解所有活动。Strider还是OSD常规突击工作的陆军项目经理,并与包括导弹防御局在内的其他部门协调陆军活动,并负责通用高超声速滑翔体的生产工作

(五) 运行机制

(1) 观察、评估与执行内部运行流程

快速能力办公室制定了"观察、评估与执行"内部运行流程,可同时开展多个项目。一是职能领域专家负责观察新兴技术并提出意见,使快速能力办公室能够主动识别和优先发展新兴技术(即履行观察职能);二是专家组建多领域工作组,负责评估已有解决方案,以填补作战指挥官提出的战略能力缺口(即履行评估职能);三是快速能力办公室与部队单位共同开展作战评估,进行关于部队内条令、组织、训练、装备、领导与培训、人员、设施和政策的分析,推进能力解决方案实施(即履行执行职能)。

具体而言,快速能力办公室进行新兴技术观察、潜在方案分析;委员会总结能力水平和开发解决方案;之后快速能力办公室启动原型开发设计并进行试验,再针对原型效果、部队所需训练和装备常规维护等开展作战评估;最后进入批量生产、进一步完善阶段,摒弃不成熟、不合适的方案。从最初的能力差距甄别到最后的决策过程均有高层参与,流程相对简化,全程有高层监管,因而快速能力办公室解决方案能够以较传统采办程序更快的速度向作战部队交付。

（2）遵循原则

相比于快速能力办公室，陆军快速能力和关键技术办公室的运行机制遵循的原则包括：更加短而窄的指挥链，领导总体规划，前期和战果突出的部队人员以及各领域专家协作集成团队。为了缩短提供解决方案的时间，陆军快速能力和关键技术办公室会统筹其他政府机构和行业合作伙伴的创新以及作战人员的反馈，形成的成果影响力相对持久，并将被移交给计划执行办公室，以继续进行生产、修改、维护。陆军快速能力和关键技术办公室提供的专业知识不仅限于单一领域，它力求提供整体解决方案，以告知在作战部队如何在战争中转换应用新技术。

（3）依据目的构建原型

原型构建的魅力在于其没有固定模式，因此美国陆军可以为每个项目量身定制符合其要求的原型模式。由于陆军快速能力和关键技术办公室，通常只是聚焦某个战区或者编队，因此可以承担一些大型项目所不能承担的风险。接装部队可以更密切地参与部队发展和评估，从而帮助美国陆军更快了解装备情况，以及如何改进。

例如，在电子战中，为应对欧洲的战场需求，陆军快速能力办公室在现有多系统中重新部署陆军条目，在其中增加新兴技术，为其在激烈环境中提供新型电子探测、支援以及攻击能力。通过和电子战以及网络项目负责人紧密合作，该办公室在欧洲和美国可以进行系列作战评估，以便获取系统数据和用户反馈，从而支持快速部署。随着评估结果应用在每个阶段，各阶段的作战水平也会逐步提升，并且士兵们都会在电磁环境中磨练相关技能和战术，这就是在未来实力相近的冲突中取胜的关键因素。

在此场景中，美国陆军必须准备在部分或者重大降级环境下作战。尽管军队各项装备、能力已经深深依赖于全球定位导航系统，但是从本质上而言，全球定位导航系统极易受到地形影响，也容易受到敌人干扰。因此，陆军快速能力和关键技术办公室应该提供弹性更大、可靠性更强的系统方案，用于快速机动作战行动。为协助解决此问题，该办公室正在快速能力办公室发展的基础上，加快现有原型建设，研制出应用于多个技术领域的定位导航授时服务。陆军快速能力和关键技术办公室若能加快开发、整合、作战评估并部署这些新技术，美国陆军就能更快速地发射接收电子感应信号，并做好战车防护措施，从而便可以在无全球定位导航环境下实施机动。

（4）成果转化机制

原型设计的构想与现有实际技术水平之间的差距可能会成为美国陆军发展最大的限制，技术上的瓶颈和军队中盛行的官僚主义有着难以逾越的鸿沟，

第三章 美国军种直属科研机构

这被称为"死亡谷"。

随着作战形势的不断变化，超越同行的对手的技术是陆军现代化工作的主要目标之一。实现以较快的技术转化速度向现场士兵提供关键能力对于军队现代化的成功至关重要，新的快速能力和关键技术办公室可以通过不断更新的任务来提升转化效率。

该组织的重点是电子战、网络、生存能力以及定位、导航和时间安排，陆军快速能力和关键技术办公室主任瑟古德中将解释说："现在陆军快速能力和关键技术办公室负责开发快速的实验原型并部署作战能力，这一变化体现在组织的新名称中。"他指出，陆军快速能力和关键技术办公室组织旨在适应不断变化的条件和威胁，目前的重点是在高超声速，定向能量和太空领域，同时继续执行现有任务。

在国防领域，死亡谷通常被定义为科学技术取得的进步与正式采办计划之间的鸿沟。由于各种原因，最终在这一领域进行的努力容易失去动力。原因一是缺乏资金支持。原因二是备用计划和风险规避能力不够充分。跨越从科学技术界到实际操作的鸿沟，意味着对一个想法从诞生之初就进行技术转让，方法是给士兵设计并提供原型，然后继续过渡到专业相关领域团队的记录原型并制定落实计划细则。瑟古德补充说："陆军快速能力和关键技术办公室必须具备对团队进行整合的能力，并能对任务进行分解，这非常像商业中的战略伙伴。"换句话说，陆军快速能力和关键技术办公室根据需要将来自合作组织（例如军队）的人员召集为一个临时团队，以通过原型设计的手段彰显其能力，当原型进入下一阶段时，陆军快速能力和关键技术办公室会解散这一临时团队。

这些合作组织源于陆军快速能力和关键技术办公室委员会确定的优先计划。例如，陆军快速能力和关键技术办公室目前正在利用美国陆军航天与导弹防御司令部以及相关人员开发新型远程高超声速武器。作为由陆军部长领导的委员会——包括陆军参谋长，陆军副部长，陆军副参谋长，陆军采购执行官和陆军总司令、陆军未来司令部来分配任务和确定优先事项，当然，未来陆军快速能力和关键技术办公室也将与更多不同组织合作。

"在理事会的领导下，陆军快速能力和关键技术办公室执行现代化的优先任务。国防技术信息中心的首要任务是高超声速武器，它能够以五倍的声速或更快的速度飞行，并且是该部门首要的现代化任务的关键：远程精确打击。"瑟古德说。"向士兵提供高超声速，定向能量和太空原型对于国家保持领先于对手的能力至关重要。"

陆军快速能力和关键技术办公室的2020章程中规定了几个不同的职能人

员,其中一位是内部高级承包商官员,使办公室能够执行自己的委员会分配项目合同。2020年6月12日,在阿拉巴马州汉茨维尔举办首届陆军快速能力和关键技术办公室工业开放日活动时,该负责人介绍了一些独特的签约机构和即将到来的机会,为结构和开发高超声速技术的机会提供最新的行业信息。

(六) 运行效果

为了越过死亡之谷,陆军负责采办、物流和技术的助理部长已认识到,高层领导在决定资助哪些计划并过渡到记录计划时应谨慎并有远见。现在,陆军快速能力和关键技术办公室的最新使命和愿景通过带头发展关键能力和技术,同时促进了向记录计划的复杂过渡,不仅使高级领导层,并且使未来的计划管理者都更容易进行优质项目选择。

一是填补了陆军短期、远期能力研发部署间的空白。美国陆军快速装备部队旨在利用现有装备满足即时、特定的需求,通常在一年周期内交付;传统的项目执行办公室则着眼于未来的全谱作战,旨在向陆军部署列编项目。陆军快速能力和关键技术办公室与之不同,其目标是致力于在1~5年内快速交付集成了不同能力的解决方案,以满足特定战区和编队的作战需求,其设立可有效填补前两者能力研发交付周期之间的空白,形成短期、近中期及远期能力发展互为补充的格局。

二是建立了一种新型快速采办模式。通过获得作战人员的直接反馈、利用机构间紧密的合作关系、明确相关高层/领导直接参与决策,以及分阶段开展原型研究和能力交付等举措,陆军快速能力和关键技术办公室建立了一种新型快速采办模式,使其能够在较短周期内快速向作战人员交付所需能力。一是快速制定需求。作战人员从一开始就能参与到项目的每个环节,不仅响应了作战需求,也使研发初期便充分考虑并融入用户的反馈意见。二是快速开展机构间合作。新模式有效利用了陆军快速能力和关键技术办公室与项目经理间的合作伙伴关系,即利用项目经理的专长、陆军快速能力和关键技术办公室的权限以及双方的资源,更快地交付新能力。此外,陆军作战部队高层参与陆军快速能力和关键技术办公室运行,有助于将作战部队和采办机构有效联系起来,及时根据战术作战需求调整项目。三是快速作出决策。陆军快速能力和关键技术办公室指挥链短,能确保快速作出需求、原型研究、试验以及生产等各项决策。四是快速部署能力。分阶段部署原型能力的新型交付方式代替了之前一次性交付完整解决方案的做法,使陆军在利用新技术继续进行能力升级的同时,能够以增量方式继续打造更强大的作战能力。

三是原型开发设计并不完美。有时,陆军快速能力和关键技术办公室提出的原型开发设计初期会尽可能设法满足一切需求,会让非专业领域内的人无法提出常规思路之外的创造性提议。快速能力办公室的工作就是推动风险采购,应对作战危机。如果敌人已经领先,而后果会很严重,那么该办公室就必须冒险采用新兴技术,并在特定参数性能方面提出要求。因此,美军必须承担在获取成功的同时也会失败的风险。

(七)案例分析

本节以陆军快速能力和关键技术办公室于2020年开展的利用激光作战项目为例阐述其项目运行的过程。

尽管定向能技术已经成为陆军科技界不可或缺的一部分,但对于陆军正式采办而言,它们还是相当陌生的。现在,陆军快速能力和关键技术办公室与美国陆军未来司令部(Army Futures Command, AFC)合作,负责将定向能源从科学技术领域带入原型。瑟古德说,陆军快速能力和关键技术办公室和陆军未来司令部为这些新能力制定了一项战略。

这些功能提供了高精度,可控制性,可预测性和可重复性,以应对来自DTIC附近同等对手的威胁。它们被计划作为陆军多域作战的关键组成部分,为防御敌方火箭弹,迫击炮和载人(和)无人驾驶提供保护飞机。

目前,陆军正致力于开发高能激光系统,以满足士兵的迫切需求。高能激光是一种以光速传播的能量束,对目标具有立即开始的作用。瑟古德说:"激光接合的整个杀伤链比传统的动力学接合要短得多。""从传感器跟踪到激光交战,定向能武器为增加士兵在战场上的生存能力创造了机会。"

陆军当前的定向能源演示在"中型战术车辆系列"和"史赛克平台"上进行。陆军快速能力和关键技术办公室正在为整合提供一条前进的道路,依据原型设计结果将具备的作战能力,最大化地供士兵在战斗中使用。

第二节 海军

一、海军研究实验室

美国海军研究实验室是美国海军及海军陆战队的主体研究实验室,进行着范围广泛的科学研究和先进技术开发。

(一)成立背景

美国海军研究实验室于1923年7月2日开始运作。这是根据发明家托马斯·爱迪生建议政府建立一个"伟大的研究实验室"而设立的。最初位于波托马克河上的基地只有两个研究部门——无线电和声学。随着时间的推移,海军研究实验室增加了适合从事新兴学科研究的部门。早期的成就包括解释无线电的"跳跃距离效应",发展了测深仪和早期声纳,并发展了第一个可操作的美国雷达,被在第二次世界大战中及时使用。海军研究实验室成为太空科学和发展的全球领导者,为国家航天航空局的形成做出了贡献。海军研究实验室引领太空发展,发射了先锋一号和微型轨道卫星跟踪系统,并发明了原子钟,为全球定位系统的开发运用奠定了基础[①]。

海军研究实验室在基础和应用研究领域的技术领先地位得到了全世界的认可,包括1985年的诺贝尔化学奖得主。

(二)历史沿革

从战争年代起,海军研究实验室的基础研究领域就包括与海军有关的地球和空间环境,其探索的领域非常宽广,从检测太阳的运行,分析海洋大气条件,到测量深海参数等。海军研究实验室通过探索全波段的电磁波频谱与大范围的外层空间,其遥感与通信能力得到了很大的提升,并且获取了在大噪声背景下可靠安全的信息传输手段。此外,潜艇的润滑技术、造船材料、防火技术、海洋水声理论等也是一直关注的技术。

海军研究实验室开创了海军的太空研究计划,参与了包括利用V-2火箭进行大气探索、美国的第一个人造卫星计划(先锋号计划)、海军的全球定位系统计划。作为战略防御计划的一部分,海军研究实验室还设计制造了低功率大气补偿试验卫星。

1992年,海军海洋大气研究实验室被并入海军研究实验室,加强了海军研究实验室的研究实力。海军研究实验室现在作为海军在海洋与大气科学方面的领袖实验室,特别关注物理海洋学、海洋地质、海洋声学、海洋气象学、以及大气遥感和远洋技术等。扩展以后的实验室主要关注冷战后时代的新海军战略利益需求。海军研究实验室的研究兴趣不仅局限在蓝色水域,也着眼于维护在全世界海岸地区的美国利益,海军研究实验室的科学家和工程师们正致力于向海军输送这类专门技术和能力。

海军研究实验室于2007年6月1日启动了空间卫星试验1号计划,该计划已经启动了地球空间外差成像和断层扫描空间接收机实验,已经搜集到了大量高质量的科学数据。空间卫星试验实验目前由海军研究实验室与美国航天局共同支持。海军研究实验室已经成为海军在空间系统研发、火控系统研发、战术电子系统、微电子设备、人工智能技术等方面的领袖实验室。

---

① http://www.nrl.navy.mil/

(三) 主要职能

美国海军研究实验室是海军的公共实验室部门,它向海军研究主任报告。作为海军的公共实验室,海军研究实验室是海军研究办公室(Office of Naval Research,ONR)的主要内部组成部分,以满足其科学和技术职责。海军研究实验室作为合作伙伴、承包商,通过合作研究和开发协议与产业界建立了长期而富有成果的联系,海军研究实验室是海军研究、开发和采办链中的一个重要环节,通过海军研究实验室,海军与全球产业界和学术界的基本思想来源有直接联系,并为海军研究实验室的研发链提供了一个有效的耦合点。

(四) 战略目标

海军研究实验室致力于打造一个包容的工作场所,鼓励多样性。美国由具有不同背景、思想和观点的广泛人群组成,海军研究实验室努力确保美国的劳动力构成反映美国的构成。

(五) 运行机制

海军研究实验室运行主要由指挥办公室和研究主导部共同承担实验室的管理职责。根据海军的要求,指挥办公室负责实验室的全面管理与一般性的职能指挥,包括法律事务、与其他军事活动的互动,以及对技术工作的总体监督和支持服务。研究主导部在指挥办公室的指导下对实验室的技术方案计划进行指导和总体设计;负责与学术界保持合作联系;培训下级的技术人员;交换技术信息,有效地执行海军研究实验室的使命。

(六) 主要领域

海军研究实验室利用新型材料、技术、设备、系统,面向海洋应用,进行多学科的科研与技术开发,并为海军提供广泛的专门性科技开发,其研究领域主要包括:

① 在海军感兴趣的领域广泛发起和引导基础性与长期性的科研活动;
② 在拥有技术专长的领域开发能够用于特定项目的原型系统;
③ 为海军提供空间技术与空间系统的开发与技术支持;
④ 开展物理、工程、空间、与环境科学的室内研究;
⑤ 面向海洋作战中心的多学科支持系统展开研究开发;
⑥ 为国家地理空间情报局提供测绘、制图、大地测量的研究和开发依据。

(七) 组织架构

海军研究实验室的组织架构区分为指挥领导层、企业运营理事会以及研究理事会3个部分。

1. 指挥领导层

海军研究实验室的指挥办公室和研究主导部共同承担实验室的执行管理责任。根据海军的要求,指挥办公室负责实验室的整体管理和通常的指挥功能,包括法律和法规的遵守,与其他军事活动的互动,并总体监督技术工作和支持服务。研究主导部负责技术项目、计划、实施和人员配备;评估人员的技术能力,与科学界联系;下属技术人员的选拔;交换技术信息;以及海军研究实验室任务的有效执行。执行主任负责管理日常活动,如维护和后勤,使指挥办公室和研究主导部集中精力于战术规划和执行。在指挥官缺席的情况下,由副官负责。海军研究实验室组织管理架构如图3-12所示①。

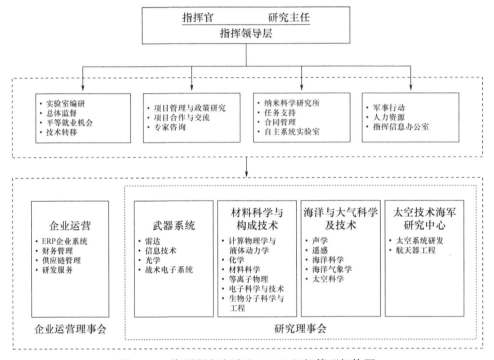

图3-12 海军研究实验室(NRL)组织管理架构图

2. 企业运营理事会

企业运作理事会为业务需求开发提供管理流程。涉及领域包括金融管理、供应链管理、合同运作、公共事务、管理信息支持等。

3. 研究理事会

研究理事会主要包括武器系统、材料科学与构成技术、海洋与大气科学及技术、太空技术海军研究中心。

① 武器系统。

通过基础研究与工程开发,扩展面向海军部队的项目运作能力并提供支

---

① http://www.nrl.navy.mil/About-Us/

撑。重点是关注技术、设备、系统、以及如何获取和传输作战信息、并抑制敌方的相应能力。目前的研究项目包括新的改进型雷达、光学传感器、高级电子支撑测试技术、高性能与高可信度计算机器等。

② 材料科学与构成技术。

通过多学科的研发活动发现和利用新材料，创造与材料行为有关的新概念，并开发基于新概念材料的新型器件。利用这些材料来满足海军先进的电子、传感器、光电子等技术平台的需求。

③ 海洋与大气科学及技术。

研究领域包括声学、遥感、海洋学、海洋地质、海洋气象学、空间科学；对地遥感方面包括无线电、红外线、光学传感器、遥感物理及其成像系统的研究；海洋学方面包括海洋动力学与预测、海洋科学和技术、小区域现象；海洋地球科学方面包括海洋物理、海底科学、测绘、制图、大地测量学；海洋气象学方面包括紫外线测量、X射线天文学、高空大气物理、伽马和宇宙射线、太阳物理学、日地关系、气象预测系统和预测支持等。

④ 太空技术海军研究中心。

太空技术海军研究中心主要职能是为海军职能任务涉及的太空系统开发和采购提供专家援助，其研究内容包括基础研究和应用研究，如航天器开发、航天器系统作战运用以及地面指挥和控制站设计与建设。核心能力是太空前沿技术需求论证，航天系统分析与测试，开发利用新技术能力的作战概念，航天系统工程测试与评估等。研究领域包括空间科学、海军太空技术开发、等离子体物理、遥感、航天器工程以及太空系统开发等。

(八) 案例分析

1. 电磁轨道炮项目

美国海军研究实验室的科研人员成功完成了海军研究办公室电磁轨道炮项目实验室规模电磁轨道炮系统的第1000次试射。

电磁轨道炮是一种能够利用电能而非化学推进剂发射弹药的远程打击武器。电磁轨道炮安装在舰上，可为舰上作战人员提供多种打击能力，如：精确水面火力支援、对陆打击、巡航导弹和弹道导弹防御以及为抵御敌方舰艇的水面作战等。弹药从电磁轨道炮发射的速度为每秒钟2至2.5千米，整个发射过程无需使用炸药推进，当遭遇目标时，利用高速动能将其消灭。

实验室级别的电磁轨道炮长6米，口径50毫米。研究人员首次试射电磁轨道炮是在2007年，在改进了电磁轨道炮的滑动电枢和导轨之后，自2008年起每年平均试射电磁轨道炮300次。强电流使滑动电枢在两导轨间加速运动，从而产生强磁场，强磁场驱动弹药高速发射出去。每次试射之后，研究人员都要将电磁轨道炮的全部组件进行拆解检查,还会将导轨切割开放在显微镜下面检查导轨表面所受到的损伤。

在 1000 次的试射期间,研究人员试验了多种材料和几何造型以决定何种材料和造型能够承受足以融化金属的高温和发射 1.5 兆焦耳能量武器的高压。1 兆焦耳能量相当于推进一辆 1 吨重的汽车以每小时 160 千米的速度行驶所需要的能量。研究人员表示,电磁轨道炮的炮筒并不一定要像常规火炮的设计方案一样是圆的。自 2005 年开始,研究人员便一直致力于延长电磁轨道炮炮筒寿命、炮口能量及尺寸的研究。而这些努力将最终实现 64 兆焦耳、射程 350 千米的电磁轨道炮的完成。

由于试射所取得的材料科学方面的突破,给研究人员将新技术引入更大型的电磁轨道炮实验设备带来了极大的信心。2010 年 12 月,美国海军水面作战中心成功完成了 33 兆焦耳电磁轨道炮的发射试验,同时也创造了一项世界纪录。

2. 舰用旋转爆轰发动机项目

美国海军研究实验室计算物理和流体力学部门的负责人表示,他们正在研究利用旋转爆轰发动机降低燃气轮机燃料消耗的可能性。

目前美国海军舰船上约有 430 部燃气轮机,这些发动机每年消耗约 20 亿美元的燃料,若经过旋转爆轰发动机技术改造,每年将能降低 3 亿美元到 4 亿美元的燃料成本。海军现在使用的燃气轮机基于布雷登热力循环原理,将燃料与空气混合压缩后,在恒压条件下燃烧,产生的能量用于发电和舰船推进。海军研究实验室的研究人员利用爆轰循环代替布雷登循环,用于燃气轮机驱动,是一项极具吸引力的创新技术。过去十年,实验室一直处在该项技术的研究前沿,也是开发脉冲爆轰发动机的主要成员。

海军研究实验室的研究人员表示,他们已经利用前期在通用爆轰上的研究成果,建立了用于仿真旋转爆轰发动机的模型。旋转爆轰发动机将能提高 10% 的输出动力。研究人员还表示,该技术能够为海军节省 25% 燃料消耗。若几项技术难关被攻克,旋转爆轰发动机和脉冲爆轰发动机有望成为提高舰船和航空燃料效率的颠覆性技术。目前海军正在致力于燃气轮机和电力混合动力推进系统,以加大电力在新建舰船中的应用。海军官员表示,虽然未来舰船正在向混合动力系统或"全电力"推进系统模型迈进,燃气轮机仍然是舰船电力和推进系统中不可取代的角色。为海军舰船开发和提供高效的燃气轮机仍然是研究人员的工作重点。

3. 水下太阳能电池项目

美国海军研究实验室的科学家们成功发现了一项具有突破性意义的新方

法,可以让太阳能电池在水下高效作业。因为海水会吸收阳光,所以在水下的太阳能电池想要吸收到足够的阳光是非常困难的。但是来自美国海军研究实验室电子科学和技术部的研究人员最近发现,虽然光照强度到达水底后变得很低,光谱也变得很窄,可这样却有助于电池实现高效率的能量转化;另外,研究人员还发现当光谱的波长在400~700纳米时,铟镓磷化物具有超强的吸收能力,也就是说如果放弃传统的晶体硅电池,而采用高级的铟镓磷化物电池,那么在光线密度很低的水下,太阳能电池也可以实现高效的工作。

早期的实验表明,在水下9.1米处,这样的电池一平方米的电能产量可以达到7瓦。据了解,该小组研究这种水下太阳能电池的初衷是为水下自治系统和传感器平台提供动力,而一旦这项技术发展成熟,那么在水下建起大规模的高效太阳能电站也就不再是梦了。

二、海军敏捷办公室

(一) 成立背景与历史沿革

美国海军将科技发展置于战略地位,依据国防部等高层科技战略规划,定期制定海军科技战略发展规划,以体系化的战略规划指导与推动海军科技创新发展。政府统筹国家科技创新战略,指明国防科技创新发展方向。美国国防部层面建立了"一个战略、三项规划"的科技战略规划体系,包括《国防科技战略》《联合作战科技规划》《国防技术领域规划》《国防基础研究规划》。

一个战略提出了国防科技发展的总体构想、方向重点和政策指导,三项规划阐明国防基础研究、应用研究和先期技术开发的学科体系、各专业领域发展目标、重点任务和进度要求,为各军兵种开展军队科技工作提供遵循依据。海军部具体筹划海军科技战略构想,指导海军科技创新实施。海军部授权海军研究局筹划海军科技战略,并且几乎每两年发布一版《海军科学技术战略》作为海军科技创新的重要战略性指导文件,明确了海军未来作战能力需求,提出需关注的创新领域,引领海军科学技术发展方向,平衡和管理海军科学技术投资,促进海军科学技术创新向作战能力转化。2015年《海军科学技术战略》明确了确保进入海上战场、自主系统与无人系统、电磁机动作战、远征与非正规作战、制信息权、平台设计与生存能力、动力与能源、力量投送与综合防御、作战人员能力等9大领域共35项科学技术重点,对每个领域的战略驱动、构想、未来发展目标等进行了详细阐述,为海军敏捷办公室设立奠定了战略引领基础。

实践国家安全创新基础,并加快从技术研发到能力交付的过程,美国海军以海军研究局为科技管理机构,以"走在技术的前面"为理念,构建科技战略规划体系,重构组织架构,合理分配预算,优化人员组合,规范项目管理,打造健全、高效的科技创新机制,驱动提高美国海军科技创新能力,运用各种措施平衡了美国海军科技研发与海军能力之间的关系,"海军敏捷行动计划"就是其中之一。

创新动力来源于作战实践,海军内部不缺乏创新想法和资源,但分散自主的海军文化导致现有创新的孤立性和短暂性,同时,海军外部创新活力强劲,传统官僚体制和业务流程却限制了海军对外部创新的有效利用。海军科研与采办工作主管戈伊茨,积极探索落实《国防战略》有关目标的具体举措。为改革当前弊端,戈伊茨大力推动"海军敏捷行动计划",通过建立海军敏捷办公室,协调全体海军部人员、快速采用商业技术、打造加速变革的文化,加快技术创新与能力交付,使海军和海军陆战队做好应对潜在高端冲突的准备。

2019年2月,戈伊茨将"海军敏捷行动计划"实体化,设立海军敏捷办公室,该办公室的运作集中体现了戈伊茨关于海军敏捷运动计划的快速创新和采办理念。

(二) 主要职能

海军敏捷办公室主要提升和拓展相关政策、工具、实践和培训,促进新兴技术的发现、开发和交付。具体而言其职能包括:一是协调、协同并发展敏捷的海军生态系统;二是加快发现、采用和适应创新的步伐;三是构建一种包括技术意识、学习、创新和加速变革的领导文化。

(三) 组织架构

海军敏捷办公室共有6名管理层人员,为海军及海军陆战队现役、预备役、文职人员及退役军官,这种人员构成模式了解海军部官僚体制及业务,掌握海战相关技术专业知识,拥有较为丰富的采办、创新管理经验,并利于人员组织和问题解决。

其担任领域职务的人员多有军队背景。如曾任主任弗兰克·法契尔为海军上校,是后勤补给专家,曾任海军作战办公室增材制造主管。副主任戴维·希夫为退役海军军官,曾任海军海上系统司令部项目经理,并参与轮驻国防创新小组的工作。"技术桥"主管萨姆·格雷为海军中校,曾任F/A-18战斗机中队指挥官,任"技术桥"主管之前为国防部长办公厅战斗机方向采办投资组合经理。创新活动发起平台主管劳伦·汉约克为海军水面战中心航空航天及海洋工程师。工具手册工作主管乔恩·马戈利克为海军陆战队上校,曾任海军陆战队预备役创新项目官及陆战队检察官。奖项与成功案例主管斯科特·哈盖特为退役海军陆战队通信官。

敏捷办公室最主要的职责是连接需求与技术。办公室不直接主导创新项目,而是让作战构想提出者和有技术背景的专家来推进技术研发,办公室只充当从事相关项目的不同实验室或小组之间的联络员。敏捷办公室工作人员不需要有创新和大胆的想法,他们的职责是了解所有服务对象的想法,并能够有效地推动计划前进,被称为"夏尔巴人"(夏尔巴人由于常年生活在高山地带,是天生的登山向导,为各国登山队提供向导和后勤服务)。办公室作为技术进步道路中的灯塔,为研究者指引创新和探索的方向。海军敏捷办公室还将最佳实践进行梳理,分类为工作手册和案例,举办培训和参与活动,并提供在线数字工具,以帮助海军创新研究获取更大的灵活性。该办公室的目标是提高速度,引进新设备,实施新做法,并为可能发生的高端冲突做好服务。

(四)运行机制

海军敏捷办公室具有模式化的协同创新机制模式,首先锁定需求较多的军事领域,其次通过"海军敏捷峰会",召集海军各创新主体,围绕"拓展敏捷措施""海军小企业创新研究计划(Small Business Innovation Research Program,SBIR)和小企业技术转移计划(Small Business technology Transfer Program,STTR)项目中的敏捷性""活跃的敏捷平台"等平台工具机制,发现军事能力需求或军队内部所存在的问题;通过技术桥机制去发掘和发现正在研究相关问题或有能力解决此类问题的企业和研究机构,并通过团队组建流程将产、学、研等多方进行捆绑;通过参与竞赛、竞争奖励等形式,促进多方共同解决需求并生成相关专利或原型机;将所得成果进行价值评估并在评估的基础上决定是否进行转化应用,如成功转化为产品,则有可能纳入军队采购解决实际军事需求,增强军事能力。海军敏捷机构技术桥机制如图3-13所示。

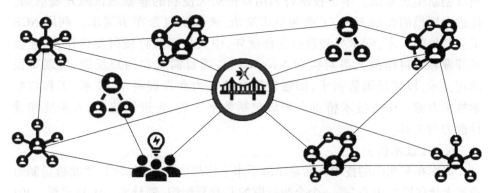

图3-13 海军敏捷机构技术桥机制运行示意图

(1)内部技术桥机制

海军敏捷办公室寻求在海军部内、外创新力量之间建立联系,使海军更好地认识和获取先进技术和做法。"技术桥"通过与海军研究局的密切合作,连接、加强和维持海军部位于各地的创新加速生态系统。从长期来看,技术桥机制目标是确保海军的研究热点能够作为一个综合网络运行,而不是相互独立地单独运行。

到目前为止,海军已在北部、南部、西部、中部、国际五大区域,建立13个技术桥。技术桥在海军部与创业公司、学术界、大型企业、小企业、非营利组织、私人资本和政府实体之间建立伙伴关系,从而打造可持续的协作网络,并加速有关难题的解决。"技术桥"的成立必须具备三大要素,一是必须有海军部赞助方提供资金、人员和项目,二是必须有海军部以外的地区合作伙伴提供资金和服务,三是必须有可持续的业务计划,在12个月后,不依赖海军敏捷办公室的支持而在海军部与工业界之间建立联系。在具体运作上,海军敏捷办公室为"技术桥"提供必要的支持,包括海军研究、发展与采办助理部长授权的合同和创新管理便利,海军敏捷办公室工具手册、网络、训练、项目的较早接触权,跨各生态系统构建关系网络的资金支持等。

① 北部技术桥。

北方技术桥共有3个,分别是中央技术桥、401技术桥(东北技术桥)以及南马里兰州技术桥。

a. 中央技术桥。

中央技术桥致力于打造一个海军和海军陆战队利益的创新生态系统。主要促进海军水面作战部、海军水面作战中心部,印度海军水面作战中心爆炸品处理技术部门、海军研究实验室和美国海军陆战队作战实验室的联合,建设创新生态系统。中央技术桥利用首都地区便利的非基地设施开展活动,促进大规模的作战人员、工业和学术交流,来解决复杂军事需求。利用NCR工业基地的人才,学术界和政府合作伙伴,中央技术桥将使研发合作,加速技术开发和交付作战人员对接到 Navy/USMC 项目需求和用户反馈,发展军民两用技术,以满足国防需求,加强地区经济实力和发展科学、技术、工程与数学技术专家。中央技术桥重点领域包括数字工程、先进制造、无人系统和设计能力与工具。

b. 401技术桥。

海军在东北部的技术桥活动由海军水下作战中心分部协调。"北极星制造业扩大伙伴联合中心"是一个全州范围的非营利组织,领导着401技术桥。401技术桥是东北地区技术桥的核心,为支持该地区的商业和经济的公共/私营伙伴关系建立了最佳实践。目前技术桥得到了海军研究办公室、国家标准和技术制造扩展伙伴关系奖励计划、罗德岛创新校园、网络匹配拨款和私人资金的支持。(北部)东北技术桥海军研究局合作甄别出当前急需解决的难题,其重点领域是海洋科学、海洋复合材料和纺织品、海底车辆、海底传感器和海底技术。

c. 南马里兰州技术桥。

南马里兰州技术桥由海军空中作战中心领导,专注于无人飞行、自主系统、建模和仿真,以及训练和测试的实时/虚拟/构建环境。海军指定南马里兰州为其技术生态系统和基础设施提供资源,这些资源使该地区成为海军、企业和学术基地强有力的合作伙伴。南马里兰技术桥与海军水面作战中心印度洋分部、工业界合作,学术领域的合作包括马里兰大学、乔治亚理工研究院、圣玛丽学院、南马里兰学院等。

② 南部技术桥。

南部技术桥包括中佛罗里达技术桥、中大西洋技术桥以及帕尔梅托技术桥3个。

a. 中佛罗里达技术桥。

中佛罗里达技术桥位于佛罗里达州奥兰多高科技社区的中心,以海军空战中心训练系统部为主导部门,将依托海军空战中心训练系统部与地方工业界、学术界及政府业已建立的长期合作关系,并将其推向新的高度,促进海军建模、仿真与训练相关技术、能力发展。其科研力量雄厚,组织奥兰多的海军空战中心训练系统分部与五所主要大学、所有军种、多个政府机构以及所有军事建模、仿真和训练活动进行长期的合作关系。地理位置使技术桥能够充分利用该地区在从太空、国防到娱乐和游戏等一系列技术领域的专业知识。同时,海军空战中心训练系统分部通过定期收购和技术外联活动,加强与佛罗里达州中部科技社区的关系。新的技术桥将把海军空战中心训练系统分部的合作范围扩大到全国水平,大大增强了该组织为舰队服务的能力。

b. 中大西洋技术桥。

中大西洋技术桥是第二舰队指挥官与海军信息作战中心大西洋汉普顿公路分遣队、海军水面作战中心达尔格伦师达姆克活动和海军水面作战中心卡德洛克师诺福克分遣队合作的技术桥,为作战人员提供敏捷技术解决方案。中大西洋技术桥建立远超出弗吉尼亚州联邦的强大创新生态系统,促进创新技术解决方案。中大西洋技术桥正为合作活动建立一个基地外太空降低协同对接难度。

c. 帕尔梅托技术桥。

帕尔梅托技术桥位于南卡罗莱纳州查尔斯顿,以海军信息战中心-大西洋总部为主导部门。将重点围绕海军信息战中心-大西洋总部为国家提供不间断警戒、自动防故障网络安全、适应性响应和卓越工程等任务要求,开发军民两用解决方案。海军信息战中心-大西洋总部推动帕尔梅托技术桥积极与领先的学术研究机构、世界级的行业合作伙伴、著名的联邦实验室建立联系，利用南卡罗来纳工业和学术界的人才，通过创新的商业产品增强该地区的经济实力。

③ 西部技术桥。

西部技术桥由5个技术桥组成，分别是加州中央海岸联合技术桥、内陆帝国技术桥、西北部技术桥、文图拉技术桥以及南加州技术桥。

a. 加州中央海岸联合技术桥。

加州中央海岸联合技术桥是与工业界、国防部和创新中心、领先的学术机构和国家实验室合作的纽带。技术桥与海军研究生院（Naval Postgraduate School，NPS）紧密结合，便利研究生院人才直接接触作战，了解军事需求；技术桥靠近硅谷，打造拥有独特地理位置的创新中心；技术桥参与者能够直接访问罗伯茨营地领域、海洋领域和赛博领域的太空进行技术测试。技术桥还直接支持海军研究生院的创新应用设计课程，为各专业学生提供从事相关项目工作的机会，同时增加学生实习和教师奖学金，以加深他们的技术敏锐度和对行业最佳实践理解的积极性。为了促进更大的开放和合作，技术桥正在与海军单位合作，建设校外设施，该设施将成为解决国防部紧迫的国家安全挑战的多学科团队中心。计划还在推进中，通过敲定合作关系中介协议（Partnership Intermediary Agreement，PIA），建立"NPS Werx"，与工业界合作，提供技术研发速度和转化灵活性。

b. 内陆帝国技术桥。

内陆帝国技术桥建于世界上军事力量最集中的地理中心，倚靠海军、海军陆战队、陆军和空军基地，地区人口超过25个州。《选址》杂志将该地区命名为"创新绿洲"，其人口最多的城市河岸拥有全国最大的创新区。内陆帝国技术桥由海军水面作战中心、科罗娜分部锚定，专门支持海军和海军陆战队未来战略方向。科罗娜分部通过内陆帝国技术桥与学术界、政府和工业界展开战略合作，支持司令部的任务集，包括性能和准备评估、测量科学和校准，以及用于实时、虚拟、建设性培训的系统工程。内陆帝国技术桥建设用于举办协作活动的基地外设施，以利用科罗娜分部在数据分析和可视化、网络数据环境和测量技术方面的能力，进行有利于作战人员和工业的两用创新。

c. 西北部技术桥。

西北部技术桥位于华盛顿州基波特，以海军水下战中心基波特分部为主导，在吉赛普郡附近有1处外部基地，以支持快速合作和解决军事需求及技术转化问题，目前正在制定合同协议，以便与工业界、学术界围绕解决具体问题开展工作,此外,海军海底战争中心正在制定一份合同协议,该协议将允许工业界和学术界在物理碰撞太空问题上进行日常合作。技术桥与顶级研究和培训机构,如华盛顿州立大学、华盛顿大学和塔科马大学、西华盛顿大学以及奥林匹克学院,已经在该州开展了广泛的学术和产业合作。

d. 文图拉技术桥。

文图拉技术桥总部设在加利福尼亚州的文图拉市,位于 Hueneme 港的 FATHOMWERX 实验室。技术桥倚靠众多公立和私立大学、高科技走廊以及海军基地。海军基地包括木谷点、胡尼姆港和圣尼古拉斯岛,基地为太平洋舰队创造集调兵场、深水港、铁路和机场为一体的服务。该基地包括 100 多个租户司令部以及三个主要作战中心(海军水面作战中心、Hueneme 港分部、海军工程和远征作战中心、海军空战中心、武器分部)。文图拉地区拥有美国海军自卫测试船———一种远程控制,功能齐全,海军的深海仿真工具,可以进行海平面以下 35000 英尺太平洋中马里亚纳海沟最深处的模拟仿真,具有全国最先进的检测研究、发展、试验和鉴定港口和海洋领域技术的能力。

e. 南加州技术桥。

南加州技术桥位于加利福尼亚州圣迭戈,以海军信息战中心——太平洋总部为主导部门,专注于利用南加州的安装、工业和研究的融合优势,通过非传统的伙伴关系来解锁新兴技术。技术桥使用了许多工具,例如,谅解备忘录、摇篮协议、供应商演示协议、SBIR 合同和广泛的区域公告。还将确定 1 处外部基地作为合作研讨会和活动举办地点,重点关注"以人为本设计"和"精益创业"促进技术。技术重点领域:安装保护、弹性、移动性、人工智能/机器学习、自主系统。

④ 中部技术桥。

中西部技术桥位于印第安纳州克伦,以海军水面战中心克伦分部为主导部门,拟确定 2 处外部基地作为合作研讨会和活动举办地点,通过拓展的地理范围最大限度地接触不同的合作伙伴,重点关注战略任务、电子战及远征战技术的开发。中西部技术桥不仅开发海军和海军陆战队作战能力,而且与附近的空军和陆军研究实验室建立联系。在学术界,技术桥与印第安纳大学(布卢明顿)、常春藤理工学院(布卢明顿)、普渡大学(西拉斐特)、圣母大学(南本德)和南印第安纳大学(埃文斯维尔)等一流的研究和培训机构开展了广泛的学术合作。

⑤ 国际技术桥。

美国海军采办负责人于 2020 年 10 月 20 日宣布建立伦敦技术桥(伦敦技术桥),这是美国海军在美国以外建立的第一个技术桥创新中心,也是 NavalX

的第 13 个驻点。此技术桥强调并建立了美国海军与英国皇家海军的独特伙伴关系,促进美国公司与英国公司协同创新、互利共赢,为新的国防需求加速提供解决方案。总部设在伦敦的美国海军全球研究办公室于 1946 年成立,探索与工业初创企业、大型企业、学术界和英国防务合作伙伴的新联系。该团队的目标是将欧洲技术解决方案与美国海军联系起来,并利用其技术进行创新。NavalX 科技桥项目主管塔拉里科(Whitney Tallarico)发言说:"虽然国家安全是国防信息中心的目标,但国防信息中心清楚地认识到,为国防信息中心提供稳定需要一个国际团队。"

伦敦技术桥最初的重点领域将是人工智能、无人驾驶和自动化、生物技术、太空和激光/定向能源,基础合作伙伴包括伦敦帝国理工学院安全科学与技术研究所、美国驻伦敦大使馆的国防合作办公室和商务部,以及北约的海上无人系统创新与协作单元和创新咨询委员会等。

此外,伦敦技术桥计划与来自英国国际贸易部、英国国防部的国防和安全加速器、皇家海军首席技术官办公室、海事能力等机构的伙伴进行合作。

(2) 敏捷的工具手册机制

作为创新孵化器,海军敏捷办公室具有自己的独到之处,它专注于改造劳动力思维,而不是技术。海军敏捷办公室主管在现代化路线图活动的重点演讲中说:"国防技术信息中心不是在侦察技术。国防技术信息中心关注的更多的是员工,以及向员工提供机制和工具,使他们更加敏捷。"因此,为了寻求整个海军部推广快速创新知识和技巧,海军敏捷办公室研发工具手册,使海军部人人可获取并愿意使用最优的创新资源。工作手册是基于智能百科的——本质上就像维基百科。"敏捷办公室的工具手册看起来和维基百科一样,功能也和维基百科相似,其读者是试图积极地将应用程序迁移到商业云的用户社区的工作人员,实时工作手册可以时刻帮助他们更新海军研究和实践中的经验教训和挑战,并共同加入到更新工具手册的队伍中来。

在主题选择上,工具手册主要涉及影响力大、适用性广、能引起海军部人员强烈兴趣、方便采用、并可拓展使用范围的工具和方法;在维护管理上,每一工具手册都由一名先行采用者管理,其主要负责完善该工具或方法,并为后续采用者提供指导。

在具体内容上,每一工具手册推出时都是基础框架,在提供工具来源、用途等基本解释之外,将重点放在介绍国防部的使用案例上,使用户通过实例了解为何用、怎么用这些工具,以及如何克服使用过程中遇到的困难。

在测试审查上,工具手册须接受约 7500 名海军部人员组成的测试群体的审查,新工具的工具手册还需接受 10~60 名测试群体成员的先行试用和完善后才能推出。

在发布推广上,所有工具手册都刊发在情报界非密/仅供官方使用平台"情报百科"上,任何拥有"通用访问卡"权限的用户均可自由阅读或对其进行编辑更新。

(3) 协同创新平台工具

海军敏捷办公室通过组织研讨会和活动,将海军部、政府其他部门及外部利益相关方聚集起来,促使它们相互建立关系网络,并围绕共同目标开展合作。创新活动发起平台一般为某一独立地点(比如海军敏捷办公室位于弗吉尼亚州亚历山德里亚的活动地点),目的是降低小企业和非传统企业进入的门槛,在整个创新生态系统更好地促进建设性伙伴关系的形成。

自成立以来,海军敏捷办公室已举行众多活动,比如2019年7月16~18日举行"海军敏捷峰会",召集海军各创新主体,围绕"拓展敏捷措施""海军小企业创新研究计划和小企业技术转移计划项目中的敏捷性""活跃的敏捷平台",展开了为期3天的讨论。同年8月19日举行"研究、发展与采办助理部长指挥、控制、通信、计算机、情报及太空"活动等。

按照最初设想,海军敏捷办公室主要提供3类工具:推动创新类工具旨在收集和促进大胆、多元的想法,包括"海军创新流程采纳""黑客马拉松"等工具;孵化与验证类工具旨在快速开发和试验技术,包括"先进海军技术演习""其他交易授权""开放方案征集"等工具;推动转化类工具旨在通过更灵活的交易交付技术,包括"战略能力办公室"、"国防创新小组"、《国防授权法案》关于快速样机研制的"第804/806条款"等工具。海军敏捷办公室目前已发布"落实敏捷开发""其他交易授权""云迁移"等工具,正在制作"其他交易授权""伙伴关系居间方协议""应对需求时间线""以人为本设计""精简创业"等工具。

① "黑客马拉松"。

美国海军陆战队举行了一场针对其面向公众的网站和事业网络服务的黑客大赛,为安全人员找出的75个新漏洞发出8万美元奖金,作为美国国防部"黑掉五角大楼"计划的一部分,"黑掉海军陆战队"是一场有时限的黑客马拉松奖金争夺战。研究人员也可以通过托管的海军陆战队漏洞披露项目,在制定时间内提交所发现的任意漏洞,但该方式提交的漏洞不会有奖金放出。此工具帮助海军陆战队改善作战平台——海军陆战队事业网络,让美军在发现关键漏洞、减小攻击界面和最少化漏洞方面得到了巨大的投资回报。

② "先进海军技术演习"。

海军敏捷办公室与海军陆战队等共同组织一年一度的先进海上技术演习,

将工业界、学术界和需求、采办与用户团体的军官聚集到一起,帮助军种提升作战能力。海军已通过技术演习完成1900多项技术的评估。"任何人都可以带着装备过来评估,并从中获得改进产品的反馈。尖端科技人员可能帮DTIC发现尚未可知的需求"。美国海军负责作战开发和集成的助理作战部长帮办马克·怀斯少校表示,海军和海军陆战队官员正在寻找能够支持其在拒止环境下遂行分布式前沿作战的技术。海上技术演习是一种非常好的发现新技术的方式,作战人员直接来评估新的能力,小企业也获得以较低成本展示产品的机会。美国海军签署公告来寻找参与海上技术演习的企业,公告列出了军队正关注的主题领域和感兴趣的技术,响应者只需要提供一些信息,而不是长达500页的方案就可参与。海军评估团队审查企业提供的信息,选出符合演习要求的技术和企业,然后发出邀请。怀斯表示,最近举办的海上技术演习中,大公司和小企业的数量基本相当,其中还有很多初创企业。2019年7月的演习聚焦指控、通信、力量防护、无人系统和后勤,共展示了53项技术。新参与者不断加入进来,此次演习中仅约39%参与者参加过此前的演习,其他均为新参与者。此工具通过更快采办通道、有时仅需12~18个月就能将技术纳入采购,用到的采办工具包括合作研发协议、联盟体合同、小企业创新研究合同及其他交易授权协议。

(4) 战略能力办公室

战略能力办公室是推动美国国防科技创新的重要机构。该办公室的主要职能是为国防高级研究计划局争取时间,使其能够开发出下一代领先技术。战略能力办公室关注满足近期现实作战需求,重点在于通过系统集成和作战概念创新,快速发展和部署新的作战能力,是致力于发展颠覆性作战能力的秘密机构。战略能力办公室通过系统集成和概念创新,发展近期可用的新型颠覆性作战能力,为美国新"抵消战略"提供重要支撑,其主要使命是"应对高端威胁,提供颠覆性能力",发展"高风险、高回报"的军事技术,针对俄罗斯和中国创造"技术突袭",保持对俄中的技术优势。战略能力办公室在现有军兵种项目办公室的资助下,开展周期为2~4年的样机试制工作,可以为未来的技术转化做好准备,提高技术转化的成功率。战略能力办公室着眼快速形成作战能力,精心遴选项目,加快成果转化。每年1月,战略能力办公室为最佳的5~6个新项目编列预算申请,提交国防部办公厅及成本评估与项目评价办公室审查。战略能力办公室每个项目的实施周期约3~4年,相比美军目前平均14年的武器系统研发周期大幅缩短。

(5) 其他交易授权

由于美国国防采办总体规模庞大、产品种类繁多、供应来源多样,很难建立一套普适的法律法规体系,为此美国法律中规定了很多例外条款,用于现有法律条款不适用的情况。"其他交易授权"合同就是这一理念的体现,核心思想是给予合同签订官、国防采办官较大灵活性,"依情而行"选择遵守或不遵守国防采办相关法律规定,同各类创新主体开展交易。目前,"其他交易授权"已成为美国国防部引入先进民用技术的一种主要合同类型。

(6) 多样化激励机制

项目制激励计划可以从一定程度上促进项目绩效,鼓励按时按质按预算的项目交付,海军敏捷办公室针对军队、产业和研究机构分别制定了不同的激励计划。

① 军事需求激励。

在军队层面,海军敏捷办公室认为,海军水手、陆战队员和文职人员在改革海军部业务操作、为海军全球部署兵力创建敏捷性的过程中,随时都会提出卓越的解决方案。海军部需通过专门奖项,表彰其间作出突出贡献的个人和团体,激发后续努力;并编集有关成功案例和最佳实践,供推广学习。因此敏捷办公室推出"敏捷与问责奖计划"的目的即是鼓励为提升海军敏捷性作出突出贡献的个人及团体。该计划由海军部首席管理官监督实施,科伊茨辅助落实,主要颁发持续影响奖和年度奖。持续影响奖分为敏捷采办、敏捷技术、敏捷政策改革、数据驱动的敏捷、敏捷作战、敏捷领导力、敏捷创作7个类别,分别表彰加速采办、加快技术开发、提升业务效率、以数据为基础提高业务和决策效率、创新作战应用的个人及团队,采取有效措施激发创新的领导人,以及关注敏捷、创新概念的杰出著作成就。年度奖表彰作出突出贡献的个人,从此前一年的影响奖中选出。此外,海军敏捷办公室的网站上也会发布海军部人员提升海军敏捷性的具体成功案例。

② 产业创新研发激励。

对于产业,技术桥梁作为网络和独立竖井,分别拥有不同激励模式。

作为网络,海军敏捷办公室与海军 SBIR/STTR 计划成互补互联关系,从海军敏捷实验室中积极参与的企业有机会获得 SBIR 基金名额,实验室模式对于确定和指导 SBIR 基金的优先顺序非常有用。为了使小企业的潜在创新能力得以充分发挥,美国先后推出了 SBIR 和 STTR,为支持和鼓励境内小企业参与具有商业化市场前景的政府研究和开发项目提供资金保障。21 世纪以来,在世界新军事革命与新一轮科技革命不断推进的背景下,美军响应作战要求的周期越来越短,国防科技的军民两用趋势更为明显,小企业凭借其对市场变化的快速响应能力,逐渐成为国防科技创新的主体。为加快引入新技术并生成战斗力,美国海军作为军方参与 SBIR/STTR 计划,每年投入 2~4 亿美元的研发经费。

美国海军 SBIR/STTR 计划是由海军及其系统司令部未来需求牵引的以任务为导向的计划,其资助对象定位于美国境内最具创新活力的科技型小企业。在空间地理分布上,受到海军 SBIR/STTR 计划资助的企业主要集中分布于美国东、西以及南部海岸,以东海岸居多,尤其是东北部地区涉海专业院所数量密集的区域,与技术桥地理区位吻合。已经参与 SBIR/STTR 的企业大部分都参与到技术桥的合作过程中来,成为海军企业合作伙伴,为海军敏捷办公室形成的需求提供解决方案,并介绍和吸引新的小企业合作伙伴参与到海军 SBIR/STTR 计划中来,促进海军 SBIR/STTR 计划的优质企业和项目筛选。

技术桥作为独立运营机构,拥有设置项目奖励的权力。例如:401 技术桥与海军合作,创建了三个竞争奖项挑战。当海军的创新过程采纳项目于 2019 年在全国发布时,401 技术桥为具有创新能力的小型和非传统企业举办了信息发布会议,在会上海军工程师们讨论了技术简报并回答了企业提出的问题。针对符合条件的优势企业,技术桥联合海军选择了三家各授予了 25 万美元的奖金。

③ 科研单位人员激励。

对于科研机构,海军敏捷实验室鼓励其提高科研水平和与外界的交流。对其管理层,设置了海军敏捷性和问责影响奖,以表彰其对大学协同机制的创新支持。美国海军研究生院信息技术的通信服务部门获得了 2019 年度此项奖项。其中,通信服务部门获得了敏捷技术类别的认可,该类别专门奖励开发、采用或交付新的或改进的硬件、软件或工具方面取得的成就,此类技术提高组织的效率或整体任务运作流畅度。通信服务部门是海军研究生院的中央信息技术组织,并为其教学和研究的核心任务提供技术和通信支持,在充满挑战的学术环境中帮助教师和研究人员不断探索未知的新边界;对教师和学生,技术桥与不同科研机构和大学合作,与导师和实验室建立紧密联系,实验室科研项目中支撑研究的学生将更有机会获得奖学金,获得实验室推荐进入相关技术企业的机会,甚至可以获得创业种子基金。

(五)运行效果

自从技术建立以来,海军的技术桥倡议已经利用合作和创造力来解决海军的需求和能力。由于技术桥的成功,海军敏捷办公室增加了技术桥的数量。目前有 13 个,地点除了位于美国技术中心周围,还拓展到了伦敦。

仅 2019 年一年,技术桥取得的显著成就包括为解决海军问题的项目提供了 4500 万美元的资金;向非传统行业合作伙伴颁发超过 200 万美元的奖金;资助 3750 万美元用于小企业创新研究,目标是维护和维持其创新研究;帮助发放 80 多万美元用于应对新冠肺炎疫情。科技桥梁枢纽连接并维持着基地外的"加速生态系统",促进了更大程度的合作。这是通过与大专院校、研究机构、初创企业、公司、小企业和非营利组织等合作完成的。

美海军敏捷办公室加快创新与能力的具体举措呈现以下特点。

一是强调对内部人员的赋能。海军敏捷办公室通过选取有效促进创新的工具制作使用手册,将快速创新的知识和技巧统一到开放平台上,使人人可获取,从而促进海军部水兵、陆战队员、公务人员将各种创新想法落实为具体的行动。工具手册的内容除介绍工具相关基本知识外,更侧重实操引导,以具体案例阐明工具的使用目的、方法,以及工具使用过程中所遇问题的解决办法,可激发用户的使用意愿并令创新更可执行。工具手册发布在内部开放平台上,供自由查阅和编辑,可调动海军部全体人员自下而上的智慧,并促进工具手册内容的动态更新。

二是充分利用外部创新活力。海军敏捷办公室选取产业和研究基础较为雄厚的地区设立军地融合办事处"技术桥",旨在海军部与工业界、学术界、私人资本和政府实体之间打造强健的合作网络,一方面利用海军研究、发展与采办助理部长直接授权的采办和创新管理便利,并明确海军技术和能力需求,另一方面充分发挥既有创新生态系统的潜能,以外部创新活力加速海军部所面临难题的解决。"技术桥"将服务于美国国防部更大的创新生态系统,为海军敏捷办公室与国防创新小组、陆军未来司令部、空军敏捷创新中心、特种作战司令部特种作战部队工场等创新机构合作提供支持。

三是鼓励小企业和非传统供应商的参与。随着数字科技飞速发展,全球创新环境发生巨大变化,技术创新的军民两用趋势日益明显,中小企业逐渐成为国防科技创新的主体。在这一大环境下,美国国防部越来越重视中小企业对国防科技创新的贡献。海军敏捷办公室举办研讨会和活动的目的是促进海军部内外的创新交流,而创新活动发起平台专门选取在海军部以外的独立地点,即是着眼于中小企业和非传统供应商的有关特点和需求,突破传统机制和各种规章的约束,营造轻松、灵活的参与环境。

(六)案例分析

本节以中西部技术桥为例,详细阐述海军敏捷办公室项目运行的过程。

中西部技术桥是海军技术桥机制中的一个,位于印第安纳州克伦,以海军水面战中心克伦分部为主导部门,拟确定2处外部基地作为合作研讨会和活动举办地点,通过拓展的地理范围最大限度地接触不同的合作伙伴,重点关注战略任务、电子战及远征战技术的开发。2020年6月24日止,其海军水面作战中心起重机技术转化计划进展顺利,在协作会议上汇报了项目创新和技术转化经验。

海军水面作战中心起重机技术转化项目预计产生58亿美元经济影响

力,其中包括 45 亿美军销售额、60 亿美元税收,以及 214791 个工作机会。起重机项目明确了技术转化需要的相关资源,协同创新环境生成需要包括知识、技术专家、特殊设备、管理支持等的基本创新要素。产学研合作机会方面包括四个方面:合作研究和发展协议(Cooperative Research and Development Agreement,CRADA)、测试服务、专利申请和教育协作。

为匹配军事需求组建的项目团队,要在此四个方面进行合作则需要在敏捷实验室设置场地、专利、人才、技术、设备等共有财产的基础之上,通过五个步骤达成合作协议:一是明确项目产出;二是运用工作手册确定合作模式;三是衡量风险和收益;四是谈判协商任务分配、合作细则与条件等;五是达成协约。当协作团队成立后,严格遵循创新流程和机制推进项目。

在新冠疫情期间,中西部技术桥企业咨询时间较上一年度增加了40%(1272小时),产生联系的新企业增加了60%(233家),签订的新合同增加了60%(2157个),对外奖励金额增加了215%(1.72亿美元),多提供172个工作岗位。

第三节　空军

一、空军研究实验室

空军研究实验室是美国空军唯一的综合性、全功能研发机构,也是世界上最大的国防实验室,承担着美国空军国防高技术项目的规划、管理和实施工作。空军研究实验室是服务美国空中、太空和网络空间等作战力量的骨干科研单位,领导着航空航天作战技术的发现、开发和交付等活动,致力于通过无与伦比的科学研究,不断挑战极限、创造新的未来,提升美国空军的作战能力。

（一）成立背景

空军研究实验室最早追溯至 1917 年成立于俄亥俄州代顿市的 McCook 基地,最初服务于美国陆军第 47 航空队,是美国第一个从事军事航空研究与开发的中心。二战后,美国空军逐渐在美国各地建立了 13 家研究机构,并于 1990 年进一步整合为 4 个"超级实验室",分别为 Wright、Phillips、Rome 和 Armstrong。1997 年 10 月 31 日,以上述 4 个空军科学研究办公室为基础,合并组成了空军研究实验室,总部位于俄亥俄州的赖特-帕特森空军基地。虽然现在的空军研究实验室正式成立于 1997 年,只有 20 多年时间,但是从 1917 年开始的美国军事航空研究与开发的历史算起,美国空军研究实验室实际上已经走过了整整一个多世纪的历程。从那时起,空军研究实验室的科学和技术先驱已经明白,科学研究是获取制空权以及确保美国军队最佳状态的关键。100多年来,美国空军研究实验室取得了一系列研究成果,在飞机传感、电磁频谱、飞行动力、科学计算、精确制导、人机效能、材料制造等领域均具有重大贡献。

(二) 主要职能

空军研究实验室特别注重面向未来超前部署科学技术研究,期望建立一个具有持续创新力的世界级研究实验室,使美国空军不断保持领先的技术竞争力,以支持美国空军全球战略目标的实现。空军研究实验室的使命任务是服务于美国空军的作战人员,从而领导科学、技术和创新的发现、开发和交付,确保美国在空中、太空和网络空间的绝对领先优势,其内涵概括为四个关键词。一是领导,指空军研究实验室不满足于成为军事技术的竞争者,而是要成为领导者。"在别人追随的地方,空军研究实验室要开辟自己的道路;在别人觉得不可能的地方,空军研究实验室团队要找到自己的方法"。二是发现,指空军研究实验室始终对"可能"的事物保持兴奋,并由此驱动其前进。虽然面临全球和国内的诸多挑战,但是只有在肩负着寻找看似"不可能"的解决方案的任务过程中,空军研究实验室才能茁壮成长。三是开发,指空军研究实验室认为找到问题的答案只是一个开始。空军研究实验室还要不断发展和扩展新的想法,直到它们对现实世界来说是可扩展的、高性价比的和安全的。四是交付,指空军研究实验室认为现实世界需要完整的解决方案,这样才能保持美军战斗人员的绝对优势。为此,空军研究实验室始终信守承诺、超越期望。

从整体上讲,空军研究实验室的工作侧重于科学研究和技术开发,其具体任务是负责美国空军基础研究、应用研究和先期技术开发项目的规划、管理和实施工作,为保障美国空军能够对全球任何地点、任何时间发生的任何事件做出快速反应提供强有力的技术保障。为获取持续的创新能力,空军研究实验室非常注重基础研究的科研布局,不断加强与工业界和学术界的合作交流,建立一个面向合作者开放的世界级研究实验室,在基础研究中取得的成果为电子、通信、先进制造和现代医学的显著进步作出了贡献。空军研究实验室取得的科研成果也已经广泛应用于现代空战装备和武器系统中,例如闻名于世的F-22战斗机、F-117隐形战斗机、C-17空中运输机和B2轰炸机等,都与空军研究实验室相关。除科学研究和技术开发外,作为一个全功能性的实验室,空军研究实验室还承担了大量的其他科研管理工作,包括制定美国空军整体科研计划的预算、管理美国空军技术转让、组织同民营企业的科技交流,以及负责管理美国空军的小企业革新研究计划、军民两用科学技术计划、促进高中生技术教育的空军科学展览计划、负责监督航空航天工业界实施的独立研究和发展计划等。

(三) 组织架构

(1) 机构设置

空军研究实验室隶属于美国空军装备司令部,总部位于俄亥俄州的赖特-帕特森空军基地,机构设置总体上分为负责研究与开发的技术部门和负责运营的职能部门[①]。

一是技术部门主要聚焦于技术的开发与创新,并以不同的技术能力作为区分,其地点分布于美国本土及英国、智利和日本等地,共设有 9 个部门,包括空军科学研究办公室、第 711 人员效能联队、航空航天系统局、定向能源局、材料与制造局、传感器局、弹药局、航天飞行器局以及信息局。技术部门内部的组织结构总体上采用四级体制即"局-分部-分支-子领域"进行划分,如图 3-14 所示。

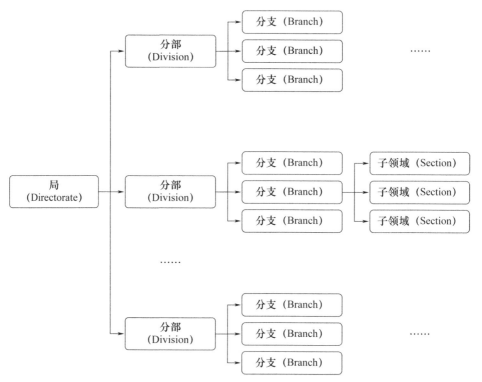

图 3-14 空军研究实验室(AFRL)技术部门内部组织架构示意图

---

① 这里的"部门"指的是 AFRL 的理事会。

二是职能部门全部位于总部赖特-帕特森空军基地,它是空军研究实验室司令官及参谋人员的办公机构。主要负责空军科学研究办公室、第711人员效能联队和技术部门的组织领导、政策制定、协调指导和目标统筹,提供特定的支持和保障、确定战略方向,以及对运营和业务职能进行监督,领导研究最先进的军事技术以及对外采购和风险管控等,共设有12个部门,包括公共事物部、人力部、计算部、安全办公室、规划和项目部、中小企业部、合同签订部、金融管理与审计部、工程与技术管理部、运营部、军事法官和检察长,如表3-2,图3-15所示。

表3-2 空军研究实验室(AFRL)机构设置

类别	编号	名称	英文	代号
技术部门	1	空军科学研究办公室	Air Force Office of Scientific Research	AFOSR
	2	第711人员效能联队	711th Human Performance Wing	711 HPW
	3	航空航天系统局	Aerospace Systems Directorate	RQ
	4	定向能源局	Directed Energy Directorate	RD
	5	材料与制造局	Materials and Manufacturing Directorate	RX
	6	传感器局	Sensors Directorate	RY
	7	弹药局	Munitions Directorate	RW
	8	航天飞行器局	Space Vehicles Directorate	RV
	9	信息局	Information Directorate	RI
职能部门	1	公共事物部	Public Affairs	PA
	2	人力部	Personnel	DP
	3	计算部	Computing	RC
	4	安全办公室	Safety Office	SE
	5	规划和项目部	Plans & Programs	XP
	6	小企业部	Small Business	SB
	7	合同签订部	Contracting	PK
	8	金融管理与审计部	Financial Management & Comptroller	FM
	9	工程与技术管理部	Engineering & Technical Management	EN
	10	运营部	Operations	DO
	11	军法官	Judge Advocate	JA
	12	检察长	Inspector General	IG

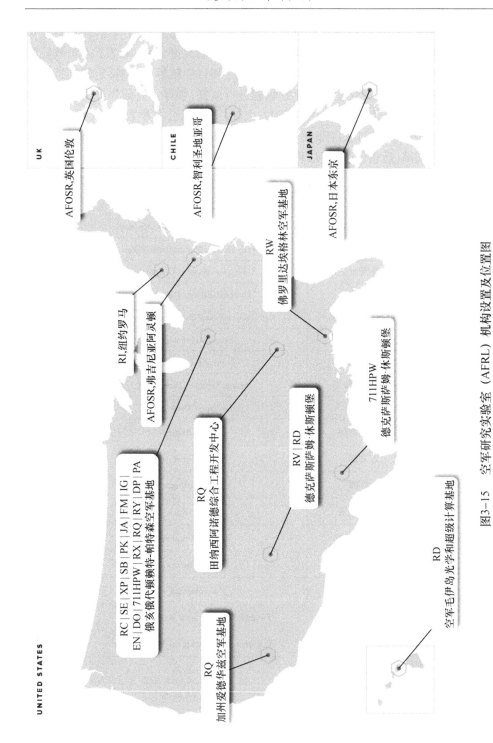

图3-15 空军研究实验室（AFRL）机构设置及位置图

（2）领导层架构

空军研究实验室领导层设司令官、副司令官、执行主任、首席技术官、国防动员助理、军士长各一名，共6人，如表3-3所示。可以看出，空军研究实验室现任领导层硕士以上学历占83.3%，其中博士学历占50%，且专业领域多为理学和工程学，多人同时具有管理学与理工科背景。各技术部门设主任一名，如表3-3所示。可以看出，技术部门主任的理工科学历背景更加突出，硕士以上学历100%，其中博士学历占67%。其中，技术部门主任中的文职人员占比为56%，军职为44%，文职人员比例超过军职人员。说明空军研究实验室技术部门在任用领导方面，主要是以技术背景为导向，所有主任均具有相关技术领域的学历和工作背景，如表3-3、表3-4所示。

表3-3 空军研究实验室（AFRL）领导层（引自2021年10月数据）

职务	姓名	军衔	学历	任职时间
司令官	Heather L. Pringle（女）	空军少将	1. 美国空军学院 人因工程理学学士 2. 伊利诺伊大学香槟分校 工程心理学文学硕士 3. 伊利诺伊大学香槟分校 工程心理学哲学博士	2020.06至今
副司令官	Paul E. Henderson	空军上校	1. 卡内基梅隆大学 电气工程理学学士 2. 赖特-帕特森空军技术学院 电气工程理学硕士 3. 空军指挥与参谋学院 军事运筹艺术与科学硕士 4. 武装部队工业学院 国家资源战略理学硕士	2019至今
执行主任	Timothy Sakulich	高级文职人员	1. 美国空军学院 数学理学学士 2. 北卡罗来纳州立大学 应用数学理学硕士	2021至今
首席技术官	Timothy J. Bunning	高级文职人员	1. 斯托尔斯康涅狄格大学 化学工程理学学士 2. 斯托尔斯康涅狄格大学 化学工程理学硕士 3. 斯托尔斯康涅狄格大学 化学工程哲学博士	2020至今

续表

职务	姓名	军衔	学历	任职时间
国防动员助理	George Dougherty	空军上校	1. 弗吉尼亚大学航空航天工程理学学士 2. 弗吉尼亚大学材料科学与工程硕士 3. 加州大学伯克利分校材料科学与工程博士	2019 至今
军士长	James E. Fitch	空军一级士官长	空军高级军士学院毕业（学历不详）	2021 至今

① 司令官即空军研究实验室的指挥官，同时兼任美国空军和太空部队的技术执行官。其职能是通过领导一个价值 30 亿美元的的科学、技术和创新团队，为美国空军和太空部队的官兵工作提供相应的解决方案，并加速这些方案的发现和开发。负责制定全面的技术组合，预测未来作战人员的需求，督促约 6000 名政府雇员风险的承担以及问题的解决。通过与工业界、学术界和国际联盟的合作，加快跨领域解决方案的交付，并执行额外的 30 亿美元外部资助的研究和开发。

② 副司令官即空军研究实验室的副指挥官，其职责是协助指挥官完成空军研究实验室的任务，领导空中、太空和网络空间部队的作战技术的发现、开发和集成。在指导空军价值 21 亿美元的科学和技术项目以及额外的 23 亿美元外部资助的研究和开发中发挥关键作用。负责空军研究实验室共 9 个技术部门约 6000 名政府雇员的人力资源管理工作。

③ 执行主任是指挥官的首席助理，由高级文职行政人员担任，协助司令官管理空军 30 亿美元的科学和技术项目以及额外的 30 亿美元外部资助的研究和开发。负责具体管理空军研究实验室的 9 个技术部门和空军敏捷创新中心大约 6500 名政府员工服务。

④ 首席技术官是空军研究实验室指挥官的主要科学和技术顾问，协助计划和执行每年 28 亿美元的空军科学、技术项目及相应的资源。代表空军研究实验室的 9 个技术部门约 6000 名政府雇员对外承担科学技术交流接口。

⑤ 国防动员助理是空军研究实验室指挥官的国防动员助手。其职责是协助指挥官完成空军研究实验室的任务，领导空中、太空和网络部队的作战技术的发现、开发和集成，在指导空军 30 亿美元的科学和技术项目以及额外的 30 亿美元外部资助的研究和开发中发挥关键作用。通过对预备役人员的领导，从而增强空军研究实验室的人力资源水平。

⑥ 军士长是空军研究实验室指挥官的主要顾问之一，负责约 6500 名空军官兵和太空部队官兵的训练、准备和福利。协助指挥官执行 30 亿美元的空军科学和技术计划和 30 亿美元的外部研究和发展计划，以及协助管理空军研究实验室遍布全球的政府雇员。

表 3-4 空军研究实验室(AFRL)各技术部门主任概况

职务	姓名	军衔	学历	任职时间
空军科学研究办公室主任	Shery L. Welsh（女）	高级文职人员	1. 赖特州立大学 材料科学与工程 理学学士 2. 赖特州立大学 材料科学与工程 理学硕士 3. 阿拉巴马大学 材料科学 哲学博士	2020.04 至今
第 711 人员效能联队主任	John R. Andrus	空军准将	1. 加州大学 生物科学 理学学士 2. 美军健康科学大学 医学博士 3. 加州大学 公共健康硕士 4. 国防大学 国家资源战略 理学硕士	2021.07 至今
航空航天系统局主任	Michael R. Gregg	高级文职人员	1. 维克森林大学 物理学 文学学士 2. 空军技术学院 工程物理 理学硕士 3. 空军技术学院 工程物理 哲学博士 4. 武装力量工业学院 国家资源战略 理学硕士	2019.09 至今
定向能源局主任	Kelly D. Hammett	高级文职人员	1. 奥克拉荷马大学 航空航天工程 理学学士 2. 麻省理工大学 航空工程 理学硕士 3. 空军技术学院 最优和非线性控制与估计理论 哲学博士	2016.03 至今

续表

职务	姓名	军衔	学历	任职时间
材料与制造局主任	Charles H. Ward	高级文职人员	1. 卡内基梅隆大学 冶金工程与材料科学 理学学士 2. 卡内基梅隆大学 冶金工程与材料科学 理学硕士 3. 卡内基梅隆大学 材料科学与工程 博士	2021至今
传感器局主任	Amanda Gentry（女）	高级文职人员	1. 托莱多大学 化学工程 理学学士 2. 代顿大学 材料工程 理学硕士 3. 田纳西大学诺克斯维尔分校 航空航天防御 工商管理学硕士	2021.07至今
弹药局主任	Tony Meeks	空军上校	1. 安柏瑞德航空大学 工程物理 理学学士 2. 安柏瑞德航空大学 航空航天技术 硕士 3. 空军指挥与参谋学院 军事运筹艺术与科学 硕士 4. 空军战争学院 战略研究 硕士	2021.06至今
航天飞行器局主任	Eric Felt	空军上校	1. 杜克大学 电子工程、计算机科学和历史 理学学士 2. 加州大学伯克利分校 电子工程与计算机科学 理学硕士 3. 加州大学伯克利分校 电子工程与计算机科学 博士	2018.07至今
信息局主任	Fred E. Garcia Ⅱ	空军上校	1. 安柏瑞德航空大学 工程物理 理学学士 2. 空军技术学院 核能工程 理学硕士	2021.04至今

（3）各技术部门职责

空军研究实验室共设空军科学研究办公室、第711人员效能联队、航空航天系统局、定向能源局、材料与制造局、传感器局、弹药局、航天飞行器局以及信息局9个技术部门。

① 空军科学研究办公室。

空军科学研究办公室是空军研究实验室的关键组成部分,在国防基础研究方面具有极其重要的地位,其任务是为美国空军最大限度地利用空中、太空和网络空间而提供技术支持。空军科学研究办公室与其他几个研究部门的工作性质不同,空军科学研究办公室并不进行具体的科研工作,主要任务是计划、申报、启动和管理美国空军所有的基础科研项目。空军科学研究办公室通过与大学合作,鼓励小企业参与空军国防研究并进行创新技术商业化,以及与空军研究实验室其他技术部合作培育和支持空军内部高质量研究等来管理空军的基础研究项目。空军科学研究办公室的战略核心是将其基础研究成果进行"三个转移"。一是转移到工业领域的空军采办承包商;二是转移到可以将这些基础研究成果进一步完善的学术团体;三是转移到空军研究实验室负责应用和开发研究的其他技术部门。目前,空军科学研究办公室通过将1200笔拨款分配到200多个全球领先的学术机构,授予了100个行业合同,超过250个空军研究实验室内部研究工作。截至2019年,在空军科学研究办公室资助过的科学家中,有79人获得了诺贝尔奖,可谓投资战果丰硕。且平均而言,这些科学家平均在获奖的17年前就得到空军科学研究办公室的资助,足见空军科学研究办公室在基础科研方面敏锐的感知力和独到眼光。

空军科学研究办公室总部设在马萨诸塞州的阿灵顿,有200名科学家、工程师和管理人员。空军科学研究办公室还拥有三个海外办事处,分别位于英国伦敦、智利圣地亚哥和日本东京,主要是协调与国际科学和技术界之间的沟通,以便掌握最新的科技动态和更好地协作。空军科学研究办公室有四个主要科学分部:一是工程与复杂系统部(Engineering and Complex Systems Division,RTA1),领导基础和综合科学的发现和发展,以推动未来航空航天技术的进步;二是信息与网络科学部(Information and Networks Division,RTA2),领导数学、信息和网络科学领域的基础问题的发现和发展;三是物理科学部(Physical Sciences Division,RTB1),领导基础物理科学的发现以及技术转移,提升空中、太空和网络空间的作战能力;四是化学与生物科学部(Chemistry and Biological Sciences Division,RTB2),通过创新性的基础科学发现和发展,以解决广泛存在的能源相关问题。

② 第711人员效能联队。

711 HPW由两个部门组成,分别是空军人员系统部(Airman Systems Directorate,RH)和美国空军航空航天医学学校(US Air Force School of Aerospace Medicine,USAFSAM)。711 HPW将上述两个部门的思想、资源和技术进行整合,以人员效能为中心,打造一个世界领先的集研究、教育和咨询于一体的综合研究组织,其使命是确保空军人员在空中、太空和网络空间中的作战表现具有绝对优势。

711 HPW主要的研究领域包括四个方面。一是飞行人员健康和人体机能。

通过综合生物科学、医药和工程研究来增强、优化和维持飞行员的身体、心理、认知和行为等方面的表现,使飞行员在整个生命周期都能获得空中优势。二是人员防护。减少有害和高压力任务环境对空军人员的伤害,维持空军人员在特殊环境中的人体机能和安全。三是人机协作。改善人机接口技术,加强人机协作效能,在作战任务中获取更高的效率和有效性。四是教育和培训。为不同的学习者提供理想的学术环境,使他们在任何时间和地点履行使命的同时能够获得学习的机会。

③ 航空航天系统局(RQ)。

航空航天系统局(Aerospace Systems Directorate,RQ)是2012年在原推进系统局(Propulsion Directorates/RZ)和航空飞行器局(Air Vehicles Directorates/RB)基础上合并组建而成的,总部设在赖特·帕特森空军基地,并在加州的爱德华兹空军基地有一个附属研究机构。航空航天系统局领导开发和改进航空航天飞行器及其动力系统,以保持美军在空中和太空的军事优势。航空航天系统局的重点研究领域包括飞行器空气动力学、飞行控制、航空航天推进系统、电源、火箭推进器、航空航天结构和燃气涡轮发动机等;未来主要发展的新技术包括超燃冲压发动机、新型替代燃料、无人驾驶飞行器、超声速飞行器、避碰技术和飞机能源优化技术等先进航空航天技术。RQ主要技术分部及分支设置情况如表3-5所示。

表3-5 航空航天系统局(RQ)主要技术分部及分支设置情况

分部	代号	分支	代号
涡轮发动机部 Turbine Engine Division	RQT	燃烧 Combustion	RQTC
		风机及压缩机实验 Fan and Compressor Experimental	RQTX
		发动机系统 Engine System	RQTE
		涡轮发动机集成 Turbine Engine Integrity	RQTI
		机械系统 Mechanical Systems	RQTM
		涡轮机械 Turbomachinery	RQTT
		燃料与能源 Fuels and Energy	RQTF

续表

分部	代号	分支	代号
航空航天飞行器部 Aerospace Vehicles Division	RQV	气动技术 Aerodynamic Technology	RQVA
		设计与分析 Design and Analysis	RQVC
		集成系统 Integrated Systems	RQVI
		结构技术 Structures Technology	RQVS
		结构验证 Structural ValDIAtion	RQVV
		气动验证 Aero ValDIAtion	RQVX
高速系统部 High Speed Systems Division	RQH	超声速科学 Hypersonic Sciences	RQHF
		推进技术 Propulsion Technology	RQHP
		运载技术 Vehicle Technology	RQHV
火箭推进系统部 Rocket Propulsion Division	RQR	燃烧装置 Combustion Devices	RQRC
		发动机 Engines	RQRE
		马达 Motors	RQRM
		实验演示 Experimental Demonstrations	RQRO
		推进剂 Propellants	RQRP
		太空推动力 In-Space Propulsion	RQRS

139

分部	代号	分支	代号
动力和控制部 Power & Control Division	RQQ	控制自动化 Control Automation	RQQA
		控制系统 Control Systems	RQQC
		航空航天飞行器技术评估与仿真 Aerospace Vehicles Technical Assessment and Simulation	RQQD
		电子系统 Electrical Systems	RQQE
		飞行系统集成 Flight Systems Integration	RQQI
		机械与热力系统 Mechanical and Thermal Systems	RQQM

5个主要技术分部：一是涡轮发动机部（Turbine Engine Division，RQT）是原推进系统局的主要部门，主要负责发动机、部件、燃气发生器、发动机验证等方面的研究。主导了"综合高性能涡轮发动机技术计划"[1]和后续的"通用的经济可承受的先进涡轮发动机"[2]计划等。二是航空航天飞行器部（Aerospace Vehicles Division，RQV）是原航空飞行器局并入RQ后成立的部门，主要负责空气动力学、结构设计、验证技术等方面的研究。研究项目包括飞行器结构健康监测、"低成本可耗损式飞机技术"[3]等。三是高速系统部（High Speed Systems Division，RQH）研究领域为高超声速飞行器及推进技术。主要负责X-51高超声速飞行器项目以及"高超声速国际飞行研究实验计划"[4]等项目。四是火箭推进系统部（Rocket Propulsion Division，RQR）是原推进系统局的主要部门，位于爱德华兹空军基地。主要负责运载器及航天器的燃烧设备、发动机、推进剂、在轨推进系统等研究。五是动力和控制部（Power & Control Division，RQQ）主要负责解决飞行器的自动与自主系统、超高声速、电力及热管理等问题。

此外，由于RQ是全球顶尖的航空航天技术研究机构，因而汇集了世界级的航空航天试验、测试和研究设施，包括燃料研究设施，结构测试实验室，压缩机

---

[1] IHPTET，Integrated High Performance Turbine Engine Technology.
[2] VAATE，Versatile Affordable Advanced Turbine Engines.
[3] LCAAT，Low Cost Attritable Aircraft Technology.
[4] HIFiRE，Hypersonic International Flight Research Experimentation Program.

研究设施,火箭测试设施,超声速和亚声速风洞,飞行模拟实验室和许多其他研究实验室。从业务分布来看,位于赖特·帕特森空军基地的 RQ-WEST 部分主要为航空领域的设施,而位于爱德华兹空军基地的 RQ-EAST 部分主要为航天领域的设施。

④ 定向能源局(RD)。

定向能源局(Directed Energy Directorate,RD)是美国空军定向能和光学技术的主要研究机构,总部位于新墨西哥州的科特兰空军基地。为扩大和加强美军空中力量的速度、距离、灵活性及精确性,空军研究实验室曾提出过重点关注的三类可改变游戏规则的技术,定向能技术就是其中之一,其他两项技术分别为自主系统和高超声速技术。定向能源局主要对以下四大类核心技术进行研发和转化:激光系统、高功率电磁技术、武器建模与仿真以及具有太空优势的定向能和电子光学研发。

定向能源局主要技术分部:a. 高功率电磁部(High Power Electromagnetics Division,RDH),主要研究方向包括针对电子基础设施的高功率微波系统,以及相应的微波源、紧凑的脉冲电源及强化套件,以确保系统免受高功率电磁攻击。b. 激光部(Laser Division,RDL),主要研究内容包括先进高功率激光源、光束控制技术、激光建模和仿真,以及激光效果测试,并整合和验证激光武器系统。c. 太空光电子部(Space Electro-Optics Division,RDS),主要研究包括改进光学和成像系统,以提高太空观测能力。为了保持美国空军在太空态势感知领域的领导地位,开展了激光导星适应光学,光束控制和太空物体识别等技术进行研究。d. 任务规划与支持分部(Mission Planning and Support Division,RDM),主要对美国空军定向能相关的概念、任务和战斗模型进行研发、分析及评估。在科研设施方面,定向能源局在总部建有星火光学靶场,拥有 3.5 米口径望远镜系统,在夏威夷毛伊岛光学站建有 3.67 米口径高级光电系统,还拥有一系列世界级的定向能研发装置。

⑤ 材料与制造局(RX)。

材料与制造局(Materials and Manufacturing Directorate,RX)主要为航空航天应用开发新的材料、工艺和制造技术,装备覆盖飞机、航天器、导弹、火箭和地面系统及结构,电子和光学部件等,总部设在赖特·帕特森空军基地。材料与制造局是美国空军唯一监管航空材料从发现、加工、开发和制造到战场系统维护整个生命周期的组织。该局根据军事需求,计划、执行和整合先进的制造工艺方案和可负担的办法,提供快速反应的支持和实时解决方案,并为空军武器系统采购办公室,外场和维修站解决材料相关问题。该局还负责解决空军科技项目中的环境问题,为空军基地的资产提供材料方面的专业意见,如跑道、基础设施和工艺等。材料与制造局的研究领域都是最基础的技术,但是其研究方向和研究成果可以引导和促进空军研究实验室其他技术局的研究项目。材料与制造局主要技术分部及分支设置如表3-6所示。

3个主要技术分部:a. 功能材料部(Functional Materials Division, RXA)主要实施和指导材料技术功能应用方向的研究和开发,并与其他部门合作,对空军所需的最高优先级产品进行成熟开发和转型应用。RXA致力于通过提高系统性能和效率,降低成本并加快制造等方式,将功能材料转变为传统的、可发展的未来空军系统组件。b. 结构材料部(Structural Materials Division, RXC)同样是对空军所需的最高优先级结构材料产品进行开发和应用。c. 制造和工业技术部(Manufacturing and Industrial Technologies Division, RXM)主要规划和执行对国防工业基地的支持,对空军工业基地需求项目进行优先级确定和项目集成;对空军武器系统的开发维护提供及时、可靠、高质量的经济性材料方案,以及相应的生产和维修。

表3-6　材料与制造局(RX)主要技术分部及分支设置情况

分部	代号	分支	代号
功能材料部 Functional Materials Division	RXA	纳米电子材料 Nano-electronic Materials	RXAN
		光子材料 Photonic Materials	RXAP
		软性物质材料 Soft Matter Materials	RXAS
结构材料部 Structural Materials Division	RXC	材料状态感知和保障 Materials State Awareness and Supportability	RXCA
		复合材料 Composites	RXCC
		金属材料 Metals	RXCM
制造和工业技术部 Manufacturing and Industrial Technologies Division	RXM	电子与传感器 Electronics and Sensors	RXME
		推力、结构与制造企业 Propulsion, Structures, and Manufacturing Enterprise	RXMS

⑥ 传感器局(RY)。

传感器局(Sensors Directorate,RY)的职责是提供全方位的空中和太空传感器,使作战人员网络化,提供一个完整的、及时的战场图像,精确定位敌人和保护己方的空中和太空资产,总部设在赖特·帕特森空军基地。总体任务是领导开发未来能力,提供一体化情报、监视和侦查,战斗识别和频谱战争效应。该局的核心技术领域包括:雷达、主被动光电瞄准系统、导航设备、自动目标识别、传感器集成、威胁警告和威胁对策系统等。传感器局主要技术分部及分支设置情况如表3-7所示。

表3-7 传感器局(RY)主要技术分部及分支设置情况

分部	代号	分支	代号
分层传感开发部 Layered Sensing Exploitation Division	RYA	分层感知性能表征 Layered Sensing Performance Characterization	RYAA
		射频开发 Radio Frequency Exploitation	RYAP
		传感器开发应用 Sensor Exploitation Applications	RYAR
		电光开发 Electro-Optic Exploitation	RYAT
频谱作战部 Spectrum Warfare Division	RYW	航空电子设备脆弱性缓解 Avionics Vulnerability Mitigation	RYWA
		射频感知评估 Radio Frequency Sensor Assessment	RYWD
		射频电子战 Radio Frequency Electronic Warfare	RYWE
		导航与通信 Navigation and Communication	RYWN
		电子光学对抗 Electro-Optic Countermeasures	RYWW
传感器计划和高级程序部 Sensors Plans and Advanced Programs Division	RYZ	—	—

续表

分部	代号	分支	代号
航空航天部件及子系统技术部 Aerospace Components and Subsystems Technology Division	RYD	传感设备 Devices for Sensing	RYDD
		光电技术 Optoelectronic Technology	RYDH
		先进传感器部件 Advanced Sensor Components	RYDI
		电光部件 Electro-Optic Components	RYDP
		射频/电子光学子系统 Radio Frequency/Electro Optical Subsystems	RYDR
多光谱传感与检测部 Multispectral Sensing and Detection Division	RYM	射频技术 Radio Frequency Technology	RYMD
		天线和电磁技术 Antennas and Electromagnetics Technology	RYMH
		激光雷达技术 LADAR Technology	RYMM
		射频系统 Radio Frequency Systems	RYMR
		光电目标探测和监视 Electro-Optic Target Detection and Surveillance	RYMT

5个主要技术分部：a. 分层传感开发部（Layered Sensing Exploitation Division，RYA），主要任务是为美国空军的航空航天和指挥控制系统提供有效的传感开发。包括使用射频和电子光学传感器和其他信息源开发有效的目标和威胁探测、定位、跟踪和识别技术。确定传感器设计目标和传感器开发以开展面对环境挑战的分层传感解决方案，并对不同情境模式下分层传感性能进行部署。b. 频谱作战部（Spectrum Warfare Division，RYW），主要研究、开发和转换技术确保航空平台在任务中面对有争议或不利环境时能够有效利用电磁频谱。c. 传感器计划和高级程序部（Sensors Plans and Advanced Programs Division，RYZ），主要负责将有关技术项目纳入计划，进行实地演示，并将技术产品整合到战斗机应用中；开发和管理整个部门级别和整个空军研究实验室级别的传感器开发，网络战和ISR[①]方案，以便

---

① ISR，Intelligence Surveillance Reconnaissance.

技术转化为产品。d. 航空航天部件及子系统技术部（Aerospace Components and Subsystems Technology Division,RYD），主要领导下一代空军 C⁴ISR[①] 系统在反介入和区域拒绝环境中的军用关键电子产品的评估、嵌入和成熟孵化的相关研究。e. 多光谱传感与检测部（Multispectral Sensing and Detection Division, RYM），主要任务是通过技术研究、发现和开发，使美国空军的射频和电子光学传感器达到航空航天及指挥控制所使用的传感系统需求。通过对射频和电子光学子系统进行建模、仿真、研究、设计、测试和评估，以满足攻击性、防御性和综合攻防系统的应用需求。

⑦ 弹药局（RW）。

弹药局（Munitions Directorate,RW）历史悠久，总部位于佛罗里达州的埃格林空军基地，该局于二战初期就开始从事相关研究。弹药局领导着武器技术的发现、开发、集成和技术转移，使作战人员能够在跨域作战中取得胜利。除开发常规弹药技术、为空军提供强大的技术基础外，弹药局还对未来航空弹药进行研发，以消除美国空军潜在威胁为己任。弹药局主要技术分部及分支设置情况如表3-8所示。

表3-8 弹药局（RW）主要技术分部及分支设置情况

分部	代号	分支	代号
军械部 Ordnance Division	RWM	含能材料 Energetic Materials	RWME
		引信 Fuzes	RWMF
		毁伤机制 Damage Mechanisms	RWMN
		军械集成 Ordnance Integration	RWMI
先进制导部 Advanced Guidance Division	RWG	导引头 Seekers	RWGS
		信号与图像处理/算法 Signal and Imaging Processor/Algorithms	RWGI
		导航与控制 Navigation and Control	RWGN
		制导仿真 GuDIAnce Simulation	RWGG
评估与演示部 Assessment and Demonstrations Division	RWA	—	—

---

① C⁴ISR,Command,Control,Communications,Computers,Intelligence,Surveillance,and Reconnaissance.

3个主要技术分部：a. 军械部（Ordnance Division, RWM），主要研究领域包括引信、含能材料、毁伤机制、军械集成等。b. 先进制导部（Advanced GuDIAnce Division, RWG），主要研究领域包括导引头技术、信号和成像、导航控制、制导模拟技术等。c. 评估与演示部（Assessment and Demonstrations Division, RWA），主要研究领域包括杀伤性与脆弱性、计算力学、飞行器集成等。

⑧ 航天飞行器局（RV）。

航天飞行器局（Space Vehicles Directorate, RV）总部位于新墨西哥州的科特兰空军基地，主要针对美国军用航天的主要需求技术进行研发、测试和技术转化，以保证美国空军的天基能力。该局还利用商业、民间机构和其他政府资源进行合作研发，以确保美国在航天领域始终保持领先优势。RV主要任务包括天基情报、监视和侦察、太空态势感知、航天通信、定位导航和授时，以及防御性太空控制等。航天飞行器局主要技术分部及分支设置情况如表3-9所示。

表3-9 航天飞行器局（RV）主要技术分部及分支设置情况

分部	代号	分支	代号
战争太空环境部 Battlespace Environment Division	RVB	战场太空监测 Battlespace Surveillance	RVBY
		太空气象 Space Weather	RVBX
航天器技术部 Spacecraft Technologies Division	RVS	—	—
综合试验与评估部 Integrated Experiments and Evaluation Division	RVE	—	—

3个主要技术分部：a. 战场空间环境部（Battlespace Environment Division, RVB），主要任务是针对战场空间环境对美国太空系统和作战的影响，进行详细说明、预测、缓解和开发，主要研究领域包括太空气象感知与建模、导航定位与授时技术、超时序成像、太空物体监测，战场空间环境部代表了美国空军在太空和临近空间环境以及 C^4ISR 领域的最高研究水平。b. 航天器技术部（Spacecraft Technologies Division, RVS），主要任务是开发新一代航天器总体及有效载荷技术，以更低成本、更高性能来实现新的航天任务。航天器技术部主要技术研发领域包括航天电子系统、航天器组件和天基先进传感技术等。c. 综合试验与评估部（Integrated Experiments and Evaluation Division, RVE），主要任务是通过综合集成地面和太空试验，以评估和论证新兴技术和作战概念在太空军事领域的应用。

⑨ 信息局（RI）。

信息局（Information Directorate, RI）总部位于纽约罗马，是空军乃至美国最主要的 C⁴ISR 和网络空间技术的研发机构。该局对具有高影响力、经济可承担、能够"改变游戏规则"的信息技术进行探索、原型开发以及演示。这些技术通过将数据转化为信息和知识,以增强指挥官对军事力量的指挥和控制,最终为美国的航空、航天和网络空间部队保持竞争优势。信息局研发的信息技术触及美国空军、国防部和国家使命的各个环节,尤其是空军研究实验室内部,信息局与其他八个技术局的研发项目是紧密相关的。信息局主要技术分部及分支设置情况如 表 3-10 所示。

表 3-10 信息局(RI)主要技术分部及分支设置情况

分部	代号	分支	代号
信息情报系统与分析部 Information Intelligence Systems and Analysis Division	RIE	信息融合技术 Information Fusion Technology	RIEA
		信息处理 Information Handling	RIEB
		情报集成与转换 Intelligence Integration and Transition	RIEC
		分析系统 Analytical Systems	RIED
		特定安全 Special Security	RIEE
		RIE 管理 RIE Management	RIEM
信息开发与作战部 Information Exploitation and Operations Division	RIG	网络保险 Cyber Assurance	RIGA
		网络作战 Cyber Operations	RIGB
		传感数据开发 Sensor Data Exploitation	RIGC
		网络集成与转换 Cyber Integration and Transition	RIGD
		RIG 管理 RIG Management	RIGM

续表

分部	代号	分支	代号
信息系统部 Information Systems Division	RIS	信息管理与技术 Information Management Technologies	RISA
		弹性同步系统 Resilient Synchronized Systems	RISB
		高级规划与自主指挥系统 Advanced Planning and Autonomous C^2 Systems	RISC
		作战人员集成 Warfighter Integration	RISD
		信息系统业务管理 Information Systems Business Management	RISM
计算和通信部 Computing and Communications Division	RIT	可信系统 Trusted Systems	RITA
		高性能系统 High Performance Systems	RITB
		集成与转换 Integration and Transition	RITD
		通信技术与系统 Communication Technology and Systems	RITG
		RIT 管理 RIT Management	RITM
		量子信息科学与技术 Quantum Information Science and Technology	RITQ

4个主要技术分部为：a. 信息情报系统与分析部（Information Intelligence Systems and Analysis Division, RIE），主要任务是通过创新近实时的数据处理与开发技术、非实时的大数据分析技术、可持续学习技术等，采用先进的计算能力及算法将数据转化为有用的信息，进行快速的态势感知并洞察对手，向空军和情报部门提供非对称的决策速度。b. 信息开发与作战部（Information Exploitation and Operations Division, RIG），主要任务是在正确的时间将正确的信息传递到正确的地点，开展信息通连和传播相关的技术研发，在全球范围内提供敏捷

和安全的任务响应式通信和信息共享。通过建立跨越 C^2ISR[①] 企业的无缝网络通信结构,确保向作战人员和信息系统提供及时、可靠和可行的信息。c. 信息系统部(Information Systems Division,RIS),主要任务是为敏捷、弹性和分布式的空军指控系统及自动化系统,提供具有颠覆性、可信性和经济可承担的信息技术,通过开发自适应 C^2 体系及服务来掌控多域作战的复杂性,以应对不断提升的战场速度和规模。利用机器智能提高 C^2 速度和规模,实现大规模多智能体系统的自主规划、任务分配和执行。d. 计算和通信部(Computing and Communications Division,RIT),主要任务是进行网络科学与技术的相关研发,交付能够塑造美军网络空间优势所需的科技,支持开展全频谱、多领域、综合集成的网络空间作战,包括提供安全、可组合和基于风险的计算选项、将网络作战与空中和太空作战进行集成、进行不受媒体和地理影响的网络行动等。

(四)运行机制

空军研究实验室的运行管理机制主要包括科研规划管理机制、预算投入管理机制以及人才管理机制 3 个方面。

(1)科研规划管理机制

① 面向空军需求制定发展目标。

空军研究实验室科学技术研究的发展目标主要是根据美国空军需求而制定,按照时间阶段分为长期、中期和短期目标。

第一部分是 10~25 年的长期目标。长期需求瞄准的是美国空军的未来能力,主要由空军部长负责牵头制定的长期战略计划生成。根据长期需求,空军研究实验室以空军层面的战略规划为主要指导,参考空军战略、科技愿景等战略性指导文件分析科技机遇,超前部署面向未来战争形态的基础研究,这些基础科学研究有可能衍生出新的军事技术,并用于设计未来战争。

第二部分是 5~10 年的中期目标。中期需求主要面向空军装备司令部下属的产品生产中心。中期需求侧重于为近期和中期军事能力提供技术选项,需要科技部门研发出能够用于下一代装备的成熟技术。因此,针对中期需求,空军研究实验室主要瞄准下一代装备研发、现有装备改进和成熟技术的先期验证。这些科技在军事上的应用将会加速战争形态的演变。

第三部分为 1~5 年的短期目标。近期需求主要面向空军作战司令部。这一部分需求主要为具有作战能力的概念样机需求,需要科技研发部门根据现代战争的特点规律做出快速反应,研发出能快速转换为战斗力、可重塑作战样式的能力概念样机。

---

① C^2ISR,Command,Control,Intelligence,Surveillance,and Reconnaissance.

② 立足科技动态制定发展战略。

科技发展战略是空军研究实验室制定科技发展计划,确定科技发展项目的指导性文件。空军研究实验室作为美国空军主要的科技研发机构,是空军顶层发展战略制定过程中的主要参与者,更是实现这些战略的核心关键。确定顶层发展战略后,空军研究实验室以顶层发展战略为指导,并根据全球科技发展动态和对科技的理解,制定美国空军基础研究发展战略和相应技术方向的发展战略。

一是协助空军制定顶层发展战略。顶层科技发展战略的制定,需要一支规模庞大的需求论证评估队伍。空军研究实验室负责规划和管理美国空军所有的基础研究项目,并长期从事基础研究、应用研究和先期技术研究,对技术发展有着深刻的理解,是美国空军发展战略制定的主要参与者。如2019年发布的《美国空军科学与技术战略2030》,就是由时任空军研究实验室司令官发布。

二是制定空军基础研究发展战略。空军科学研究办公室是空军研究实验室中负责美国空军所有基础科研项目的规划和管理单位,空军科学研究局的使命是发现、塑造和支持对美国未来空军具有深刻影响的基础研究,确保美国空军在空中、太空以及网络空间的技术优势。空军科学研究局以顶层战略描绘的科技愿景为指导,结合科技发展最新动态,制定美国空军基础研究发展战略。空军科学研究局的基础研究管理非常注重把握全球范围内的科技动态、革命性基础研究的培育以及基础研究成果的及时转化。为了能够洞悉基础研究发展的最新动态,空军科学研究局敦促所有项目经理定期与国际顶尖科学家和工程师进行交流;通过三个国际性技术办公室(伦敦,东京和圣地亚哥)加强与国际研究机构的沟通和合作,增强科技发展形势的研判能力。空军科学研究局在学术界、工业界和政府部门,发现和资助最具活力和潜力的世界级研究人员。据2019年数据,其资助对象涉及325个内部研究项目,美国47个州209所大学的1215个研究项目,以及分布于6大洲33个国家的348个研究项目。

③ 聚焦长期挑战规划科技发展。

空军研究实验室科研项目的规划、投资和管理特别注重将长期的科技愿景转化为具体的科研项目。例如,该实验室曾提出"聚焦长期挑战(Focused Long Term Challenges,FLTC)"的项目分类法[①],如图3-16所示,该方法通过逐层分类最终把能力需求转换为具体的研究项目或观望技术。

空军研究实验室首先以相关发展战略和科技动态为指导,将未来科技发展愿景分解为"聚焦长期挑战"的能力需求;然后将每个能力需求拆分为一系列为

---

① Rose L. J. Air force research laboratory's focused long term challenges[C]. Proc. SPIE, 2008, 6981: 698103.

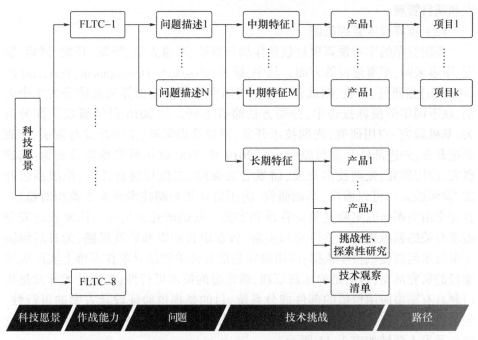

图 3-16 空军研究实验室(AFRL)"聚焦长期挑战"分类法

实现科技愿景所必须解决的关键性问题；之后根据每个问题描述的特点，将其按照时间阶段分为中期和长期特征。空军研究实验室根据对实验室管理的各个科技部门相关科研产品技战能力的深入理解，梳理出为实现中期特征所需要的科研产品。这些科研产品可能来自一个或多个科技部门，而每个科研产品又可分解为很多独立的研究项目。对于长期特征，部分可以与科研产品对应，有些空军研究实验室也并不知道该如何解决，但可以分解为具有挑战性和探索性的基础研究领域(Discovery Challenge Thrusts, DCTs)。另外，还有和长期特征对应的一部分，由于能力需求过于超前，相关技术被列入技术库观察清单，暂不安排科研项目。上述"聚焦长期挑战"项目分类法具有下列特点：一是具有良好稳定性，又保持灵活创新。该方法分解出的问题通常保持不变，但对应的解决方案是变化的。尽量不过早地去定义某些尚存在争议的技术解决方案，防止对创新和突破性新技术应用的限制。二是减少技术人员与作战人员的沟通成本。该方法促使空军研究实验室的科学家、工程师和项目经理能够花费更多时间尽可能地真正理解作战问题，使他们能够更有效地利用多种技术资源来满足空军人员的作战需求，从而进一步扩大技术问题的潜在解决空间。三是便于综合性投资战略的执行。该方法提供了一个中期和长期的战略规划窗口，即一个清楚地了解美国空军部队如何应对未来需求的视角，便于促进跨学科的协同技术开发和项目管理。

(2) 预算投入管理机制

美国空军的军费预算项目包括作战与维护、军事人员、研发、开发、试验、鉴定、军事采购、军事建设等方面。其中,研发(Research,Development,Test,and Evaluation)指研究、开发、测试和工程。美国空军的研发预算又具体分为7个类别,在不同年份预算报告中,分类方法略有不同。如2016财年研发预算分类为:基础研究、应用研究、先期技术开发、研发管理保障、系统开发与演示、作战系统开发、先进部件开发与原型。而2019和2020财年研发预算分类为:基础研究、应用研究、先期技术开发、研发管理保障、工程与制造开发、作战系统开发、演示验证。可以看出,基础研究、应用研究和先期技术开发3类相对稳定,且完全由空军研究实验室负责管理和实施。基础研究是指对与国家长远安全需求有关的领域进行科学研究和实验,旨在增长知识和启发思路,为日后解决军事技术问题提供科学依据;应用研究是指为科学理论寻求在军事上实际应用途径的研究活动,目的是验证新原理、新设想的技术可行性;先期技术开发是指研制具有军事应用价值的部件或分系统,目的是提供验证设计方案的可行性,包括设计、制造和改进可满足特定作战需求或费用要求的样机。美国空军研发经费及投入领域如表3-11所示。

表3-11 美国空军研发预算(2019、2020)[①]

支出类别	2019		2020	
	费用(亿美元)	占比	费用(亿美元)	占比
作战系统开发	129.2	43%	143.06	40%
演示验证	66.26	22%	84.36	24%
工程与制造开发	54.54	17%	69.92	20%
研发管理保障	29.63	9%	29.17	8%
应用研究	14.81	4%	14.36	4%
先期技术开发	9.29	3%	8.39	2%
基础研究	0.561	2%	0.53	1%
空军研究实验室(AFRL)负责	24.631	8%	23.28	7%
总计	309.33		353.93	

---

① 数据来源:United States Air Force Fiscal Year 2020 Budget Overview。

由上表可知,空军研究实验室每年管理的研发经费预算大约占空军总研发经费的8%,大约24亿美元。根据有关数据分析,上述预算在实际执行过程中,数额会发生一定程度增长。此外,空军研究实验室每年还会接受空军外部机构投入的研发经费,其数额大体与来自空军内部的研发经费数额相当。

(3) 人才管理机制

空军研究实验室总共拥有5827名雇员,其中军职1217人,占比21%,文职4610人,占比79%。在所有人员中,科技和工程人员3455人,占比59%,其中军职677人,占比20%,文职2778人,占比80%。科技和工程人员中,本科学历占比20%,硕士学历占比47%,博士学历占比33%。作为一个在空天领域处于全球领先地位的科研部门,空军研究实验室一直将人才视为最有价值的资源,坚定地认为人才是保持技术优势和创新的根本,并通过多种途径加强人才队伍建设[1][2]。

一是将人才视为核心优势,未雨绸缪制定人力资本发展战略。空军研究实验室始终将人才视为一种战略优势。面对日益激烈的顶尖人才竞争,空军研究实验室在人才管理上采用科学的人力资本管理理念,通过设立首席人力资本战略专家,制定人力资本战略[3]。根据最新发布的《空军研究实验室人力资本战略2021—2030》,空军研究实验室在未来的变革和战略行动中,将始终以使命任务为动力,团结一致,对科学、技术和创新充满热情。空军研究实验室将进一步引领"未来工作"的创新和实践,拥抱多元化、公平和包容的理念,做好人力资本管理数字化转型,并将上述内容集成到整个人力资本管理的生命周期。通过创新人力资本全生命周期管理模型,将空军K-12阶段STEM扩展计划,企业实习途径,人力资源和个人管理,学习与发展,多样化、公平和包容,分析与战略预见等内容进行集成。基于数据驱动方法,对人力资本计划中的事项进行优先级排序、关联和资源分配。该战略还提出五个战略目标:a. 战略性地接触、吸引、获取和保留人才。b. 发展当前和未来的人才队伍,使其在变化中成长。c. 加强团队多样性、公平和包容。d. 实现组织的灵活性。e. 将人力资本的功能转化为战略优势。在每个战略目标下,又设有多个具体目标,并且提出相应的科学评价指标。为灵活地适应空军研究实验室使命和企业优先事项的变化和更新,除长期战略外,空军研究实验室还通过制定强有力的年度人力资本行动计划,来推动人力资本战略的执行。

---

[1] 杨未强,李荧,宋锐,等. 美国空军研究实验室组织管理与科研规划分析[J]. 国防科技,2018,39(5):86-90.

[2] 冯云皓,王璐菲. 美国空军研究实验室如何建设人才队伍[J]. 防务视点,2017,(03):17-18.

[3] 最新发布版为《AFRL人力资本战略2021—2030》。

二是立足未来长远发展，积极投资下一代教育。空军研究实验室深知激励和吸引下一代科学家和工程师对其使命以及美国的未来至关重要。a. 超前布局下一代教育，每年在制定基础研究发展战略时都会安排大量资金支持一系列的下一代教育计划。如通过设立国防科学与工程研究生奖学金计划，每年为博士研究生提供全额学费津贴；设立本科生研究激励计划，在国防部感兴趣的科学和教育领域，为本科生提供研究机会，每年夏季支持本科生参与科学创新研究；设立初级科学和人文专题研讨会计划，在 STEM 领域，为高中生提供参与学术研讨和创新性科学技术调研分析的机会。b. 努力扩大教育系统深度参与 STEM 的机会。如设立"学者项目"将教育和研发经历集成到美国空军的研发工作中，为高中、本科和研究生以及相关学者提供实习机会；帮助学者在空军研究实验室与工业合作伙伴之间进行"混合"实习，促进空军研究实验室与 STEM 行业之间的关系。向大学出借和转让实验室设备，允许空军研究实验室科学家和工程师可以在大学教授科学课程，并使学生和教职员工参与国家国防研究项目。通过设立 STEM 卓越奖，表彰学生、教师和其他在 STEM 教育方面做出杰出贡献的人员；举办 STEM 签约日活动，鼓励高中生在大学选择 STEM 相关的高等教育学位；设立 STEM 学院，为学生提供动手实践及思考的 STEM 活动，让学生感受 STEM 知识在实际中的应用，并建立学生与空军研究实验室之间的职业联系。

三是培育青年学者，挖掘潜在创新人才。为挖掘和培养有潜力的科技领军人才，确保科研创新的可持续发展，空军研究实验室特别注重加强创新团队的人才梯队建设，针对在学术上有突出成绩的青年学者设立了专项基金，入选的学者连续 3 年都可获得经费支持。空军研究实验室还专门为在实验室工作的专职科研工作者设立国家科学研究委员会计划，重点支持获得博士学位不足 5 年的青年学者。

四是依托自身优势，开展人才建设。空军研究实验室自身拥有一流的研究团队，长期从事科技前沿研究，拥有充足的科研经费和科研项目，依托自身科研优势开展人才队伍建设也是空军研究实验室人才培养的主要模式之一。通过开展人才队伍文化适应、前期监管发展和持续领导力发展项目，通过参与空军职业发展项目等方式，实现发展、保留、招募多样化人才队伍的目标，并维持其作为世界一流技术型组织的地位。重视科研人员的后续教育，开展"长期全日制"训练，鼓励研究人员在人员不足的学科领域或新兴知识领域获取高级学位。采用多种形式激励科研人员，如每年举办一次名为"空军研究实验室 Inspire"的活动，邀请业内专家，通过一系列简短、引人入胜、发人深省的演讲，激励当前和下一代空军科学家和工程师。设立空军研究实验室奖项,每年表彰在研究成果、技术开发和转移成果以及计划和组织领导等三个方面取得杰出成就的科学家和工程师,奖金30万美元[①]。设立早期职业生涯(Early Career Awards,ECA)奖项,专门授予那些获得学士学位不超过15年,且在职业生涯前7年取得重要研究或工程成果的年轻科学家和工程师,奖金同样为30万美元。

二、空军敏捷创新中心

(一)成立背景

2017年10月,美国空军在内华达州拉斯维加斯市成立空军敏捷创新中心,该中心采用类似国防创新试验小组模式,寻求各地区传感器技术、多模传感器集成、计算机视觉和机器学习算法、防空反导系统、防御性和进攻性反无人机系统、无人机作战与管理、数据可视化、人机接口等方面的先进民用技术,提高空军航空和太空科技创新能力。受"特种作战工场"的启发,2017年初,空军部与杜立特协会签署合作关系中介协议,计划创建"空军工场"拉斯维加斯中心,对外宣布"空军敏捷创新中心创新计划",旨在与技术公司产生思想碰撞和合作。解决"死亡谷"的问题正是空军敏捷创新中心能发挥作用的地方。实验室可以联系一些有想法的公司或组织,这些机构可能不会响应联邦商机网站,提交数十页的建议书,或者没有把技术转化为工程原型机的启动资金,而空军敏捷创新中心仅需1页纸或90秒的视频就可以把想法以较低成本转变为原型系统。空军敏捷创新中心注重效率,针对上交的建议书可以很快速做出不通过、可能会通过和通过的决定,流程短响应迅速。

2018年1月,空军敏捷创新中心在美国内华达州拉斯维加斯市投入运行,旨在摆脱美国军方官僚体系,以开放式、非传统途径聚合创意和创新,推动其成为创新性、颠覆性技术集成与实施的创新枢纽。而后美国空军还将在华盛顿特区、马萨诸塞州和得克萨斯州的奥斯汀设立空军敏捷创新中心卫星基地,以期形成连接全美商业技术创新资源的枢纽网。空军敏捷创新中心的每一处设施最终都会成为创新枢纽,成为资源和工具集中的实体区域,也将成为开放获取技术创新信息的第一站。

(二)主要职能

空军敏捷创新中心聚焦于打破国防需求和商用技术创新资源之间的壁垒,在军方之外寻求解决国家安全问题的新思路和新技术,为保持美国空军未来优势提供技术创新孵化器。美国空军期望空军敏捷创新中心广泛吸纳商用领域

[①] 此为2021年奖金数额。

的技术创意,能够填补国防需求与商业技术之间的沟壑,重塑双方需求——技术依存关系,为商用技术创新在国防领域的应用搭建舞台。

空军敏捷创新中心致力于发挥协作与创新交流枢纽的作用,面向公众、学术界、小企业及行业远见者征集技术创新方案,为个人和组织提供提交创造性解决方案的场所。空军敏捷创新中心的核心使命是通过连接商业技术创新者,简化商业技术向国防领域的转化过程,加速商业技术成果实现以提高空军未来能力。空军敏捷创新中心聚焦美国空军新的任务领域,首先是无人机系统,以期在商业无人机世界里找到新的解决方案和技术进步,小型低成本无人机的快速廉价成型制造备受空军敏捷创新中心关注。

空军敏捷创新中心战略目标包括:连接多元的、来自产学研和政府机构的创新人员,支持建立创新生态系统,激发创新活力;为空军创造能力选项和创造原型机会;推动合理化的创新技术采购流程;在军方和商业领域培育融合一体的创新文化。

一个典型的技术创新项目至少包括 5 个节点,如图 3-17 所示。这 5 个节点包括用户(需求方)、技术伙伴(创新者)、资金方(股东和基金出资方)、领导者(领导力认同)、项目风险管控(合同与法务)。一般情况下,这 5 个节点是两两交叉联系的关系,这对快速技术创新和技术迭代而言存在体制上的阻碍。而空军敏捷创新中心则致力于解决这一难题,主要承担三种角色:一是创新舞台的搭建者,创新枢纽的定位清晰而明确,它连接创新的两端——需求与能力,为国防需求方和商业技术创新者提供充分交流和对接的平台。每年,空军敏捷创新中心将选取数个甚至数十个军方关注的前沿性、颠覆性军民两用技术,向超过 1 万家企业发布技术需求征询书,并为每个项目筛选 10 家公司,组织技术需求方与这些公司进行详细技术对接;二是在技术创新前景明确后,扮演担保人的角色,为这些创新型公司争取政府小企业研究计划投资资金,也有可能引入诸如 In-Q-Tel 等风险投资基金;三是承担创新成果推销人的角色,组织创新成果路演,为商业技术创新者站台[①]。

(三)组织架构

空军敏捷创新中心负责在创新力量与拥有资金的国防部机构之间建立联系,但不直接资助创新者,推进空军与工业界、学术界及非传统创新力量敏捷合作,从而创造变革性能力,担当促进空军创新文化的催化剂。与 SOFWERX 一样,空军敏捷创新中心由杜立特研究所管理,工作人员包括空军现役军人、地方学者、高校的实习生和学员。

---

① 美国空军敏捷创新机构 AFwerx 开放创新模式分析,国防科技要闻[EB/OL][2021-11-12] https://www.sohu.com/a/381320590_635792.

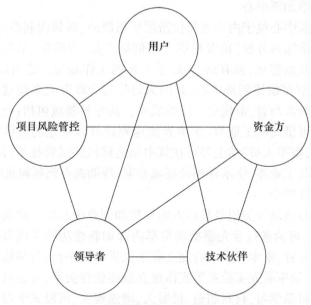

图 3-17 空军敏捷创新中心角色关系示意图

空军敏捷创新中心目前已设拉斯维加斯中心、奥斯汀中心、华盛顿特区中心 3 个办事机构，开展日常工作。其中拉斯维加斯中心共有 7 名工作人员；奥斯汀中心 6 人；华盛顿特区中心 15 人，包括空军敏捷创新中心负责人兼首席执行官布莱恩·莫。

空军敏捷创新中心组织架构如图 3-18 所示。

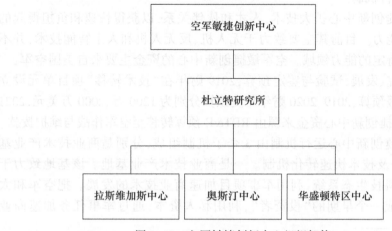

图 3-18 空军敏捷创新中心组织架构

(1) 拉斯维加斯中心

拉斯维加斯中心位于内华达州拉斯维加斯腹地、毗邻内利斯空军基地和内华达大学拉斯维加斯分校,负责提供合作创新工具,将政府、私营领域、学术界的人才和资源联系起来,拥有约2400平方米的工作场地。之所以选择在拉斯维加斯市建立空军敏捷创新中心,是因为每年有700万人来到这里,因此能吸引到尽可能多的参与者,形成更广泛的成果。其专长领域包括:行业挑战赛,空军利益相关者可借此从工业界、学术界快速甄选具体难题的最佳解决方案;样机研制工作室,空军人员、学生等可在其中制造样机并试验技术;设计思维促进者,可召集空军、工业界、学术界相关领域专家,帮助拥有创新构想的空军人员。

(2) 奥斯汀中心

奥斯汀中心坐落在美国最具活力的科技和创业中心得克萨斯州奥斯汀,位于"资本工厂",可为各行业先驱推动空军内部创新想法的实现提供必要资源,为创新者跨工业界、学术界及政府建立联系提供必要平台,与国防创新小组、空军研究实验室、陆军研究实验室等实体建立战略伙伴关系,并通过这些合作,利用人工智能与机器学习、材料制造、机器人、增强现实、沉浸式学习、区块链等技术发展,加强国防能力。其专长领域包括:为空军项目整合创新技术,为空军训练提供增强和虚拟现实技术,与空军利益相关者一起开展快速试验与评估。

(3) 华盛顿特区中心

华盛顿特区中心位于"东部铸造厂",距五角大楼5个街区,可为空军的创新与合作提供公共工作区。其专长领域包括:甄别和聘请专家支持空军创新项目,预测和报告技术趋势,建立和管理意向合作者数据库[①]。

(四) 运行机制

空军敏捷创新中心扩大技术、人才和伙伴关系,以获得快速和负担得起的商业和军事能力。目前其主要致力于无人机、反无人机和人工智能技术,并不局限于任何特定的能力领域。空军敏捷创新中心的资金主要来自美国空军,一开始分属研究、发展、试验与鉴定预算,2019财年在"技术转移"项目单元设立独立项目申报预算,2019、2020财年年度预算分别为1200万、2000万美元,2021财年,空军敏捷创新中心资金来源由RDT&E预算转移至空军作战与维护拨款。

空军敏捷创新中心运行机制由3个子机制组成,分别是商业技术产业基地、星火计划及技术快速转化机制。一是商业技术产业基地。该基地致力于开发先进的科技生态系统,利用军事项目加速商业技术的发展。把空军和太空部队转变成一个早期的"投资者",利用私人资本,通过军事任务加速商业

---

① Bill Carey, USSOCOM Plans 'Thunder Drone' Technology Demonstration, 2017. https://www.ainonline.com/aviation-news/defense/2017-08-15/ussocom-plans-thunderdrone-technology-demonstration

化,增加与空军合作的公司的数量。二是星火计划。星火计划通过虚拟协作、沉浸式培训和网络机会,将飞行员和航天专业人员与商业创新者联系在一起,从而激发灵感,培养创造力。通过连接采购的两端,星火计划提供了需求思路和采购渠道,具有将强大的想法转化为强大的运营现实的能力。三是技术快速转化机制。该机制利用军事任务和股票来引导和加速新兴商业市场。除了资金之外,主要项目还将利用其他独特的部门资源——如测试基础设施、认证机构、机构间关系和早期操作使用权,通过成为新兴市场的风险的早期承担者,去实现空军和太空部队的创新主张。

(1) 发掘创新军事需求——星火计划

空军敏捷创新中心创建机会,帮助空军创新人员发现新军事需求和商业实践的机会,从而改进空军的创新文化,为所有空军人员创建更佳的人脉网络。在这个单元中,有全职为空军敏捷创新中心工作,也有在工作之外有激情从事项目而进入空军敏捷创新中心生态系统寻求支持的创新者。空军敏捷创新中心是由在空军中拥有各种技能、激情和角色的人组成,创新需求和资源在不断增长,创新文化也建立起来。

实施星火计划。通过在空军基地成立创新办公室(称为"星火单元"),调动空军全球基地官兵(包括现役、预备役、国民警卫队人员)和非传统承包商的创新活力,并为其提供获取空军创新网络资源和支持的渠道,使其得以与工业界、学术界、政府的顶级问题解决专家合作,开发满足作战人员需求的快速解决方案,借此激发空军内部创新文化,为飞行员解决战术层面痛点提供路径和资源,并打造去中心化的空军基地创新网络。2019 年 8 月,空军敏捷创新中心在奥斯汀中心首度举行为期 2 天的"星火碰撞器"活动,空军 50 个基地的 150 名空军人员、SBIR 项目 100 个第 1 阶段工作承包商的 200 名代表参加了活动,共同就哪些商业产品可以与哪些任务相匹配进行讨论。

举行"星火集"年度竞赛。竞赛是每年一度,鼓励空军人员(包括现役、预备役、国民警卫队和文职人员)提出改变游戏规则的技术构想,在空军协会举办的年度战争博览会上,面向空军高层和行业专家进行展示。专门推出支持"星火集"竞赛的 Idea Scale 众包平台,空军人员可通过该平台分享创意、对提案提出批评意见、对具体解决方案进行投票。建立"构想平台",允许任何空军组织对整个空军发起挑战,便于空军组织能够不断从飞行员那里获得新的和创新的想法。该平台提供非机密的商业解决方案,被授权处理国防部 SRG IL4 级别的信息。该平台鼓励群众参与解决方案,并允许公开透明的投票、评论和批判性比较。该平台可以从任何互联网连接访问,但只有拥有美国国防部或美国空军官方电子邮件地址的人才可以注册。

2019年"星火集"竞赛的获胜方案为"联合化学制剂探测器可再生能源电源",能提供不间断的化学制剂探测,同时以最低限度的用户维护成本持续运行。

举办"针对性研讨会"。以创新发现过程中收集的信息为基础,召开研讨会,进一步明确和定义需要解决的问题。在美国空军协会的战争研讨会上,飞行员竞赛中向空军高层领导和行业专家小组提出创新的想法。数千名与会者观看了美国空军领导人鼓励飞行员打破现状的活动。最终入围者是根据具体能力、安全、政策、全空军实施、技术可行性和可伸缩性等方面的考虑来挑选的。活动之后,他们会得到项目管理支持和其他资源来实现他们的想法。该活动旨在鼓励企业内部创业精神,加快新兴技术的应用,发掘解决飞行员最大痛点的新技术。

设立"中队创新基金"(Squadron Innovation Funds,SIF)。使中队指挥员掌握资金推进基层官兵针对具体问题的创新解决方案快速实现,而不必等待冗长缓慢的国防部领导审批。该基金是由国防部长希瑟·威尔逊(Heather Wilson)和上将戴维·L.戈德费恩(David L. Goldfein)发起的,以便指挥官们能够应对最前沿的战备和最新的国家安全挑战。其指导方针为:大胆想,从小做,行动快。大胆想:培育最新创新思路,不仅可以解决面临的挑战,还可能带来革命性的理念和能力,空军认为,当任何级别的飞行员都能推动能力发展、组织解决问题、政策或流程改变时,技术就会飞速发展。从小做:飞行员在部队里遇到的问题和想法,需要去及时验证,中队指挥官提供资金来实现它。行动快:跨职能的团队是创新成功的主要贡献者。为了促进这种合作,空军向空军敏捷创新中心提供资金支持,直接支持具体团队,创建新项目,使得最好的想法迅速得到推进。

(2)为创新想法寻找解决方案——AF挑战

空军敏捷创新中心挑战面向个人、初创企业、小企业、大型企业、学术和研究实验室等,征询空军所面临问题的解决方案,并借此构建一个不断扩大的军民融合生态系统。挑战赛征集的方案由空军进行审查,选出获奖方案,再通过下一轮讨论评出最终获选方案。讨论通常形式为活动或私人会议。最终获选方案有机会获得空军资助的演示验证、试验,甚至空军合同,AFWREX挑战不要求公开披露知识产权、商业秘密或财务信息,参与者可以选择只能由美国空军评估小组查看的附加文件。

2018年空军敏捷创新中心举办了"美国空军新头盔系统开放挑战赛""变革飞行员训练开放挑战赛""多域作战挑战赛""先进微电子设计与样机研制挑战赛""微电子供应链来源挑战赛""混合现实平台挑战赛"等挑战赛。2019年举办"全球太空运输与投送""持续ISR""太空资产弹性""增材制造""创新文化""基地安全与防御"等挑战赛。此外,拉斯维加斯中心2018年起举办年度"融合挑战赛",面向广泛领域特别是非传统供应商征集商业现货产品,平均在6~18个月时间内,解决空军实际问题。

赞助"技术加速器"(如技术星主导的"空军加速器")。为初创企业提供培训、资源、指导,以及接触投资者和用户(空军项目经理)的渠道,扩大高质量公司与潜在空军用户合作的机会。

(3) 技术快速转化机制

经过星火单元和AF挑战的有效技术和概念投入后,技术快速转化机制模块致力于将开发出的新能力迅速推向战场。部署建立对于在飞行员、工业界、投资者、机构间和国际利益相关者之间的实体联系。定期加强多样化的合作伙伴关系,促进确定关键技术领域,为了技术的及时应用,空军敏捷创新中心还参与技术转化过渡过程的改进中去,促进技术从理论到实践的快速过渡,有助于迅速开展更具体的"次级计划"。

除了资金外,转化需要产、学、研、政府之间的紧密合作,军事和商业行业公平竞争,以及为新兴市场创造独特的资源,比如增强测试基础设施、认证机构、机构间的关系。

推行技术快速转化机制计划。致力于将工业、投资者和政府社区结合起来,建立安全和安全标准,同时加速这一革命性技术的商业化。从2020年开始,以"认证竞赛"系列,建立快速承包机制,以推动政府采购行动能力,计划在2023年前投入运营。例如加速先进空中机动车辆(即"飞行汽车")的商业市场,该技术适用于医疗后送、消防、民事和军事救灾、搜索和救援以及人道主义救济行动。空军利用分布式物流和灾害响应的独特测试资源进行产品测试,减轻当前的商业市场和监管风险。除此之外,安全的微电子技术、更安静的超声速旅行、量子通信、可回收的太空系统以及其他前沿产业项目也在筹划中。

(4) 创新实体化推进机制

空军敏捷创新中心包括多个实验室、多处合作和一些特殊准入区域,以开发颠覆性技术。具体而言,目前它拥有一个总面积达2.5万平方英尺(约2300平方米)的制造装配实验室,其内有3D打印机、碳纤维复合材料热压罐等设备。为了将某些创意转化为实实在在的物理形态,该设施第二层包括1.5万平方英尺(约1390平方米)的合作空间,其中包括某些限定开展秘密工作的区域。另外,2018年美国空军为该设施安排了200万美元的初步预算,当前的人员构成中包括一些美国空军官员以及来自工业界和高校的参与者,甚至包括来自拉斯维加斯内华达州立大学的实习生。实验室人员少、机制灵活,如拉斯维加斯市最终也只有 12 名编制职员。

空军敏捷创新中心的工作地点也是一个"临街商店",方便于人们前往并提供想法。选择拉斯维加斯是因为那里游客众多,经常举办大型消费电子展,几乎每周都有大型会议,同时毗邻内利斯空军基地、硅谷,以及众多西海岸的实验室,容易吸引更多、更加多样化的受众,获得更广泛的建议。除了拉斯维加斯,空军敏捷创新中心也会在其他地区启用一些场地,比如华盛顿特区、马萨诸塞州、德克萨斯州奥斯丁市等。

(五)案例分析

2020 年 9 月 1 日,来自全球的 92 支参赛队伍之一的战神安全公司,参与了未来挑战的基础建设。

空军敏捷创新中心的挑战围绕六个主题展开,包括基地安全、安装弹性、利用技术提高作战效率、逆向工程、创新文化以及飞行员和家庭福祉。被选中的提案从新的基础安全技术和虚拟现实培训模块,到为军队健康和领导力进步而设计的虚拟助手和应用程序应有尽有。不同的团队有来自北美、欧洲、澳大利亚和其他盟国代表企业初创企业、小企业、大企业、学术机构和研究实验室都竞相为建设未来基地贡献力量。

空军敏捷创新中心的 Mark Rowland 表示:未来挑战赛对 DTIC 的任务至关重要,DTIC 的任务是增加大企业和企业家之间的合作,以加速解决空军的问题。DTIC 代表空军敏捷创新中心和国防部祝贺团队推进到下一阶段,他们的贡献是无价的,有潜力创造改变整个空军的游戏规则。

基地安全和防御挑战的重点是美国空军如何建设新设施,以改进现有的安全和防御系统,保护人民和关键资源。空军基地有很大的边界,需要保护自己免受主动射击、爆炸物、网络风险和许多其他潜在威胁。为了改善现代化设施的安全和防御,这一挑战要求解决方案能够帮助国防部建设一个灵活、迅速和反应迅速的未来基地。

阿瑞斯安全公司为基地安全和防御提供了一个生命周期解决方案,它结合了建模、仿真、虚拟化、传感器融合、通用作战图像和人工智能的能力,为未来的基地提供评估、培训和应对事件所需的工具。AVERT Physical Security 创建了一个 3D 数字基地,并模拟针对任何威胁的响应办法,以提高安全效率和优化成本。AVERT 虚拟桌面和 AVERT 虚拟现实训练,将练习和训练转化为虚拟体验,以微调反应和提高结果。此外,AVERT C^2 将传感器、报警器和 AVERT AI 集成到一个共同的操作画面中,以支持快速、有效的反应。AVERT 任务规划和行动为基地防御作战中心提供了 Ghost Robotics 四足机器人的任务规划和控制,这是一种四条腿的机器狗,可以用于安全任务,如监视、检查、移动传感器等,从而使飞行员能够根据最高优先级任务进行调整。

阿瑞斯安全公司首席执行官指出:是时候利用建模、仿真、虚拟现实和人工智能技术的力量来改变安全行动,提高应对计划的安全有效性,降低成本,以应对来自对手的日益增加的挑战了。

空军敏捷创新中心 Fusion 2020 展示会有 370 支参赛队伍,它们是从 1500 多份参赛作品中挑选出来的。在整个活动中,各个团队向来自空军相关部门的专家小组介绍解决方案,在一周内前 92 名被选中的代表将被邀请与美国空军进行进一步接触,以期获得采购合同。

(六) 主要特点

空军敏捷创新中心为空军提供从创新想法至项目全周期实现的引导,通过发布小企业创新研究特别课题、发布"商业领域开放方案征集"以及"中队创新基金"等机制促进科技成果向作战领域转化。一是发布小企业创新研究特别课题。与空军研究实验室、国家安全创新网络合作,发布小企业创新研究"开放主题"("开放主题"的意义在于可以让小企业提交商业解决方案,而不用针对更具体的需求专门开发产品),通过更短的申请流程、加速的合同签订(30 天以内)及更快的执行周期,消除小企业与空军合作的障碍。自 2018 年底小企业创新研究开放主题发布至 2019 年 8 月,空军敏捷创新中心共收到超过 2900 份提案,授出 900 多份合同,总价值约 2.2 亿美元。二是发布"商业解决方案开放征集"。这是美国《2017 财年国防授权法案》授权国防部使用的择优式方案征集程序,与商业合作协议(Business Associate Agreement,BAA)性质类似,不同之处在于 BAA 仅限于基础与应用研究,且相关研究一般与具体系统项目没有直接关系,商业领域开放方案征集则寻求获取创新性商业产品、技术或服务,直接满足国防部需求、填补缺口或提供潜在技术优势,且主要面向非传统国防承包商发布。三是设立"中队创新基金"。推进基层官兵针对具体问题的创新解决方案快速实现,而不必等待的国防部领导审批。

第四节 特种作战司令部

一、成立背景

长期以来,美军依靠技术优势抵消潜在竞争对手的规模和地缘优势。美国国防部通过在研发方面的投资,推动技术创新和研发。近年来,随着科学技术的飞速发展,全球研发态势发生重大改变,一方面美国国内的商业研发和政府非国防研发投资增加,削弱了传统军工体系的研发影响力。另一方面世界其他国家也大幅增加了研发投资,影响了美国对全球科研发展的主要领导力。2013—2016年,时任美国国防部长卡特意识到国防创新体系存在严重弊端,决定创建新机构打破现有体系壁垒,并授权采取行动,扩大创新的边界,通过广泛融合美国创新生态体系中的非传统力量,实现更大的创新[1]。

2015年9月,美国特种作战司令部(United States Special Operations Command, USSOCOM)与杜立特协会(即后来的 DEFENSEWERX)签署合作关系中介协议,创建特种作战部队工场,以满足自身敏捷创新与采办需求[2]。

杜立特协会是2012年7月在美国佛罗里达州注册的非营利机构。取名"杜立特"是为纪念二战期间"杜立特空袭"行动指挥官詹姆斯·杜立特,仿效其快速创新、解决问题,领导改装并从航母上部署 B-25 轰炸机的做法。特种作战部队工场是杜立特协会生态体系中第一个备受关注的创新中心,其总部设在特种作战司令部佛罗里达州坦帕。借助特种作战部队工场这个创新思想的互动场所,可以在传统的军品市场以外接触到初创企业和创新人才,促进产业、实验室和学术机构合作,通过试验和协作的方式汇集创意和技术,共同解决机器人和自主领域等最具挑战性的问题[3]。

二、主要职能

特种作战部队工场主要通过在更广泛的创新生态体系内加强合作与创新,协助定义需求,并与技术创新者和初创企业进行推广和协作来解决特种作战司令部面临的挑战。根据其成立章程,特种作战部队工场的职责包括加快创新能力交付,探索、实验及评估富有前景的技术,促进能力优化等[4]。

三、组织架构

特种作战部队工场由杜立特协会负责日常运营并聘用职员,工作人员包括五名全职职员和轮岗实习生。特种作战部队工场的预算由特种作战司令部管理分配,特种作战司令部指挥官行使"机构负责人"的职能,并将资金分配给负责采办、技术和后勤的特种作战部队(Special Operations Forces for Acquisition, Technology and Logistics, SOF AT&L)及特种作战部队工场创新实验室的采办主

---

[1] Richard Meinhart, Agile Acquisition: How does the Army Capitalize on Success? [R]. Colonel Joseph W. Roberts United States Army, 2017.

[2] Proceedings of the Sixteenth Annual Acquisition Research Symposium. 2019, (6):3-4.

[3] Natasha E. Bajema. The Future of Defense Innovation: Removing the Silos between the Warfighters and Innovators. 2018, (5):2-6.

[4] Dr. Phil Budden. Prof. Fiona Murray. Defense Innovation Report: Applying MIT's Innovation Ecosystem & Stakeholder Approach to Innovation in Defense on a Country-by-Country Basis. 2019, (5):24-26.

管。通过非营利机构执行资金,可以使特种作战司令部不受联邦采办条例限制,但可以确保通过 SOF AT&L 办公室进行监督。

四、运行机制

特种作战部队工场鼓励对现有技术和解决方案采取开放和自适应的方法,通过与私营技术公司合作并获得尖端技术来适应挑战,帮助维持美国的军事优势。

特种作战部队工场由两个部分组成:一个是经过改造的 10000 平方英尺仓库设施,用于合作、创新和快速原型设计;另一个是 4000 平方英尺的车库,用于快速制作原型硬件。该空间可以轻松地配置各种不同的设施,以促进解决问题,集思广益,使用不同方法进行产品构建和测试。

在早期阶段,特种作战部队工场通过作战人员提交的需求来生成和过滤问题,从本质上讲,作战人员提交的需求可以直接暴露出战略和技术问题。除了提供工作和聚会空间外,特种作战部队工场还提供行业研究计划和大学实习机会,通过举办各种活动,工场汇集了工业界、学术界、创新公司和其他非传统国防部合作伙伴,建立了创新生态环境。特种作战部队工场在扩展、协作和迭代过程方面具有独特性。为了实现其目标,特种作战部队工场创建了各种各样的活动不断壮大技术专家生态系统,这些活动包括:

① 科学、技术、工程和数学活动:特种作战部队工场与学校和学术组织合作,向学生介绍科学,技术,工程和数学学科;

② Tilo 活动:与 USSOCOM 代表会面,讨论"如何与 USSOCOM 开展业务";

③ 技术冲刺:开展为期两周的活动,根据政府和作战人员的建议修改现有的创新解决方案,以满足特种作战司令部的特定挑战;

④ 可行性研究:对采用特定技术或方法可获得的潜在利益进行初步调查研究,其目的是进行深入分析,确定其效果以及未来(如有)哪些资源投资可产生理想结果;

⑤ 技术讲座:知名专家向政府、学术界、工业界和国家实验室的观众介绍与任务相关的主题;

⑥ 黑客马拉松活动:将来自政府机构、国防部、工业界和学术界的代表聚集在一起,进行实操,开发针对作战人员问题的开源技术解决方案;在士兵安全、数据安全以及涉及国家安全问题的主题上,充分利用专家或受邀人群的特长,举行黑客马拉松奖挑战赛和跨行业黑客马拉松比赛;

⑦ 合作活动:作战人员、工业界、学术界和国家实验室人员参加的设计思维会议,就特定的挑战领域进行构想,并制定可行的计划以实现其目标;

⑧ Teamwerx：作战人员通过特种作战部队工场平台提交问题，参赛者可以提出符合某些规格的解决方案。由特种作战司令部审查提交的方案，并选择获奖者颁发现金奖；

⑨ 快速原型制作活动：为期两个月的活动，旨在利用低成本、制作创新技术来快速识别、制作原型，并为复杂或具有挑战性的问题领域带来有效成果；

⑩ 干扰：为期多天的活动着重于汇集最具破坏性和颠覆性的技术、能力，以供政府利益相关者审核；

⑪ 评估：特种作战司令部提交需要解决的具体问题，由特种作战部队工场利用其生态系统和市场研究来吸引最佳提交方案来解决问题。特种作战司令部随后对提交的文件进行审查，并挑选最有价值的参与者在与政府利益相关者的一对一会议上展示他们的能力；

⑫ 对撞机：一个多阶段的竞争机会，在一对一的环境下向政府利益相关者提出新的、新颖的或具有启发性的解决方案，获奖者可以获得短期奖励；

⑬ 外展和参加其他活动：特种作战部队工场通过其行业研究员项目和参加区域创新活动（例如 Synapse 创新峰会）来扩展其专家生态系统。

特种作战部队工场主要为特种作战司令部采办、技术和后勤以及其他国防机构的采办决策提供依据，但是后续的采办活动都是通过特种作战司令部或服务合同办公室进行的。例如，在进行快速原型制作后，由 SOF AT&L 确定最合适的采办方式，以尽快完成技术采购。SOF AT&L 可根据不同情况，决定根据联邦采办条例进行采购，或者使用其他灵活的工具，例如其他交易授权。

合作关系中介协议和其他交易授权（Other Transaction Authority, OTA）区别：当创新项目需要多个合作伙伴，集成多种技术时，PIA 可以更快速的完成技术许可和技术转让，联合多合作伙伴探索创新解决方案，因此与 OTA 相比，PIA 更适合初创企业和快速成长的创新公司。OTA 更适合相对成熟的中型和大型公司，适用于直接采购满足已知要求的创新解决方案。

五、案例分析

（一）轻型战术突击服项目

轻型战术突击服是一种外骨骼战斗服，旨在提供更好的防护和增强的能力。SOF AT&L 于 2013 年首次成立了轻型战术突击服的采购工作组，但由于所需多种多样的复杂创新技术，因此在寻找合适的非传统行业合作伙伴方面面临着巨大挑战。2014 年特种作战部队无人机测试场组织了一次快速原型制作活动，来解决这种问题，为快速发展的技术汇集各种观点，充当促进各种创新公司之间协作的中立平台。2016 年 11 月，特种作战部队工场组织了轻型战术突击服项目的设计审查，以定义最终原型以及有关该项目各个方面的后续讨论。

（二）"Thunder Drone"小型无人机项目

"Thunder Drone"小型无人机项目是一系列快速原型制作活动，旨在为特殊操作员带来尖端的无人机技术。2017年11月举行了第一届活动，特种作战部队工场聚集了200多名参与者，探索了用于自主导航、目标识别和机器学习的无人机技术的可能性。第二届快速原型制作活动于2018年1月举行，其重点是对付小型无人机系统的技术，来自90多家公司的240多名参与者展示了他们检测、定位、识别、跟踪、利用、打击或评估小型无人机系统的能力。该活动启动了一个快速原型阶段，在此期间，协作团队在2018年4月于Fort Brag的户外演示中提出了自己的概念。顶级参与者被邀请参加第三届"无人机游戏"，该活动于2018年6月在拉斯维加斯举行，竞争高达60万美元的现金奖励。"ThunderDrone"更长远的目标是促进负责采办、技术和后勤的特种作战部队基于商用无人机技术的创新。

"ThunderDrone"项目试图通过探索、原型制作、测试和演示来学习和理解无人机的潜力和局限性，这些方面既可以提供动力学效果，并且可以在陆地、海洋、空中或太空中运行。

（三）CubeSat项目

特种作战部队工场寻求依靠尖端的学术和行业研究，快速利用现有的商用技术，以满足特种作战司令部的作战需求。特种作战司令部与南佛罗里达大学（USF）工程学院的学生合作，依靠特种作战部队工场平台来探索将卫星重量最小化并减少零件数量的方法。通过为CubeSat任务支持辅助载荷的开发和集成，将音频、视频和数据文件从远程现场传输到地面站终端，利用摄像机和传感器提供实时通信来解决战场问题，以支持特种作战司令部的作战需求。

（四）Flyboard Air飞行滑板项目

2016年4月，特种作战司令部的采办主管从YouTube视频中看到一段飞行滑板的视频。这种滑板是一个独立的推进装置，可以无需系绳就让一个人以超过每秒90米的最高速度飞行到10000英尺。特种作战司令部很快联系到视频作者，通过特种作战部队工场平台进行进一步交流。特种作战司令部的官员提出具体的技术要求，由Zapata团队进行升级改进并制定培训方案。新版本的飞行滑板需要在开发阶段由特种作战部队的操作员对设备进行测试。国防部有一系列规则和要求，旨在保护参与开发新技术的人员免受伤害。在某些情况下，这些过程可能需要数年时间。最终特种作战部队工场通过自身平台，招募到了测试人员,完成了新版本飞行滑板的测试。2016年11月1日,特种作战部队工场团队在YouTube发布了题为"个体空中移动系统测试"的视频,展示了特种部队操作员在飞行滑板上来回飞行,悬停并最终安全降落的情况。

六、主要特点

(一)广泛吸收创新主体联合解决问题

通过特种作战部队工场平台,汇集学术界、创新公司、个人和其他非传统国防部业务合作伙伴,快速解决原型问题和其他具有挑战性的问题,吸引了大量非传统防务承包商参与国防部的业务,促进军队与工业界、学术界、政府创新资源之间实现广泛的联系与合作,为军队面临的各种难题带来富有创意的一体化解决方案。

(二)精简采办流程提高技术引进效率

特种作战部队工场通过使用快速灵活的企业对企业合同来促进原型设计,并获取用于进一步测试和评估的技术,协助特种作战司令部和其他国防机构做出有效的收购决策。特种作战部队工场将容纳尽可能多的方法、工具、人员和网络,从而简化跨部门的合作和沟通,避免因复杂的传统国防采办流程影响美国军方对新兴技术的引进,从而成长为"替代采办途径"的平台,补充传统的国防采办方式[①]。

---

① Stew Magnuson, SOFWERX: Newest Acquisition Tool for Special Operators, 2016. https://www.nationaldefensemagazine.org/articles/2016/5/1/2016may-sofwerx-newest-acquisition-tool-for-special-operators.

第四章　美国国防部资助的科研机构

美国国防部资助的科研机构是国防科技研究体系的重要力量,从其历史沿革、运作模式、科研力量、管理特点以及科研成就等方面,可以清楚的发现其对国防科技和武器装备发展发挥着不可替代作用。

长期以来,美国国防部的研发经费支出占美国政府总研发经费的一半左右。据2018年初美国国家科学基金会《科学与工程指标》分析统计,2016年美国国防部的研发经费超过690亿美元,占政府总研发经费(逾1425亿美元)的43%。美国国防部的科研任务主要是通过合同的形式交由其他单位承担,承研单位类型多样,包括政府资助的研发中心、直属科研机构、地方政府和国外机构等。其中,政府资助的研发中心和直属科研机构由国防部管理或委托管理。从名称上看,包括 Laboratory Center 等类型。例如,5个国防部所属政府资助的研发中心,6个国防部资助的大学附属研究中心等。

第一节　政府资助的研发中心

一、政府资助的研究与开发中心

美国政府资助的研发中心是一类特殊的研发机构,它由政府拥有,但由大学、其他非营利机构和企业等承包商来进行管理。政府资助的研发中心绝大部分经费来自政府机构,且主要开展那些通常由政府直属研究机构或私营部门无法有效完成的长期研发工作。近70年来,美国政府资助的研发机构对美国的发展和安全至关重要,通过发展国防、运输、能源、民事机构管理、国土安全、大气科学、科学政策和其他领域的能力来支持政府。

(一) 历史沿革

政府资助的研究与开发中心可以追溯到第二次世界大战及其后期。第二次世界大战,极大地促进了雷达、飞机、计算机以及核能的发展,科学家、工程师和其他专家成为美国进行大规模战争的重要力量。进入冷战时期,为了始终保持军事技术优势,美国政府创建了政府资助的研究与开发机构,运用灵活、高效的方法来开展军事技术研究与开发。政府资助的研究与开发中心是支持政府研究、技术开发、系统获取和政策指导的"三脚凳"的一部分。这三只脚分别是商业、学术和相关的非营利组织(包括政府资助的研究与开发中心)以及政府雇员。首先,这些新组织必须为政府提供专业的、快捷的服务,以应对复杂的挑战。其次,必须兼顾军事需求之外的市场,使商业利益兼顾军事需求。作为"第三只脚"的一部分,政府资助的研究与开发中心为政府决策提供咨询信息[①]。

从20世纪40年代末开始,美国政府资助的研究与开发中心增加了军事技术的研发。从那时起,政府机构包括国家卫生研究院、国家航空航天局、交通部、国家科学基金会和能源部,都资助了相关科研机构,以满足其具体需要[①]。1947年,美国空军成立了第一个政府资助的研究与开发中心,即兰德公司,之后其他政府资助的研究与开发中心也相继成立。美国政府资助的研究与开发中心应国家战略需求而设立,随着国家战略需求的变化而变化,因此政府资助的研究与开发中心的数量也处于不断变化之中。1969年,政府资助的研究与开发中心有74家,数量达到顶峰,1982年最少时34家。截至2018年2月,有42家政府资助的研究与开发中心处于正常运行中。在"有进有出、优胜劣汰"的动态评估管理机制下,自1967年以来有超过50多家政府资助的研究与开发中心被撤销,其中一部分发展成为商业性的科研机构,一部分弱化为大学里的小型研究机构,还有相当一部分逐渐消失。

(二)运行机制

最初设立政府资助的研究与开发中心是为了应对冷战的挑战和威胁。近年来,政府资助的研究与开发中心各机构选择处理更广泛的问题,在复杂的环境中应对挑战,运用独特的专业知识开展研究。政府资助的研究与开发中心成立的初衷,是承担政府研发机构或私营部门无法有效完成的特殊的、长期的研发工作。同时,在关乎国家利益的关键技术领域,保留所需的专家队伍。政府资助的研究与开发中心目标性较强,对国家重大需求有敏捷的反应能力。然而,在20世纪40年代,第一批政府资助的研究与开发中心成立时,还无法提供相应的服务与产品。随着时间的推移,政府不断调整政策,调整政府机构和政府资助的研究与开发中心之间的关系,政府资助的研究与开发中心也根据政府的要求改进管理模式和科研方式,一些机构转变为大学附属的研究中心,如约翰霍普金斯大学的应用物理科研机构。在几十年的调整和重组后,现有政府资助的研究与开发中心的总数减少,但是更能满足政府的需求。

---

① MITRE. FFRDCSs—A Primer. Federally Funded Research and Development Centers in the 21st Century. [EB/OL] [2021-12-01] https://www.mitre.org/sites/default/files/publications/FFRDCs-primer-april-2015.pdf.

(三) 科研力量

政府资助的研究与开发中心的科研力量主要来源于商业、学术和相关的非营利组织以及政府雇员,每一个机构参与者都从不同的角度处理问题,在推动科研创新和解决技术问题方面都发挥着重要作用。

政府资助的研究与开发中心与其资助机构之间保持长期关系。根据美国政府采购条例,政府资助的研究与开发中心的初始合同期限最长可以达到 5 年,而且这些合同可以持续,每次增加 5 年。例如,能源部资助的西北太平洋国家科研机构自 1964 年以来一直在同一合同下运行,承包商为巴特尔纪念研究所。政府采购条例鼓励长期合同以保持稳定性和连续性,政府资助的研究与开发中心才可以吸引和保持高水平的科学家和技术人才,维持一个稳定的高水平团队。此外,这种长期合同可以确保政府资助的研究与开发中心熟悉政府机构的需求,保持较强的专业素质,并提供快速反应能力。

(四) 主要特点

根据政府采购条例,政府资助的研究与开发中心所采用的"政府拥有、政府管理"(Government-Owned, Government-Operated, GOGO)战略伙伴关系有两个特征:使用特权和长期性。此外,"政府拥有、政府管理"这种管理模式赋予联邦资助的研究与开发中心在人才聘用等方面较大的灵活性。

一是使用特权。政府资助的研究与开发中心被赋予使用政府和供应商的数据、雇员和设施的特权。这种使用超出了一般合同关系,包括对敏感和专有信息的使用。但是,不允许政府资助的研究与开发中心利用其获取专有信息、设备或财产的特权,与私营部门竞争其他联邦机构的研发合同。只有当私营部门不具备政府资助的研究与开发中心的能力时,才允许政府资助的研究与开发中心参与竞争,为其他联邦机构工作。

二是灵活性。政府资助的研究与开发中心采用的"政府拥有、政府管理"模式比政府直属科研机构的管理模式更加灵活。政府直属科研机构一般由政府各部门出资设立、支持并直接进行管理,人员多为政府雇员,受联邦政府人事和工资制度的限制,很难聘用和保留世界一流的科学家。但是,政府资助的研究与开发中心却拥有相对更多的灵活性,因为政府资助的研究与开发中心由大学、非营利机构和企业等,按照大学或企业模式进行运作和管理,在工作中非常务实,可充分发挥其灵活性。特别是大学、企业有自己的人事和工资制度,具有较大的灵活性和自主权,不必参照政府部门进行人员管理。另外,大学和企业往往都有明确的绩效考核体系,这种体制有助于调动科研人员的积极性,提高研究工作效率,也有利于吸引和保留世界一流的科学家,维持一个较稳定的科学家团队。

(五) 科研成就

政府资助的研究与开发中心在美国国家科技创新体系中扮演了重要角色,凭借其独特的资源优势、政府稳定的经费支持、管理上的灵活性以及长期积累的专业知识,产生了许多重要成果,许多联邦资助的研究与开发中心成为世界一流的研发机构。例如,在自然指数排行榜的全球政府研究机构100强中,美国有11家政府资助的研究与开发中心上榜(3家进入前10),其中10家是能源部所属的国家科研机构,包括劳伦斯伯克利国家科研机构(第6位)、阿贡国家科研机构(第9位)、橡树岭国家科研机构(第10位)、西北太平洋国家科研机构(第14位)、洛斯阿拉莫斯国家科研机构(第18位)、布鲁克黑文国家科研机构(第27位)、桑迪亚国家科研机构(第36位)、劳伦斯利弗莫尔国家科研机构(第38位)、国家可再生能源科研机构(第54位)、费米国家加速器科研机构(第68位),另外一家是国家科学基金会的国家大气研究中心(第35位)。许多科学家凭借在政府资助的研究与开发中心的工作而获得诺贝尔奖。1925—2013年与美国能源部有关的115位诺贝尔奖获得者中,有57位在能源部所属的政府资助的研究与开发中心工作过。布鲁克黑文国家科研机构、劳伦斯伯克利国家科研机构、阿贡国家科研机构、劳伦斯利弗莫尔国家科研机构、费米国家加速器科研机构、橡树岭国家科研机构、洛斯阿拉莫斯国家科研机构等政府资助的研究与开发中心都出过多位诺贝尔奖获得者,成为诺贝尔奖得主的摇篮。

二、兰德公司

兰德公司是美国最重要的以军事为主的综合性战略研究机构。它先以研究军事尖端科学技术和重大军事战略而著称于世,继而又扩展到内外政策等方面,逐渐发展成为一个研究政治、军事、经济、科技、社会等方面的综合性思想库,被誉为现代智囊的"大脑集中营""超级军事学院",可以说是当今美国乃至世界最负盛名的决策咨询机构之一。

(一) 历史沿革

1948年,兰德公司正式成立,总部设在美国加利福尼亚州的圣莫尼卡,在华盛顿设有办事处,负责与政府联系。第二次世界大战期间,美国一批科学家和工程师参加军事工作,把运筹学运用于作战方面获得成功,受到政府和社会的重视。战后,为了继续这项工作,1944年11月,当时陆军航空队司令亨利·阿诺德上将提出关于《战后和下次大战时美国研究与发展计划》的备忘录,要求利用这批人员,成立一个"独立的、介于官民之间进行客观分析的研究机构""以避免未来的国家灾祸,并赢得下次大战的胜利"。1945年底,根据这项建议,美国陆军航空队与道格拉斯飞机公司签订了一项1000万美元的"研究与发展计划"

合同,这就是著名的"兰德计划"。"兰德"的名称是英文"研究与发展"(Research and Development, Rand)两词的缩写。不久,美国陆军航空队独立成为空军。1948年5月,福特基金会捐赠100万美元的赞助,"兰德计划"脱离道格拉斯飞机公司,正式成立独立的兰德公司。

(二) 运作模式

兰德公司作为一个"思想库",通常是与客户建立合同关系。兰德公司的很多合同是同美国政府签订的,比如国防部、卫生部、人力资源部、教育部、国家科学基金、国家医学研究院、统计局等等。兰德公司和上述客户有着3~5年或每年更新的服务合同,合同额在数千万美元左右。在合同所规定的范围内,兰德公司的研究人员有时提出具体的项目建议,客户有时自己提出需求,然后双方通过会谈、电子邮件以及其他形式的通信方式进行交流讨论,对具体内容进行修改,最后形成《项目说明书》文件,包括问题、方法、背景、数据、进度、预算、时间表等。预算到位后项目开始执行,兰德公司按时间表报告研究的结果。兰德公司每年有700~800个项目在同时进行,除了大部分根据长期合同和政府预算来安排的政府项目,还有部分是兰德认为有意义或会造成重大影响而自主选择的项目。对后一类项目,兰德公司开题后会向可能的用户推荐,或在研究结束后,以粗线条方式告诉潜在用户,动员他们来购买研究成果。一般情况下,兰德公司会向项目委托人提供多达5个决策咨询选择,并将每一种选择在政治、经济、公共关系等方面可能产生的后果及利弊,一并告诉用户,为决策者提供科学、客观、公正而全面的决策建议。不同的人和不同性格的决策者,会从中作出不同的决策,从而得到不同的结果。

(三) 科研力量

兰德公司现有1600名员工,其中有800名左右的专业研究人员。兰德公司除自身人员的高素质结构之外,还在社会上聘用了约600名全国有名望的知名教授和各类高级专家,作为自己的特约顾问和研究员。他们的主要任务是参加兰德公司的高层管理,对重大课题进行研究分析和成果论证,以确保研究质量及研究成果的权威性。聘请专家为自己的课题研究献计献策,是大多数咨询机构惯用的手段。兰德公司的过人之处不仅在于对于一个自己不太熟悉的问题敢于充分依赖专家的力量开展研究,还在于并不是只把专家请来了就万事大吉,而是一直在倾力研究如何充分发挥专家的作用,真正让专家按照自己的思路开展认真研究。正是由于对专家咨询方式方法不断进行改进,最终有了"德尔菲法""头脑风暴法"等一系列著名研究论证方法的产生,而这些理论方法也帮助兰德公司从专家那里获得了更多、更深入的智力支持。

兰德公司的研究人员在学术研究方面独树一帜,在社会上有"兰德学派"之称。兰德公司不仅以高水平的研究成果和独创的见解著称于世,而且为美国政府和学术界培养了一批卓越人才。如数理逻辑学家兼经济学家、芝加哥大学教授艾伯特·沃尔斯蒂特,他提出的"第二次打击"概念对美国军事战略影响巨大。又如前中央情报局长、国防部长、能源部长詹姆斯·施莱辛格;前军备控制和裁军署署长、里根政府的国防部副部长弗雷德·伊克尔;前总统经济就业局局长、前国防部长唐纳德·拉姆斯菲尔德;战略问题专家、赫德森研究所的创建人赫尔曼·卡恩,纽约市立大学教授、苏联问题专家唐纳德·扎戈里亚;迈阿密大学教授、苏联民防问题专家利昂·古里;密执安大学教授、著名中国问题专家、曾任美国驻香港代总领事的艾伦·惠廷;乔治·华盛顿大学教授、中国和亚洲问题专家哈罗德·欣顿;著名的未来学家康恩和布朗等。为了广泛传播兰德的成果,兰德公司在1970年创办了兰德研究学院,它是决策分析的最高学府,以培养高级决策者为宗旨,并颁授了全球第一个决策分析博士学位。目前,其学员已遍布美国政界、商界。

(四) 管理特点

兰德公司有三个突出的管理特点,即具有资金使用与发展战略联系紧密、保持相对独立性和研究审查机制正规化。

资金使用与发展战略方面,兰德管理者对投入资金应该达到的目的十分明确,也熟悉从资金到最终成果整个流程的运行机制,他们不仅为自己制定了一个"宏大"的发展战略,也相应配备了一系列具有可行性的实施方案。一是利用战时与军方合作建立的人脉保证了来自空军方面的资金;二是选用资本背景深厚的人物出任公司筹备负责人,有利于吸引银行、基金会的投资;三是在理事会人选上,包含了学术界、工商界等各个领域的杰出人士,方便了日后业务的开展;四是招募各种专业的研究人才并促进他们之间的充分交流,以保证研究成果的高质量;五是瞄准热点问题开展研究,扩大影响,吸引高层注意;六是为弥补自身在专业领域的不足,充分发挥专家力量,围绕新课题多次组织专家讨论会。

在独立性方面,主要体现在客户、研究内容以及咨询产品的形式。一是兰德公司努力通过拥有不同性质客户来保持其独立性。长期以来,兰德坚持自己只是一个非营利的民办研究机构,独立地开展工作,与美国政府只有合同关系。虽然兰德公司的客户大部分是美国政府机构,但是即使就一个客户而言,比如国防部,其内部也有许多不同的部门,如:陆、海、空、情报、国防部长办公室等机构。兰德通过与不同部门打交道,保持一定的独立性。同时,兰德还有许多非政府部门和私营部门的客户。目前,兰德公司65%的业务来自美国政府,剩余35%的业务分布在许多不同的客户之间,诸如美国的州政府、外国政府、私营公司、提供资助的基金会等。兰德公司一直保持着关于独立性的文化传统,有发表研究成果又让公众获取研究成果的自由。作为政策研究机构,兰德能够讲"真话",无论这个"真话"对客户有利或是不利。花钱雇兰德的客户要准备接受这种可能,就是兰德的研究成果同他们的政策不相符甚至相互冲突。因此,兰德的客户更应该注重兰德公司研究的客观性和公正性,而不是要兰德告诉他们想听的东西。兰德公司的这种独立性是一个由20多人组成的监事会来保障实现的。监事会成员对兰德公司具有管理支配权,也就是说他们才是兰德公司真正的主人,但是他们并不拥有兰德公司的任何财产。二是体现在兰德咨询产品的形式上,不少研究项目都是由研究人员自行立项开展的。兰德公司鼓励研究人员特别是青年人充分发挥想象力,提出独特的见解,进而开展相关研究。公司内有一条特殊的规定,叫做"保护怪论",即对于那些看似异想天开或走极端的"怪论"不但不予以禁止,反而作为创新之源加以引导和保护。为了给这些自发课题提供充足的物质保证,兰德公司在成立后不久与福特基金会达成了援助协议,建立了公司内部基金,专门用来资助那些面向新领域的研究课题。正是这种开放的思维,使得兰德的研究领域迅速扩大,服务对象也从原来的只针对军方甚至仅仅是空军扩散到政府的多个部门及私人企业。三是体现在研究内容独立性较强,敢于说"不"。兰德公司在成立之初就强调自己是一个独立、客观、非营利性、不代表任何派别的咨询机构,并在自己的各项研究工作中自始至终贯彻这种理念。这种特立独行的工作作风帮助兰德取得了很多其他咨询公司无法取得的成果,为公司树立起了良好的声望,也因此赢得了客户的尊重。美国各级政府组织有关政策制定的研讨会,往往要邀请兰德的专家参与,除了借助他们在专业领域的丰富知识外,更看重的是其独立的研究精神。

在研究审查机制方面,兰德有一套每4~5年对公司的某一个研究分部进行审查的机制,目的是要考察其研究是否有价值。在兰德公司有各种不同的审查,其中独立审查很具有代表性。独立审查首先是负责该项目或研究的部门管理层要对自己的研究进行质量审查。然后,交给项目审查人员进行审查,其中必须有一名审查人员不属于兰德公司,而是从外边请来的,其他有3~4个审查人员虽来自于兰德公司内部,但要求没有参加被审查的项目。兰德有一套内部质量标准,要求审查人员按这套质量标准审查研究人员的研究结果。兰德公司有800名左右的专业研究人员,任何一名专业研究人员在兰德的职业生涯中会不止一次参与审查工作。

(五) 主要成就

兰德公司的科研成就主要集中在预测性、长远性战略研究,其提出的想法和预测是当事人根本就没有想到的,尔后经过很长时间才被证实。兰德正是通过这些准确的预测,在全世界咨询业中建立了自己的信誉。成立初期,由于当时名气不大,兰德公司的研究成果并没有受到重视。但有一件事情令兰德公司声誉鹊起。朝鲜战争前夕,兰德公司组织大批专家对朝鲜战争进行评估,并对"中国是否出兵朝鲜"进行预测,得出的结论只有一句话:"中国将出兵朝鲜"。当时,兰德公司欲以500万美元将研究报告转让给五角大楼,但美国军界高层对兰德的报告不屑一顾。在他们看来,当时的新中国无论人力财力都不具备出兵的可能性。然而,战争的发展和结局却被兰德言中。这一事件让美国政界、军界乃至全世界都对兰德公司刮目相看。战后,美国国防部花200万美元收购了这份过期的报告。美苏对抗期间,美国一直想了解苏联的卫星发展状况。1957年,兰德公司在预测报告中详细地推断出苏联发射第一颗人造卫星的时间,结果与实际发射时间仅差两周,这令美国国防部震惊不已。兰德公司也从此真正确立了自己在美国的地位。此后,兰德公司又对中美建交、古巴导弹危机、美国经济大萧条和德国统一等重大事件进行了成功预测,这些预测使兰德公司的名声如日中天,成为美国政界、军界的首席智囊机构。兰德公司为美国政府及军队提供决策服务的同时,还利用它旗下大批世界级的智囊人物,为企业界提供广泛的决策咨询服务,并以"企业诊断"的准确性、权威性而享誉全球。兰德分析家认为,世界上每100家破产倒闭的大企业中,85%是因为企业管理者决策不慎造成的。随着全球商业化竞争的加剧,一个企业管理者决策能力的高低,在很大程度上决定了企业的前途和命运。

兰德公司的研究成果举世瞩目。已发表研究报告18000多篇,在期刊上发表论文3100篇,出版了近200部书。在每年的几百篇研究报告中,5%是机密的,95%是公开的,而这5%的机密报告随着时间的推移也在不断解密。这些报告中,有"中国21世纪的空军""中国的汽车工业""日本的防御计划""日本的高科技""俄罗斯的核力量""南朝鲜与北朝鲜""数字化战场上的美国快速反应部队"等重大课题。

三、航空航天公司

美国航空航天公司是美国一家非营利性公司,其总部设在加利福尼亚州埃尔塞贡多市,拥有政府资助的研发中心,该公司为军事和商业客户提供航天各方面的技术指导和建议。作为政府资助的国家研究与开发中心,与美国空军太空和导弹系统中心和国家侦察局等机构密切合作,为"服务于国家利益的太空计划提供客观的技术分析和评估"。

(一)成立背景

20世纪60年代是美国历史上最具创新精神的时期之一。1960年美国航空航天公司成立之后,该公司在支持美国空军的工作方面进展与美国在科学和技术领域的进步相一致。美国航空航天公司的早期项目已经成为太空探索早期的同义词,作为其首批项目之一,在该公司的帮助下,将阿特拉斯、泰坦和民兵导弹转化为太空助推器。航空航天公司提高了阿特拉斯运载火箭的可靠性,确保了宇航员的安全。航空航天公司还参与了第一个双子座运载火箭CLV-1载人评估项目,支持第一次载人双子座飞行——由宇航员格斯·格里森和约翰·杨执行的五小时任务,还参与了一些最早的天基侦察项目,包括发现者和科罗纳,这两个项目都是从太空拍摄照片的卫星项目。航空航天公司也开展了621B计划的工作,这是GPS计划的前身。

(二) 历史沿革

1959年9月,美国国会发布了众议院1121号报告,建议将太空技术实验室转变为非营利机构,国会希望建立一个不存在利益冲突的组织,帮助空军"充分利用现代科学技术的资源,实现弹道导弹和军事太空系统的持续进步"[①]。1960年6月25日,在加利福尼亚州埃尔塞贡成立了一个新的非营利组织——航空航天公司。航空航天公司支持的最早项目包括Dyna-Soar轨道航天飞机、水星计划和阿特拉斯洲际弹道导弹的载人级,参与了先进弹道再入系统、空军载人轨道实验室、国防卫星通信系统和国防支持计划。

在20世纪70年代,航空航天公司开始为美国国家航天航空局的太空运输系统进行太空计划分析和计划研究,同时也为空军卫星通信系统测试机载超高频终端。在20世纪70年代中期,航空航天公司承担了国防气象卫星计划的通用系统工程建设任务。在1990年,航空航天公司参与了一次性运载火箭计划的系统需求的规划,对国际空间站进行了独立评估,为卡西尼宇宙飞船提供了技术支持。航空航天公司在国家海洋和大气管理局的地球静止运行环境卫星的规划方面一直发挥着主导作用。2005年,航空航天公司支持了美国空军的响应式太空提升发射系统演示项目。

(三) 组织架构

航空航天公司的组织架构由董事会和执导层组成。其中,董事会由主席、副主席、总裁及其他14名成员组成[②]。董事会由来自商业、科学、学术和公共服务部门的杰出人士组成。董事会每季度举行一次会议,选举公司官员,并制定政策,同时监督和指导公司的管理。

执行层包括总裁、执行副总裁、高级副总裁(太空系统部)、副总裁(首席信息官)、高级副总裁(兼法律总顾问、秘书)、副总裁(社会科学)、副总裁(发射与

---

① https://aerospace.org/article/history-aerospace
② https://aerospace.org/leadership/board-trustees

企业运营)、副总裁(首席人力官)、副总裁(首席技术官)、副总裁(国防系统运营)、高级副总裁(民用系统部)、高级副总裁(工程与技术部)①。

(四) 重点领域

一是推进技术。航空航天公司业务跨越空间工程的所有阶段,依靠长达几十年经验和高技能的技术人员,设计了为应对空间挑战而开发的专门工具,从概念到操作都确保了任务的成功。二是卫星和轨道。卫星技术进入一个新时代,航空航天公司仍然是空间系统开发、发射和部署的主要权威。三是太空探索。随着科技的发展,航空航天公司正在探索银河系。四是研究和开发。作为国家独立的空间系统测试和研究中心,航空航天公司有80多个专业实验室对火箭和卫星系统的几乎每个方面进行测试、分析和故障排除。

(五) 主要成就

一是在航空航天领域扩大影响范围。在20世纪60年代末,随着登月计划的完成,航空航天公司继续在太空中发挥重要作用外,也开始扩大在民用和商业部门的工作,项目涉及医药、交通、能源和环境等领域。在此期间,航空航天公司还为执法协助管理局工作,包括对防弹衣的研究,开发用于防弹背心的凯夫拉纤维。航空航天公司在20世纪70年代末为能源部的战略石油储备计划提供了关键支持,以确保不受石油供应中断的影响②。在20世纪70年代帮助解决的另一个大项目是航天飞机的开发和运行。随着这个雄心勃勃的项目的推进,航空航天公司获得的数据被纳入了设计规范。除此之外,该公司还帮助确定了航天器的货舱容积以及有效载荷能力,还帮助设计了一种设备,可以测量由于太阳对轨道飞行器结构不均匀加热而产生的轻微变形,它还帮助测试和评估航天飞机,以确保能满足空军的要求。

航空航天公司参与了罗纳德·里根总统的战略防御计划,也就是众所周知的"星球大战"计划。在20世纪80年代早期,战略防御计划被设想为一种利用地面、空中和天基系统保护美国免受核弹道导弹攻击的方法。航空航天公司在战略防御计划中发挥了重要作用,如监视和雷达、卫星系统、生存系统、热控制、摩擦学(表面间摩擦、磨损和润滑的研究)、磁层物理、电子和自燃推进剂处理。

二是开展全球定位系统研发。在1991年的海湾战争期间,全球定位系统第一次得到了广泛的宣传,虽然当时还没有完全投入使用,但该系统对军事行动产生了重大影响,使盟军能够在伊拉克沙漠中协调行动,以最小的伤亡迅速取得胜利。仅仅十多年后,全球定位系统在阿富汗战争中也取得了类

---

① https://aerospace.org/leadership/corporate-officers

② https://aerospace.org/article/history-aerospace

似的成功。虽然全球定位系统的发展可以追溯到冷战时期的军事需求,但它已经远远超出了最初的国防应用,现在已经扩展到日常生活中,将其用于商业、娱乐和教育。1992年,作为全球定位系统团队的一员,航空航天公司获得了科利尔奖。

四、海军分析中心

海军分析中心(Center for Naval Analyses, CNA),或称为海军研究中心,作为政府资助的研究和发展中心,属于美国海军和海军陆战队,同时也为其他军事和政府机构提供研究和分析服务,主要在国土防卫、司法、应急管理和公共卫生方面提供服务。海军分析中心是一个非营利组织,以为军队和政府提供公共服务宗旨。2008年,海军分析中心在SIPRNET上设置了一个机密网站,这是一个由国防部和国务院使用的机密版本的互联网。

(一) 历史沿革

海军分析中心正式成立于1942年,位于美国维吉尼亚州阿灵顿郡,它起源于美国海军反潜作战研究小组,历史可以追溯到第二次世界大战。在大西洋战争中,海军求助麻省理工学院教授菲利普·莫尔斯领导的科学家团队,以应对德国潜艇的威胁,科学家们开创了运筹学的实际运用。在作战中,科学家们与海军官兵们一起工作,以便直接观察和掌握作战情况,收集分析所需的数据。经过长期研究,提出了反潜战屏障方程,为未来作战研究提供了方法,同时还开创了一个新的研究领域——作战研究分析。

(二) 运作模式

海军分析中心的工作一直被定义为多学科、基于领域的"现实世界"运营研究和分析,结合了对人员、决策和过程的观察,通过严格训练的分析师,帮助决策者了解可能的行动后果,并实施最佳的解决方案。

一是关于系统、战术和部队发展。海军分析中心设有系统、战术和部队发展研究部门,其研究重点是通过分析研究,提高海军、海军陆战队和国防部其他部门关于未来物资准备的能力,分析人员对替代技术和系统方法进行评估,以解决美军可能出现的差距,并评估各种解决方案的成本、性能和风险。系统、战术和部队发展分析人员,全面了解未来作战的目标和环境,包括海、陆、空、太空和网络空间,以及支持技术和系统的性能特征。分析人员还充当研究和开发战场的科学家,以及舰队和海军陆战队作战人员之间的纽带,聚焦的重点领域主要包括航空系统和技术、资讯科技及营运、力量结构和作战、海上搜索和海底战争、远征系统和支持等。

二是关于中国与印太安全事务。海军分析中心中国研究中心和印度—太平洋安全事务项目为美国公众、政府官员和商界领袖提供关于美中关系中的重要问题、中国内部的发展趋势、中国在世界事务中角色的变化。这些分析工作是由在中国生活、工作或学习的研究人员进行的。对他们来说,中文是一种工作研究语言。这一项目旨在为决策者提供所需要的咨询建设和背景素材,为领导做出明智的判断和制定合理的计划。这一项目聚焦的重点领域主要包括国防安全事务、外交政策和转型问题、领导和国内政治、制度和组织分析、内部安全、社会变革和治理。

三是关于作战操作。海军分析中心的作战研究部门主要侧重于评估当前的军事行动和能力,从主要战斗到小规模的直接打击;和平时期的任务主要是与伙伴国家合作、提供人道主义援助。评估用于对抗大国竞争的新战术、系统和作战概念的有效性,包括动态力量使用和分布式海上作战,聚焦的重点领域包括作战系统互操作性、指挥控制结构、精确打击,以及在战术层面对操作人员的培训。

四是关于资源及部队准备。海军分析中心提供分析服务,帮助开发、评估政策、实践和计划,使人员、预算和资产更有效,旨在通过实证研究或通过建模仿真解决实际问题。这个项目聚焦的重点领域主要包括基础设施准备、人力资源管理、设施和房地产管理、采购与成本管理、预算和执行管理、指标和竞争性采购、成本和进度分析、人力培训。

五是关于战略、政策、规划和计划。战略、政策、规划和计划部门是海军分析中心的核心,负责研究和分析地区政治军事和政策问题,以及美国战略和计划评估。其工作特点是大量利用公开信息来源,利用分析师的业务和政策专门知识,重点分析新闻背后的原因。这个项目聚焦的重点领域主要包括政治—军事问题、非常规战争、战略概念与规划、领导分析、美国的军事参与和塑造活动、俄罗斯的军事和战略、中东和拉丁美洲安全问题、东亚安全战略。

六是关于数据科学。海军分析中心有专门的数据科学部门,主要业务是开发高级分析和算法,包括预测分析和机器学习,以快速分析来支持决策。海军分析中心数据科学部门有自己关注的问题,主要是数据集的大小和问题的复杂性要求、统计和建模技术、高级编码技能。

七是关于海军陆战队计划。在海军陆战队的领导下,海军分析中心的分析师深入美国海军部队司令部、太平洋海军部队、海军特种作战司令部开展工作,其中在海军航空武器和战术第一中队的分析人员还被指派到海军陆战队,帮助这些部队的工作人员进行研究分析。这些人员包括海军陆战队作战实验室、海军陆战队系统司令部的军官和海军陆战队预备役军官。海军陆战队计划的项目聚焦的重点领域主要包括物流和基础设施、人力资源和培训、操作和计划、航空、作战与资源。

八是关于作战评估小组。作战评估小组对海军、海军陆战队和联合司令部的决策者面临的一系列战略、战役和战术挑战进行持续的实地研究。作战评估小组通过部署其分析人员在境外进行2~3年的研究,为世界各地的美军作战司令部提供实时分析支持,包括航空母舰打击群、海军陆战队远征部队、美国中央司令部和美国太平洋司令部。这个项目聚焦的重点领域主要包括业务分析、战略分析、战术分析、操作测试、准备和培训。

九是关于军事咨询委员会。2006年,海军分析中心组织召开了军事顾问委员会会议。在会议上,来自海军、空军和海军陆战队的退休将军研究评估了全球气候变化对国家安全带来的影响。2007年4月,海军分析中心发布了军事咨询委员的报告:阐明了气候变化作为一个"威胁乘数",世界上一些不稳定或最不稳定的地区面临巨大挑战,必须现在就制定方案以备将来能够有效地进行应对。之后,军事顾问委员会又陆续发表了几份报告,重点是关注美国国防、能源和国家安全风险,通过提高能力确保美国的行动自由,主要有《降低美国石油依赖的国家安全势在必行》《国家安全与气候变化的加速风险》《国家安全与美国电力保障》《先进能源与美国国家安全》《水资源压力在不稳定和冲突中的作用》等。

(三) 科研力量

海军分析中心主要开展美国海军相关研究与国内公共政策研究,工作人员从1940年开始时的80位科学家,发展至今包括专职与兼职人员约600多人。国内公共政策研究主要跟国土安全部、司法部、联邦紧急事务管理署、美国联邦航空总署、教育部等政府单位合作。平时约有45名工作人员派驻于诺福克海军基地(世界最大海军基地)、珍珠港—希卡姆联合基地和驻日本、意大利、巴林等国家或地区的海军基地。

(四) 主要成就

该中心的研究成果众多,主要分为各种类别的专题报告和图书两大类,但其中大部分专题报告是保密的,不公开发表,非保密性的出版物由商务部全国技术情报服务局出版发行。其出版物主要包括《研究报告》《简报》《临时研究备忘录》《研究文集》《专业报告》《专业杂志文选》《专业会议报告》及《年度报告》等10余种。

第二节 国防部资助的大学附属研究中心

国防部资助的大学附属研究中心与政府资助的研发中心类似。但是,后者是由美国联邦政府设立,在美国能源部、国家航空航天局等其他机构中都存在,而国防部资助的大学附属研究中心是美国国防部根据自身的战略需要设立的。美国国防部是大学附属研究中心研究经费的唯一来源,旨在保持对于美国国防部特别重要的、基本的工程能力与技术能力。目前主要有6个大学附属研究中心,其中最为引人瞩目的当属约翰斯·霍普金斯大学附属的应用物理实验室。国防部大学附属研究中心在"军民融合"方面扮演了十分重要的角色,军方可以从社会创新机构(如硅谷企业)等获得服务于国防和军事领域的高新技术,社会创新机构也持续不断地从军方研究机构获得创新灵感和动力源。如虚拟现实头戴式显示器就来自南加州大学的科技创新实验室,原始创意在于创造富有沉浸感的模拟训练环境,后被"脸谱"采购,催生了硅谷最大的技术载体之一:虚拟现实头盔。

一、约翰斯·霍普金斯大学应用物理实验室

约翰斯·霍普金斯大学应用物理实验室,位于马里兰州霍华德县,是一个非营利性大学附属研究中心,简称约翰斯·霍普金斯大学应用物理实验室。约翰斯·霍普金斯大学应用物理实验室,是世界一流研究型大学——约翰斯·霍普金斯大学的一个下属机构,它不是专业的学术部门,而是科学和工程研究开发部门。该实验室是美国国防部、国家航空航天局和其他政府机构的技术来源,主要从事民用和军用太空研究,包括导弹防御、防空、非对称作战、兵力投送、空间科学及对国家安全的分析等。2015财年的研发经费达到了12.5亿美元,2020年拥有7200名员工。从经费体量和人员规模的角度分析,已与美国"国家实验室"相当。霍普金斯大学惠廷工程学院通过其专业工程项目提供兼职研究生课程。

(一)历史沿革

约翰斯·霍普金斯大学应用物理实验室于1942年第二次世界大战期间成立,隶属于科学研究和发展办公室作战实验部,并作为政府动员国家科学和工程专业知识的一部分,其创始人是梅尔·安东尼·图夫,他在整个战争期间领导作战实验工作。从那时起,约翰斯·霍普金斯大学应用物理实验室开始积极参与战时研究。在战争结束时,约翰斯·霍普金斯大学应用物理实验室转而参与海军导弹技术的开发。

(二)职能任务

约翰斯·霍普金斯大学应用物理实验室的主要职责是为美国国防部、美国国家航空航天局和其他政府机构提供技术资源。现在,约翰斯·霍普金斯大学应用物理实验室开展的600多个研究项目,均是以研究空间科学以及国家导弹

防御系统为主。机构设置有制导系统模拟实验室和太兆赫实验室两个重点实验室。约翰斯·霍普金斯大学应用物理实验室制造和经营的航天器包括交通导航系统等。约翰斯·霍普金斯大学应用物理实验室的主要研发领域包括空间监视与控制,导弹防御以及国土安全等,也包括更多支持空间作战部队的导航、通信、监视、侦察和定位技术产品等。约翰斯·霍普金斯大学应用物理实验室未来项目主要侧重于技术和概念、空间物理学和行星科学,如空间雷达、以空间为基础的监测、高光谱应用、空间激光通信、独特的传感器技术等,并通过科学研究和探索,创造新模式的空间飞行任务。其中,在民用空间商务领域,约翰斯·霍普金斯大学应用物理实验室主要进行空间探索;在工程和技术方面,包括生产航天器产品及子系统等;在国家安全空间事务领域,作为发展空间战略计划的一个重要组成部分,其工作与国家的安全是密切相关的,以空间开发为基础,它正在为今后的任务制订有效的措施。

(三) 科研力量

约翰斯·霍普金斯大学应用物理实验室的主要优势是系统工程和技术应用,超过四分之三的员工是技术人员,25%拥有计算机科学和数学学位。约翰斯·霍普金斯大学应用物理实验室开展基础和应用研究、超前开发、测试和评估以及系统工程和集成。

(四) 主要成就

约翰斯·霍普金斯大学应用物理实验室平均每年可获得 9.8 亿美元资助,其服务对象已涉及国家航天航空局、导弹防御计划署、美国国土安全部、国家情报机构、美国国防部高级研究计划局等。2006 年 6 月 13 日,新视野探测飞船发现了 132524 号小行星,为表达对约翰斯·霍普金斯大学应用物理实验室科学成就的敬意,该小行星被命名为 132524 约翰斯·霍普金斯大学应用物理实验室。约翰斯·霍普金斯大学应用物理实验室作为美国最主要的科研机构之一,已经在防空技术、潜艇安全与反潜战系统、战略系统评估与指挥控制系统、分布式信息和显示系统等领域取得了重大成就。

1. 潘兴导弹

1965 年,美国陆军与约翰斯·霍普金斯大学应用物理实验室签订合同,为潘兴导弹系统开发测试和评估系统。约翰斯·霍普金斯大学应用物理实验室开发了潘兴操作测试计划,为潘兴操作测试单元提供了技术支持,确定了问题区域,提高了潘兴系统的使用性能和生存能力。

2. 教育和实习

约翰斯·霍普金斯大学应用物理实验室是工程和应用科学研究生项目的所在地,称为专业人员工程。课程在巴尔的摩-华盛顿都市区的七个地点教授,包括约翰斯·霍普金斯大学应用物理实验室教育中心,该中心是受高中生和大学生欢迎的实习项目所在地,包括面向高中生的高中实习项目,以及面向全国大学生的大学暑期实习项目。

3. 重大项目研究

由于约翰斯·霍普金斯大学应用物理实验室工作的性质,许多项目的细节都是保密的。截至2012年,约翰斯·霍普金斯大学应用物理实验室成立80周年,已有上千个项目在进行中,有传统的专业领域,如防空、海底精确作战和战略系统,也有新型的项目领域,如国土安全和网络作战。

4. 防务

美国海军是约翰斯·霍普金斯大学应用物理实验室的主要长期赞助者。该实验室为导弹防御局、国土安全部、情报机构、国防高级研究计划局等机构开展工作,通过空间科学、航天器设计和制造,以及操作系统来支持国家航天航空局的项目。

5. 太空

约翰斯·霍普金斯大学应用物理实验室已经建造并运行了许多航天器。2019年,约翰斯·霍普金斯大学应用物理实验室提出的"蜻蜓"任务被选为美国宇航局的第四次"新前沿"任务。"蜻蜓"是一个X8八轴飞行器配置的可重新定位着陆器。

6. 修复术/假肢

2014年,约翰斯·霍普金斯大学应用物理实验室因成功使用模块化假肢(一种完全人工关节的手臂和手)而创造了历史。该假肢由双侧肩部截肢者使用,约翰斯·霍普金斯大学应用物理实验室使用新的算法来跟踪哪些肌肉在收缩,并使假肢与截肢者的身体一起移动。在2016年的一次演示中,一名瘫痪男子利用植入大脑的芯片发送信号,与贝拉克·奥巴马"碰拳",假肢将来自手臂的感觉反馈回该男子的大脑。

7. 无人机群

约翰斯·霍普金斯大学应用物理实验室为美国军方研究和生产无人机,其中一个项目是由操作员控制的无人机群。

二、南加州大学创新技术研究所

南加州大学创新技术研究所成立于1999年,资金来自美国陆军。在南加州大学创新技术研究所,主要进行人工智能、图形、虚拟现实领域的研究。

(一)历史沿革

南加州大学创新技术研究所成立于1999年,是美国国防部资助的大学附属研究中心,总部设在洛杉矶,这主要是有利于与电影和游戏制作商合作,为美国陆军作战能力发展司令部、士兵中心、陆军研究实验室、陆军研究办公室和其他国防部的机构服务,研究主要涉及退伍军人问题、心理健康支持、康复和工作培训等领域的工作。南加州大学创新技术研究所将电影和游戏行业的艺术家与计算机和社会科学家聚集在一起,研究和开发用于军事训练、健康治疗、教育等方面的沉浸式体验。研究项目通过虚拟角色、视频游戏和模拟场景,探索人们如何与计算机互动。南加州大学创新技术研究所是一个公认的创新机构,运用信息和通信技术以提高决策、文化意识、领导能力和应对能力等方面的技能。他们让退伍军人通过网络匿名与虚拟教练交流,以远程识别抑郁症、创伤后应激障碍和自杀风险的迹象。他们提供培训,通过虚拟教育系统,处理绩效案例或个人问题。

(二)职能任务

南加州大学创新技术研究所的任务是利用学习、教育、健康知识的基础和应用研究,将研究型大学的资产与好莱坞和游戏产业的创意资源相结合,以推进培训和模拟方面的技术发展。该研究所的研究还带来了教育、娱乐和康复方面的应用,包括虚拟病人、虚拟博物馆指南和奥斯卡获奖视觉效果技术,核心领域包括虚拟图形、混合现实、学习科学、游戏和医疗虚拟现实。

(三)科研力量

大约有 12 名创新技术研究所的研究人员在南加州大学的各个学院和部门担任学术职务,包括南加州大学维特比工程学院计算机科学系的教授,副教授和讲师,每年夏天还会接待大学里的实习生。

(四)主要成就

南加州大学创新技术研究所获得了多个建模和仿真方面的奖项。如:创新技术研究所获得了 2000 年国防建模和仿真办公室/国家培训系统协会授予的杰出成就奖。2001 年,南加州大学创新技术研究所研究员保罗·德贝维奇获得研究员重要奖项。2008 年,南加州大学创新技术研究所获得陆军建模和仿真奖。

三、华盛顿大学应用研究实验室

在 20 世纪 90 年代早期,海军创建了由海军管理的国防部大学附属研究中心——华盛顿大学应用物理实验室。华盛顿大学应用物理实验室作为华盛顿大学的一部分,运用高质量研究型大学的广泛专业知识,帮助解决海军建设中的问题,并培养下一代科学家和工程师。

(一)历史沿革

1943 年,为应对第二次世界大战的紧急情况,在美国海军的支持下成立了华盛顿大学应用物理实验室。二战初期,美国及其在欧洲和亚洲的盟友十分被动,除了1912年成立的海军研究实验室外,美国在战争初期几乎没有建立有组织的国防研究与开发机构,许多优秀的研究人员分散在美国的大学里,无法独自承担重大的科研项目。然而,美国参与二战得到了公众的广泛支持,致力于战争研究的新实验室如雨后春笋般出现在全国各地的校园里。海军管理的第一个实验室是约翰霍普金斯大学的应用物理实验室,第二个就是华盛顿大学应用物理实验室。美国大学和战争部门之间的合作关系是仓促建立起来的。但是,由于将大学科学和工程专业整合到战争科研当中极富有成效,一些合作关系在战后得以延续。

华盛顿大学应用物理实验室与科学研究和发展办公室签订合同,以召集美国的研究人才。战后科学研究和发展办公室解散后,华盛顿大学应用物理实验室与海军军械局包括海军海上系统司令部在内的后继者签订了新的合同。华盛顿大学应用物理实验室在其第一任主管约瑟夫·亨德森博士的领导下,设计和开发了可靠的鱼雷爆炸装置,即当鱼雷从目标船体下通过时触发爆炸装置。二战后,海军军械局认为华盛顿大学应用物理实验室是一个宝贵资产,尽管在第二次世界大战之后的几年里工作人员非常少,但提供给实验室的资金一直在稳步增加。唯一的例外是在越南战争时期,当时研究基金被用于发动战争。

多年来,华盛顿大学应用物理实验室一直是海军在爆炸装置和鱼雷相关技术方面的权威。在50年代,华盛顿大学应用物理实验室发明了水下三维声学跟踪靶场,以及各种水下固定和移动的人工鱼雷目标。研发扩展到其他领域,同时保持了对海洋声学的关注。在上世纪60年代,该实验室设计了舰队作战准备精度检查站,为美国海军及北约提供传感器系统校准服务。

该实验室在50年代末开始开发无人水下设备,潜艇声呐引发了声学成像的进步,这种进步一直延续到今天。关于海洋环流、混合和变异性的研究项目取得巨大成果,从而生产出各种先进的装备,用于测量洋流、温度、盐度、湍流、扩散速率,以及海洋变异性对声学信号的影响。美国海军充分运用该实验室对海洋环境的研究成果,结合海军作战需求,发展海军战略、战术。

(二) 职能任务

华盛顿大学应用物理实验室的职能任务主要包括资助与研究项目、报告结构和扩展项目三个领域。

一是资助与研究项目。该实验室在冷战结束前几乎全部由海军资助。1993年,华盛顿大学应用物理实验室开始寻求其他赞助商,如美国国家科学基金会和美国国家航空航天局等。近年来,海军资助仅占所有研究资助经费的一半左右,但在非海军资助方面的增长要大得多。华盛顿大学应用物理实验室扩大了其研究重点范围,包括新的国防部研发项目和非国防研发,从而大大增加了资金组合的多样性。这些项目包括战斗伤亡护理、对抗简易爆炸装置和网络安全,以及海洋观测系统、超声波治疗、气候变化、海洋生态系统和海洋能源等非国防领域。这些新的研究工作中有许多是与新兴的重要领域以及对环境、健康和能源的投资相一致的。例如,曾经为海军研究开发水下跟踪技术的团队正在为海洋科学观测站建造系统;一些水下声学研究人员将他们的工具和专业知识转化为人体声学。在其他方面,还聘请了具有海洋生物学专门知识的科学家来处理气候变化,并将这些预测分析扩展到海洋生态系统。

二是报告结构。2009年7月,华盛顿大学应用物理实验室恢复了传统的报告结构,加强了实验室和大学的整合和跨学科潜力。

三是扩展项目。主要项目是海洋观测系统,资金来源是美国国家海洋和大气管理局、海军和默多克慈善信托基金会。华盛顿大学应用物理实验室领导区域沿海海洋观测系统的工作,该系统包括普吉特湾、华盛顿和俄勒冈海岸外的联网数据收集平台;数据交付系统,提供操作产品,如时间、空间记录和重要海洋变化的预测。

(三) 科研力量

华盛顿大学大约有300名全职员工,约200人是科学家和工程师,其中约115人拥有博士学位。实验室设有8个科学及技术研究、工程单位,其中3个是长期的、经过竞争挑选的、非轮换的研究中心,包括环境和信息系统研究中心、电子和光子系统研究中心、医疗和工业超声波研究中心。研究中心的项目团队倾向于应用研究、工程和开发,占了实验室拨款和合同收入的一半左右。另外4个研究单位主要是海洋物理学、极地科学、海气相互作用和遥感以及声学,它们是学术性单位,定期调整。这些研究单位的特点是有独立的研究人员,注重基础科学研究。此外,是海洋工程部,主要是为其他技术单位的研究人员提供专门的工程支援。

该实验室加强与华盛顿大学不同部门的学术联系,目前已经与30多个机构建立了联合研究机制。美国陆军大学和华盛顿大学有56个联合教职人员,其中约三分之一没有终身教职。华盛顿大学应用物理实验室的教师为越来越多的研究生提供帮助,培养未来的科学家和工程师,进一步推进了实验室的发展。华盛顿大学应用物理实验室的科研合作不限于华盛顿大学,还延伸到美国国内和国际上许多的研究项目。国内的包括国家科学和技术中心,ONR部门研究计划和国防部多学科大学研究计划。在国际上,合作研究已扩展到16个国家,实验室接待了来自世界各地的访问学者。

(四) 主要特点

华盛顿大学应用物理实验室在科研上注重合作,积极运用现场实验,在实验室的发明和技术转让方面具有企业家精神。

一是鼓励合作。华盛顿大学应用物理实验室注重加强同海军管理的大学研究机构之间的合作,以一种互补的方式快速解决重要的国防科研问题,其中沿岸海底持续监视计划就是这样一个例子。华盛顿大学应用物理实验室联合6个国防科研部门开展了8项研究项目,促进了该项目快速开发,这种由固定和移动声学节点组成的半自主网络系统易于部署,可一次监测海底活动长达数月之久,经过长期的合作科研取得了突破性的进展。

二是注重实地实验。在过去的十年里,该实验室在浅水、深水以及极端条件下,利用收集关键数据的平台和仪器,在全球已经成功的进行了数百次野外实验,经度从中国海到华盛顿海岸,从大西洋大陆架到地中海;纬度从威德尔海到北极。这些实地实验的范围涵盖了基础研究和作战研究,包括海空界面的传输、海底声音的传播、海洋动力学、海洋生态系统,以及动态海洋对新传感系统性能或海军战术的影响。

三是发挥成果效益。长期以来,华盛顿大学应用物理实验室借鉴企业管理方式,在发明和技术转让方面越来越注重科研成果转化,发挥科研成果的军事效益和社会效益。自2000年以来,实验室已经成立了9家附属公司。每年研究人员都能获得10至50项专利申请、专利和商业化许可或协议。华盛顿大学应用物理实验室承担了海军技术过渡计划,通过改进自主系统的硬件软件,开发水下滑翔机技术,提高可靠性和易用性,为海军作战提供技术支撑。因此,海军技术过渡计划被视为基础研究技术向海军作战转化的一项重要内容,其计划之一的声呐模拟工具软件包,已成为海军实验室评估声纳性能的工具。

四、斯蒂文斯理工学院系统工程研究中心

(一)历史沿革

斯蒂文斯理工学院系统工程研究中心(The Systems Engineering Research Center,SERC)启动于2008年,由史蒂文斯理工学院领导,是美国国防部的一个大学附属研究中心。斯蒂文斯理工学院系统工程研究中心是国家的一个研究机构,利用来自全美各地22所合作大学的高级研究员的专业特长,为系统工程研究人员提供广泛的支撑。通过对重大关键项目的研究,斯蒂文斯理工学院系统工程研究中心在系统工程领域发挥了重要的影响力,其研究人员在许多领域和行业的工作,为他们的研究带来了丰富经验和专业知识,所产生的影响远远超过任何一所大学。

斯蒂文斯理工学院系统工程研究中心由领导层、研究委员会、咨询委员会和员工4个部分构成。其中,领导层由1名研究委员会主席(荣誉首席科学

家)、1名首席科学家、1名副主任、1名执行主任、1名助理主任组成;研究委员会由11名成员组成;咨询委员会由13名成员组成,大部分成员为美国退役高级将领;员工包括项目经理、执行主任助理等7人组成①。

(二) 职能任务

中心通过系统研究解决影响国家安全的各种挑战,发展与学术界、政府和工业界之间的关系。具体包括:通过研究机构之间的合作,促进研究人员和用户之间的联系,通过将其研究成果快速转化,加速科研能力的发展;通过创新的方法、流程和工具,以应对关键挑战②。中心2019—2023年技术计划将研究战略与各任务领域结合起来,并由四个研究领域支持。这四个领域是:企业和系统中的系统、系统工程和系统管理转型及人力资本发展。

(三) 主要特点

在所有大学附属研究中心中,斯蒂文斯理工学院系统工程研究中心真正的独特之处在于,它是由国防研究与工程助理部长特别构建的一个合作研究实体。在这种合作结构中,斯蒂文斯理工学院系统工程研究中心利用了来自美国20多所合作大学的高级研究人员的专业知识在广泛的领域和行业工作,并带来了传统国防工业基础之外的观点和想法。通过其协作研究的概念,斯蒂文斯理工学院系统工程研究中心体现了从根本上改善系统工程应用到复杂系统、服务和企业的成功开发、集成、测试和可持续性的潜力。

五、加州大学圣塔芭芭拉分校协同生物技术研究所

加州大学圣塔芭芭拉分校协同生物技术研究所是陆军资助的大学附属研究中心。协同生物技术研究所是一个独特的跨学科研究联盟,由加州大学圣塔芭芭拉分校领导,与麻省理工学院、加州理工学院以及来自陆军和工业界的伙伴合作③。协同生物技术研究所的研究工作是由一流的教员与研究生共同推动的,他们是由生物学家、化学家、物理学家、心理学家、医生和工程师组成的跨学科团队,这些团队在系统和合成生物学、生物使能材料和认知神经科学等领域进行创新。

(一) 历史沿革

协同生物技术研究所成立于2003年,在加州大学圣塔芭芭拉分校代表陆军与麻省理工学院、加州理工学院以及工业界的合作伙伴合作。美军认为生物

---

① https://sercuarc.org/operations/.
② https://sercuarc.org/what-is-the-serc/.
③ Institute for Collaborative Biotechnologies (ICB). [EB/OL][2021-12-01]. https://www.icb.ucsb.edu/.

学是陆军开发的重要工程系统。美军认为生物系统本质上是自然自身的高性能系统,显示出非常高的控制、功能、结构和组织水平。

(二) 职能任务

协同生物技术研究所是少数几个国会特许的大学附属研究中心之一,旨在促进和加速从发现到实施的转变。通过自己的研究以及与军队实验室的战略合作,为陆军提供了一个渠道,用于开发、评估生物技术,直接为陆军完成任务提供服务,包括开展先进传感器、材料合成、动力和电力等领域的研发,以及信息处理、网络分析和神经科学研究。

(三) 科研力量

协同生物技术研究所的组织架构由领导机构、研究员团队以及职能部门组成。其中,领导机构设主任1名(兼生物使能材料学)、副主任1名(认知神经科学)、技术部主任1名、加州理工学院项目主任(系统与合成生物学)1名、麻省理工学院项目主任(系统与合成生物学)1名[1]。研究员团队目前由47名高级专家及相关领域教授组成[2]。职能部门由首席行政管理与财务官、预算与财务经理、财务服务分析师、运营分析师、助理(财务与采购)、经理(合同与授权)、助理(全责与授权)、人事经理(人事与薪资)、行政管理助理(薪资与研究)、技术员(高性能计算系统)、项目协调员(对外项目)以及主任编辑构成[3]。

(四) 主要成就

一是探索复杂生物系统机制[4]。协同生物技术研究所的职能任务是通过利用现代生物技术与工具,发现复杂生物系统具有卓越性能的机制,并将其转化为支持陆军作战的革命性工程。这些技术在生物和工程交叉领域的发展需要一个多学科的方法,包括生物学、化学、物理、数学、计算机科学和材料科学领域的科学家的专业知识,以及机械学科的工程师、化工和电气工程师。协同生物技术研究所正在进行40多个基础研究项目,一些独特的和创造性的成果对提高士兵的能力产生了影响。

二是用于部队保护的先进生物传感器。致命化学和生物毒剂探测器的发展目的是为保护战场上的士兵。这些探测器必须具有高灵敏度、可靠性、坚固性和紧凑性,并且通常基于生物系统。协同生物技术研究所主任丹尼尔·E·莫尔斯博士解释说:"现代生物技术旨在发现复杂生物系统(如传感器、大脑和

---

[1] https://www.icb.ucsb.edu/people/leadership
[2] https://www.icb.ucsb.edu/people
[3] https://www.icb.ucsb.edu/people/staff
[4] https://www.icb.ucsb.edu/research

能量收集系统)具有卓越性能的机制,并将其转化为支持陆军行动的革命性成果。"该传感系统是与陆军研究实验室、传感器和电子设备理事会合作开发的。在协同生物技术研究所的应用研究项目下,该技术与相关机构合作,进一步向手持设备转型。

三是将生物网络转化为有效的通信网络。未来战斗系统的发展将需要更小、更轻、更安全的部件,但比目前的系统更致命。这些新系统将更多地依赖于速度、敏捷性和态势感知,而不是依靠重型装甲,并将需要大量网络传感器的协调。为了迎接这个挑战,协同生物技术研究所创建了一个名为"仿生网络科学"的项目,科研人员研究了生物网络的基本原理和机制,并试图将这些知识应用于设计高性能、高可靠性的通信网络。基础研究的一个组成部分是对许多复杂的生物网络进行数学建模,包括负责决定睡眠模式的遗传网络和控制水生珊瑚生命周期的信号模式。

四是维持美军陆军的未来。协同生物技术研究所的工作专注于陆军需求,超越基础研究,与陆军实验室进行富有成效的合作。每年协同生物技术研究所都会举行军队需求会议,将协同生物技术研究所科研人员、陆军科学家以及当前和未来的生产合作伙伴聚集在一起,主要是提高技术转化效益。通过开展研发合作、定期审查和重大会议,协同生物技术研究所与陆军建立了重要的战略合作关系。

六、马里兰大学情报和安全应用研究实验室

马里兰大学情报和安全应用研究实验室(Applied Research Laboratory for Intelligence and Security,ARLIS)位于马里兰大学帕克分校,于2018年在情报与安全副国防部长办公室的赞助下成立。作为大学附属研究中心,目标是长期成为人工智能、信息工程和人类系统研究和开发的战略机构。

(一) 历史沿革

马里兰大学情报和安全应用研究实验室是由马里兰大学高级语言研究中心(Center for Advanced Study of Language,CASL)发展而来。马里兰大学高级语言研究中心成立于2003年,是美国国防部资助的一个大学附属研究中心,位于马里兰大学公园,和美国政府是合作伙伴关系,被认为是美国最大的语言研究中心。2018年成立的情报和安全应用研究实验室是专注于情报和安全领域的国家研究中心。

马里兰大学情报和安全应用研究实验室在国防部和情报机关战略需求的指导下,进行独立的科学研究,解决当前最棘手的操作语言问题。充分利用由国家认可的多学科研究科学家、前任和现任国防部杰出从业者组成的长期员

工,并由美国和世界各地学术界和商界的语言专家进行专业支持;与国防部和情报界负责人、管理人员和分析师合作,成功地将研究结合到操作环境中,并评估其影响。

(二) 职能任务

马里兰大学情报和安全应用研究实验室的目标是成为国防部和情报界在最关键和最具挑战性的语言问题上的首要战略研究伙伴,最终通过语言、技术的使用、性能和分析、文化以及认知科学等,将语言研究注入日常工作当中,用研究成果影响领导决策。

马里兰大学情报和安全应用研究实验室的任务是通过提高美国政府工作人员的语言能力来保卫和保护美国,特别关注解决情报界的语言需求。其中包括将最好的学术界和工业界人士聚合到最棘手的政府问题上,提供对决策分析人员至关重要的知识、资源和技术,并在当前和未来的人员配备、技术和分析工作流程设计及管理方面,支持领导决策。

马里兰大学情报和安全应用研究实验室所研究的关键领域包括人、社会、政策和技术的交叉问题,特别是对整个情报界和国防安全有影响的活动,在情报与安全任务方面,此研究机构保持三个研究重点领域。一是人类和社会技术系统,专注于内部威胁、恶意影响的认知安全、信息操作、灰色地带冲突、语言和文化以及计算社会科学等关键问题;二是人工智能、自动化,包括人机交互、性能和认知、数据分析,以及人工智能和机器学习与操作系统的集成等问题;三是高级计算和新兴技术,支持执行程序和项目所需的计算和数据框架,智能社区支持替代计算专业知识(如量子),访问数据存储库,计算基础设施,以及相关任务。

(三) 科研力量

马里兰大学情报和安全应用研究实验室的科研力量是专门的多学科和跨学科团队,在"人的领域"构建有力的分析和可信的工具,基于技术水平和对国防安全及情报界面临的复杂挑战,研究团队来自广泛的专业知识和学科,包括工程学、数据科学、心理学、计算机科学、人类学、修辞学、认知科学、政治学、网络安全、语言学和人工智能。这些技术专家与情报人员和决策者一起工作,解决国家安全问题,从而产生高质量研究成果。

(四) 主要特点

马里兰大学情报和安全应用研究实验室的特点主要体现在培植核心竞争力和建立伙伴关系。

在培植核心竞争力方面,正如其他政府资助的研究机构建立的目的是为了解决他们那个时代的关键技术(例如,1942年的海底战争或2003年的生物技术),马里兰大学情报和安全应用研究科研机构的目标和核心竞争力是解决21世纪对美国安全和情报部门的挑战。

在建立伙伴关系方面,作为大学附属研究中心,马里兰大学情报和安全应用研究实验室寻求与联邦政府建立伙伴关系,利用研究机构的核心竞争力,提高研究机构的快速反应能力,在关键需求领域推进研究和开发活动,为一系列情报和安全需求提供高价值的分析和解决方案。

第五章　美国国防部所属国家实验室

美国国防部所属国家实验室在整个国防部科研任务中所占的比重不大,但由于其以公共利益为核心、不涉及市场利益冲突、拥有长期的国防科研核心能力等特点,其在国防部科研体系中占有重要而独特的地位。其中,国防分析研究所、贾松组织、麻省理工学院研究与工程公司、麻省理工学院林肯实验室等机构具有一定的代表性,在管理体系、实验室成立背景、主要研究领域、工作运行机制以及管理特点等方面都有值得借鉴的地方。

第一节　国防部所属国家实验室管理体系

一、组织架构

美国国防部对其所属国家实验室管理实行"美国国防部部属各国防机构(资助单位)—运营和管理机构—国家实验室"的3层组织架构,如图5-1所示。目前共有7个机构负责运营和管理国防部下属的10个国家实验室。10个国家实验室分别由美国国防部下属的陆军部(资助1个)、海军部(资助1个)、空军部(资助2个)、国家安全局(资助1个)以及负责采办、技术和后勤的国防部副部长办公室(资助5个)进行资助。在具体合同的约束下分别由兰德公司(运营3个)、CAN公司(运营1个)、航空航天公司(运营1个)、国防分析研究所(运营2个)、麻省理工学院研究与工程(Massachusetts Institute of Technology Research and Engineering,MITRE)公司(运营1个)、麻省理工学院(运营1个)、卡内基梅隆大学(运营1个)负责具体运营和管理。

二、部门职责

从运营管理机构的性质来看,国防部下属的10个国家实验室只有2个是由大学负责运营管理的,分别为林肯实验室和卡内基梅隆大学软件工程研究所,其余8个均由非营利机构负责运营管理。没有由工业界运营管理的国家实验室,这是由国防部特殊的研发领域和目的所决定的。虽然工业界没有参与运

第五章 美国国防部所属国家实验室

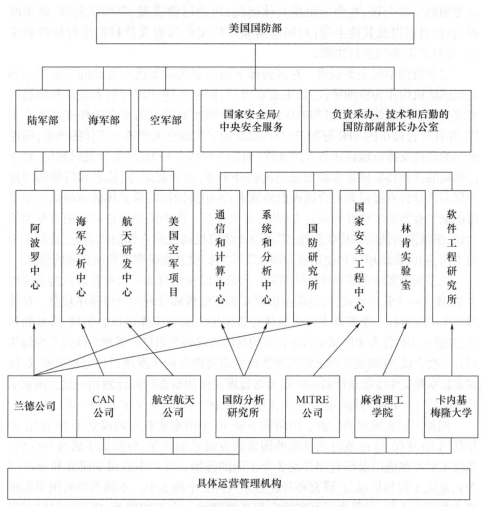

图 5-1 美国国防部所属国家实验室管理组织架构

营管理美国国防部所属的实验室,但是国防部的研发经费中有一小部分可以投入到美国政府其他部门下属的由工业界管理的国家实验室中。在美国国防部国家实验室管理的三层组织架构中,各个层次的职责明确且相互配合。

一是国防部副部长办公室职责。国防部下属国家实验室的总体事务由负责采办、技术和后勤的国防部副部长办公室统筹协调。其主要职责是:制定和发布国家实验室的相关规划;根据美国国防部的要求、事项优先级和发展战略,为每个国家实验室制定年度 STE① 上限和资金配额上限;主持由国防部资助单

---
① STE=S/T,表示储蓄(Savings)与总支出(Total Expenditures)的比率。

位参加的年度会议,在会上根据具体情况,讨论运营管理、事项优先级、效率改进、合作机制以及其他主题;对国家实验室提交的所有文件材料进行检查和审批,并对是否续约进行决策。

二是资助单位主要职责。对国防部下属国家实验室进行资助的三军部门和其他国防机构作为资助单位,其主要职责是:制定年度管理计划来监督和控制国家实验室工作的效率、质量和响应能力;确保国家实验室的所有工作都是核心工作,并且符合每年的 STE 分配;检查和批准国家实验室关于核心工作的声明;确保恰当的合约支持以保证所有合约文件(包括工作指令)和资助资金及时到位;对于已明确的任何特定国家实验室限制的例外事项,向负责采办、技术和后勤的国防部副部长办公室提供具有合适理由的请求;按照美国国防部总体的事项优先级安排国家实验室的工作并确定优先程度;每年召开一次由资助单位和使用者参加的会议,根据国防部的事项优先级、需求以及政府机构之间合作的机会等,调整未来的工作;确保资助单位和使用者为国家实验室提供开展研究工作所必要的信息。

三是国家实验室的运营机构职责。国家实验室的具体运营和管理机构主要职责是:建立一个管理模式,构建适合国家实验室监督和管理的严格程序规范。在管理模式中应当有一个管理主体来具体监管国家实验室工作的核心领域、质量和效益,并进一步确保有关国家实验室管理的具体要求得到贯彻。管理主体应至少每年召开一次会议,管理规范要求对国家实验室需要提交的年度项目计划提出要求,国家实验室提交年度项目计划的时间要与管理主体的检查时间计划相一致。国家实验室的项目计划应当每年提交一次,但是计划设计的周期可以扩展到一年以上。

四是国家实验室的职责。国防部下属 10 个国家实验室均成立于 20 世纪 40 年代到 80 年代,应冷战时期特殊的国防研发需求而产生,分别属于研究和分析、系统工程和集成以及研究和开发 3 个不同的类型。其中多数属于研究和分析(5 个),系统工程和集成型、研究和开发型分别为 2 个和 3 个。不同类型的国家实验室主要任务不同,但每个国家实验室都必须遵循一个原则规范,规范应对国家实验室的任务、工作总体范围以及国家实验室必须保持的以支持资助单位相关任务的核心能力进行描述。规范应提供足够的特征以辨别一项工作是否在国家实验室的工作范围内。国家实验室规范及其任何变动都必须得到负责采办、技术和后勤的国防部副部长办公室的批准。

第二节　美国国防分析研究所

一、历史沿革

国防分析研究所成立于 1956 年,是一家私营的、非营利性的公司,总部设在弗吉尼亚州的亚历山大市。该所隶属于美国国防部长办公室,主要为国防部长、参谋长联席会议主席和其他有关方面从事战略和战术研究,对武器进行评估和对国际问题、反暴计划以及经济问题进行分析。

二、职能任务

国防分析研究所的使命是利用科学、技术和分析的专业知识,通过客观分析回答最具挑战性的美国安全和科学政策问题[①]。国防分析研究所管理着3个联邦资助的研发中心:

一是系统和分析中心(System and Analysis Center,SAC)。国防部长办公室赞助系统和分析中心,这是国防分析研究所管理的第一个也是最大的联邦资助的研发中心。系统和分析中心位于弗吉尼亚州亚历山大市的国防分析研究所总部,其历史可以追溯到1956年国防分析研究所成立之时。

二是科学技术政策研究所(Science and Technology Policy Institute,STPI)。国家科学基金会赞助科学技术政策研究所。科学技术政策研究所位于华盛顿特区,主要支持总统办公室的科学和技术政策办公室。该联邦资助的研发中心的重点是支持决策者就对政府具有科学和技术重要性的事项进行客观分析。

三是通信和计算中心。国家安全局赞助通信和计算中心,该中心包括3个分中心,一个分中心位于新泽西州普林斯顿(成立于1959年),第二个分中心位于马里兰州鲍伊(成立于1985年),第三个分中心位于加利福尼亚州的拉霍亚(成立于1989年)。通信和计算中心侧重于开发创新技术解决方案,以解决密码学中复杂的数学和计算问题,其中包括外国情报和保护美国政府的通信[①]。

三、科研力量

该所成员由马萨诸塞理工学院等12所著名大学组成,设有科学与技术部、系统估价部、通信研究部、国际和社会研究部、计划分析部、成本分析小组和计算机小组,有600多名专业工作人员,其中一半为各方面的著名专家。该所有一个最重要部门叫贾森组织,由包括诺贝尔奖金获得者在内的40多名著名科学家组成,在严密防卫下,为该所考虑美国国防和战争的机密问题。

四、主要成就

一是严格的分析。国防分析研究所的发现和结论直接来自严格的技术和数据驱动分析的结果,赞助商可以相信国防分析研究所提供给他们的准确、深

---

① About DIA[EB/OL][2021-12-01]. https://www.DIA.org/.

入和客观的信息。

二是值得信赖的专业知识。国防分析研究所的宗旨是致力于诚信、专业和道德行为,国防分析研究所与赞助商密切合作,使其分析具有相关性、响应性和及时性,通过数据和分析反映真相,时刻警惕地保护自己及其机构不受任何利益冲突的影响。这些利益冲突可能会质疑国防分析研究所的研究结果,并阻止这些真相为公共政策提供信息。

三是包容。国防分析研究所支持差异性,尊重每一个团队在思想、经验的多样性中所具有的内在价值。

四是协作。国防分析研究所努力将不同视角、背景和理念的多学科、高绩效团队的价值最大化。

五是创新。国防分析研究所致力于打造一个学习型组织——相互学习、向同行学习、向外部专家学习、向其服务的人员学习,从而创造和改进工作中方法,以不断地提高自身的能力。

六是爱国。国防分析研究所的存在是为国家领导人提供政策建议,当他们面临最具挑战性的安全和科学政策问题时应采取的措施。

第三节 贾松组织

一、历史沿革

贾松组织的诞生可以追溯到美国"曼哈顿"计划。为了将恐怖的"核精灵"收回瓶中、确保世界安宁,许多曾参与"曼哈顿"计划的美国物理学家在广岛和长崎原子弹爆炸之后担任政府的技术顾问,确保核技术得到妥善应用,并由此推动一大批科技精英在战后继续为美国政府服务。20世纪50年代后期,军备竞赛逐步升级,美国甚至一度处于劣势,由此引发美国民众极度不安,许多科学家出于爱国热情,纷纷加入为政府部门服务的机构。1957年,苏联发射世界第一颗人造地球卫星,由此引发的美国民众恐慌达到顶点。出于对苏联卫星发射及其核攻击的恐惧,美国政府深切感受到科技在赢得战争和冷战竞赛方面所能发挥的决定性作用,并由此不断增加联邦政府科技经费,特别是在军事科学技术发展上投入巨大。国防分析研究所、总统科学顾问、高级研究计划局等一系列致力于提升美国科技实力的各类机构相继成立,贾松组织正是在此背景下诞生。1958年,国防分析研究所应国防部长要求设置了一个支撑高级研究计划局开展研究工作的匿名部门。不久,该匿名部门的授权便扩大为支持国防研究与工程局局长各办公室开展研究工作。一般认为,由国防分析研究所成立的支持高级研究计划局的秘密组织就是贾松组织。它诞生于冷战初期核弹头测试导致的愈加紧张的军备竞赛之际,贾松组织的创立是核武器及核技术兴起的直接后果①。

关于"贾松"名称的含义,有多种不同的解读。一种认为贾松(JASON)是"July-August-September-October-November"(英文7月、8月、9月、10月和11月)的首字母缩写,凑巧的是,贾松内部会议也主要集中在这几个月份。还有一种解释是"JuniorAchiever,Somewhat Older Now(年轻有为但现已稍显成熟的人)的缩写。但流传最广的解释是贾松一词由其创始人之一密尔德雷德·古德伯格(MildredGoldberger)的妻子提出,借鉴了希腊神话中英雄人物 Jason 和金羊毛(希腊神话中的一种宝物)的故事,寓为英雄为寻找繁荣所带来的神奇工具。

二、职能任务

为便于运营管理,贾松组织自成立以来一直挂靠于其他机构。成立初期至20世纪60年代末期,贾松挂靠于国防分析研究所,20世纪70年代后期,转移至斯坦福国际研究所,20世纪80年代后期,其总部搬迁至 MITRE 公司的贾松项目办公室,并一直运行到现在②。多年来,贾松大多数的研究曾受美国国防部高级研究计划局委托,其他服务对象包括美国能源部、国防部、美国陆军研究办公室等多个联邦机构,其大多数的研究都与电子战场前沿技术开发相关,研究领域较为广泛,涉及超长波潜水艇通信系统、空气形变控制技术、导弹防御相关问题、禁止核武器试验的核查技术以及电子战技术等多个领域。20世纪90年代初期,贾松对气候变化进行了研究;20世纪90代中期,该小组的研究开始进入人类基因组领域。几年后,贾松将这一研究领域与纳米技术相结合,开启了人类基因组更深层次的研究。进入21世纪,贾松的研究开始涉及国土安全的概念,例如2002~2003年的"生物检测架构"研究。2010年以来,贾松的研究涉及传感器系统、计算机的技术挑战、人工智能等高新技术领域。

三、科研力量

贾松由著名高校的顶级教授和研究人员组成,并不依靠外部的任命,所以一直保持相对的独立性。近年来,在麻省理工学院研究与工程公司的年度报告成员名单中,仅有两名贾松成员在列,其中一位是"贾松项目办公室"主任,保持

---

① 蔡文君. 美国国防科技决策背后的神秘力量—JASON 国防咨询小组情况分析[EB/OL][2021-12-01]https://www.sohu.com/a/199322622_465915.

② 石江月. 美国最神秘军事科研小组意外被曝光!研发众多绝密武器技术[EB/OL][2021-11-26]https://baijiahao.baidu.com/s? id=1631882287602268973&wfr=spider&for=pc.

了贾松一贯低调沉稳的作风。在成员选择方面,贾松的原则性非常强,通常由现有成员来决定新的人选,不会受到外界影响。2002年,美国国防部高级研究计划局曾以取消委托项目相威胁,推荐3名人员进入贾松工作,但贾松拒绝了国防部高级研究计划局的推荐。

成立初期,贾松拥有15名成员,20世纪70年代以来其成员人数一直维持在30-60人之间,包括物理学家、生物学家、化学家、海洋学家、数学家和计算机科学家。多年来,贾松成员中有11位诺贝尔奖获得者,有数十位美国国家科学院院士。贾松成员的一个突出特点就是长期活跃于美国国防科技领域,尤其是资格较老的成员,都是全能型人才,可参与历时多年的各类研究。例如,贾松的创始人之一西德尼·德雷尔到21世纪初仍在开展研究;弗里曼·戴森在贾松度过了40余年的职业生涯。

由于贾松工作的高度机密性及其低调的行事作风,该小组甚至没有一份完整的成员名单,也鲜有人在其履历中提到贾松的工作经验,这为贾松的存在增加了神秘感。有分析人员对贾松历代成员中119位具有代表性的研究人员进行统计,发现50%的研究人员受雇于加利福尼亚大学,14%受雇于普林斯顿大学,13%来自斯坦福大学。此外,哈佛大学、麻省理工学院、纽约大学等高校均有分布。加利福尼亚大学拥有众多贾松成员的原因主要有两个:一方面美国著名的国家实验室洛斯阿拉莫斯实验室和劳伦斯利弗莫尔实验室、加州理工学院等机构均由加利福尼亚大学管理,其人才素质和规模具有得天独厚的优势;另一方面洛斯阿拉莫斯实验室和劳伦斯利弗莫尔实验室是美国核能和核武器研究的重点实验室,而贾松以核武器相关研究起家,并一直是贾松成员从事的主要领域。除此之外,贾松成员的分布与各高校的地理位置密切相关,美国西南地区是大多数武器系统和其他尖端技术开发的聚集地,一些引领科技前沿的城市均坐落在这里,例如位于硅谷中间的斯坦福大学,就是一所十分重视科技的高校。

贾松大部分成员都是技术型人才,但是也存在例外,有一些贾松成员来自美国外交关系理事会,这是美国最负盛名的政治明星摇篮。在被统计的历代119名成员中,有11位来自美国外交关系理事会,他们通常是国家科学技术委员会的负责人,就科学事务等领域为总统提供咨询,并供职于不同的大公司。

由于贾松中大部分成员是大学教授,结构较为松散,平时都在各自的学校工作,只有在夏季会议时才会一起工作。贾松每年大约开展15项研究,其中一半左右的研究涉密,所以目前其大部分的研究成果都无法获取,甚至一些不涉密成果外界也难以得到。一般情况下,贾松的每项研究由2至3名小组成员合作开展,但有的研究参与人数多达 17 至 18 名。一般情况下,美国国防高级研究计划局等政府机构把他们认为最棘手的问题交给贾松,贾松的科学家们通过收集学术论文、档案文件,与管理人员和科研人员座谈等方法进行分析,依据全体成员的判断展开研究,并形成报告提供解决方案①。

四、主要成就

贾松每年都会形成数份研究报告,如 2005 年《高性能生物计算机》,2010 年《网络安全科学》,2015 年《美国核武器库存不断发展中的技术注意事项》,2017 年《关于国防部人工智能和人工综合智能研究的观点》等,这些报告最终交由政府机构进行评估处理。从这些公开的研究报告中可以看出,贾松几乎所有研究都围绕相关技术是否有利于保持美军绝对的军事优势展开,并在影响国防部决策中发挥了重要作用。例如,1966 年,贾松发布《切断 VC 供给线中战略轰炸的效力》《在越南建立电子壁垒》两份报告,对时任美国国防部长罗伯特·麦克纳马拉"美国无力赢得战争"的观点产生重大影响;1967 年发布的《东南亚战术核武器》绝密报告对美国国防部关于"越战中是否使用战略核武器"的决策起到了决定性作用;2009 年,贾松发布《核态势评估》报告,评估了美国核战略、力量和运行,很大程度影响了美国维护核武库和未来现代化等问题的政策讨论,为美国政府就"如何在接下来的若干年里保持核武器活力"做出决策提供支撑。

第四节　麻省理工学院研究与工程公司

麻省理工学院研究与工程公司于 1958 年正式成立,是一家为美国政府提供工程和技术指导的非营利性公司。麻省理工学院研究与工程公司一直在先进技术和国家关注重要领域的交叉点上工作,为政府各机构的最高层服务②。该公司最初的重点是半自动地面环境项目,依靠第一批数字计算机几乎实时地把雷达站、武器系统和军事决策者联接起来,主要涉及计算、软件、信息显示、通信、程序管理和系统工程等领域。

一、历史沿革

麻省理工学院研究与工程公司起源于二战期间麻省理工学院的计算机实

---

① 蔡文君. 美国国防科技决策背后的神秘力量—JASON 国防咨询小组情况分析[EB/OL][2021-12-01]https://www.sohu.com/a/199322622_465915.
② A Brief History of MITRE.[EB/OL][2021-12-01]https://www.mitre.org/about/our-history.

验室。在20世纪40年代和50年代早期,麻省理工学院的科学家开发了第一台大型数字计算机。1963年开始进行半自动地面环境项目,在计算、软件、信息显示、通信、程序管理和系统工程方面取得了许多创新成果。如:国家空域系统、机载预警和通信系统、联合战术信息分发系统和联合监视目标攻击雷达系统。麻省理工学院研究与工程公司还将半自动地面环境技术输出给美国盟友,在巴黎设立办公室,帮助北约建立北约地面防空系统,并将业务扩展到导弹防御系统研发,同时还帮助位于科罗拉多斯普林斯附近夏延山的北美防空司令部作战中心开发了先进的计算和通信系统。1963年,国防部的国防通信局选择麻省理工学院研究与工程公司作为国家军事指挥系统技术主要开发者。在20世纪70年代早期,该公司将分时、多域架构原则(在联合战术信息分发系统中演示)应用于宽带数字通信,其结果是一种基于电缆的专利系统,使第一批局域网成功敷设成为可能,被称为国防部情报信息系统,至今仍在使用。

20世纪80年代末90年代初,信息技术的快速变化极大地影响了麻省理工学院研究与工程公司的发展。该公司于1989年在新泽西州的蒙茅斯堡建设了一个新的装置,以支持陆军在战场可视化方面不断增长的工作量。1991年,空军为沙漠风暴行动部署了2架联合之星飞机原型,以识别和跟踪伊拉克地面车辆的移动。多年来,麻省理工学院研究与工程公司担任联合之星计划的系统工程师,负责设计、分析和测试等工作。

1996年,麻省理工学院研究与工程公司分为两个实体。麻省理工学院研究与工程公司继续专注于国防部和联邦航空局,而新成立的麻省理工学院研究与工程公司tek系统(现在称为诺布利斯)与其他机构合作。1998年,美国国税局选择麻省理工学院研究与工程公司运营其联邦资助的研发中心,以支持其老化的信息系统的现代化。2008年,美国退伍军人事务部与美国国税局共同赞助了企业现代化中心。

2009年,新的国土安全系统工程与发展研究所成为麻省理工学院研究与工程公司运营的第四个联邦资助的研究与发展中心。从2010年到2014年,麻省理工学院研究与工程公司又成为3个联邦资助的研究与发展中心的运营商。2010年,联邦司法机构成立了司法工程和现代化中心。2012年,医疗保险和医疗补助服务中心和卫生与公众服务部创建了CMS联盟。2014年,国家网络安全联邦资助的研究与发展中心由国家标准与技术研究院创建。

麻省理工学院研究与工程公司的领导架构由技术、商业和公共服务领域不同背景的人员组成,主要包括管理层、委员会、研究员团队以及技术员团队。

(一) 管理层

管理层主要包括1名总裁(首席执行官)和24名副总裁。各副总裁按照麻省理工学院研究与工程公司职能部门划分,分管并兼任相应部门主任。具体包括副总裁(国土安全系统与开发研究所主任)、副总裁(分管综合集成与联合作战国家安全业务)、高级副总裁(分管运营与外联事务并兼首席法务官)、副总裁(分管空天力量及国土安全部)、高级副总裁(总经理、麻省理工学院研究与工程公司实验室首席未来学家)、副总裁(战略制定与合作)、副总裁(联合服务部长、国家安全工程中心)、高级副总裁(人力与公司首席战略官)、副总裁(首席加速官)、副总裁(企业创新、运营、外联与法务中心)、总裁特别顾问、副总裁(总经理、麻省理工学院研究与工程公司国家安全)、副总裁(高级航空系统开发中心主任)、副总裁(集成与作战,麻省理工学院研究与工程公司公共事务部)、副总裁(网络技术)、副总裁(政府绩效与现代化中心主任)、副总裁(情报与交叉前沿能力)、副总裁(人力与战略)、副总裁(工程与原型实验室)、高级副总裁(首席技术官兼首席医疗官)、副总裁(多样性与社会创新)、高级副总裁(首席财务官兼会计)、副总裁(联邦资助的研究与发展中心健康部主任)。

(二) **委员会**

委员会主要包括1名主席和13名委员会成员。

(三) **研究员团队**

麻省理工学院研究与工程公司研究员团队是经过筛选评估出的科学家团队,其在各自的领域都是杰出的代表并领导着非常重要的项目。研究员团队拥有开发和领导高风险科学或技术项目的任务和资源,用于解决美国或全球的问题,同时也是课题专家和关键项目的顾问。

(四) **技术员团队**

麻省理工学院研究与工程公司技术员团队已经达到了麻省理工学院研究与工程公司最高级别的技术领导水平,目前由13人组成,80%以上具有博士学历。

二、职能任务

麻省理工学院研究与工程公司的职能主要包括六项。一是运用系统工程推进政府的国家安全目标;二是开发航空运输系统和航空基础设施建设;三是提供集成系统工程专业知识和资源并就各种现代化挑战提供咨询建议与信息;四是帮助企业提高其关键功能,如采买流程、风险和项目管理、信息技术工程和决策能力;五是重塑卫生系统,增强护理体验,促进健康和福祉;六是解决网络安全漏洞。

三、科研力量

麻省理工学院研究与工程公司的研究机构由6个研究中心组成,分别是国家安全工程中心(National Security Engineering Center, NSEC)、先进航空系统开发中心(Center for Advanced Aviation System Development, CAASD)、企业现代化中心(Center for Enterprise Modernization, CEM)、国土安全系统工程与发展研究所(Homeland Security Systems Engineering and Development Institute, HSSEDI)、医疗保险与求助中心联盟促进医疗保健现代化中心(Centers for Medicare & Medicaid Services Alliance to Modernize Healthcare, CMSAMH)、国家网络安全中心(National Cyber Security Center, NCSC)。

(一) 国家安全工程中心

国家安全工程中心运用整体系统工程来推进政府的国家安全目标。国家安全工程中心通过与国防部、情报部门及其伙伴合作,提供独立的系统思考和技术专长,以科学、工程和分析的严谨性支持关键决策。国家安全工程中心支持国防部和情报部门,包括美军的所有分支机构,如国防信息系统局,以及参谋长联席会议和国防部长办公室。

(二) 先进航空系统开发中心

先进航空系统开发中心的研究领域范围很广,从开发空中交通管理的新概念或新系统的工程标准,到评估航空发展对国家经济的影响。当前,先进航空系统开发中心重点领域是继续发展和实施下一代航空运输系统。联邦航空局已经完成了主要基础设施改进,先进航空系统开发中心已经转向将建立在基础设施上的应用程序。同时先进航空系统开发中心还与空域用户、工业界和国防部合作,优先考虑和开发关键能力计划。先进航空系统开发中心还积极与世界各地的民航部门合作,以提高航空安全和效率,帮助协调全球空中交通管理服务。

(三) 企业现代化中心

企业现代化中心的工作几乎涉及每一个美国人的生活。企业现代化中心帮助联邦机构改进与公众打交道的方式。麻省理工学院研究与工程公司长期以来一直是帮助政府采用技术以满足任务需求的关键合作伙伴。当前的主要任务包括重新创新改进业务模型,承担新的职责任务,以及改进管理和治理方法。企业现代化中心由财政部和国税局支持,并由退伍军人事务部共同赞助,帮助政府机构应对这一挑战。企业现代化中心与各机构及其利益相关者合作,改变它们为美国公众服务的方式。随着收入、税收和福利管理项目的庞大而复杂的系统发生变化,这些机构必须对他们所做的工作保持监督,保持在预算范围内,并提供有效的解决方案。企业现代化中心还为金融犯罪执法网络(财政部)、证券交易委员会、美国人口普查局、小企业管理局、美国铸币局、能源部等机构提供指导。

企业现代化中心主要职能主要有两项。一是为客户提供系统工程专业知识和资源。企业现代化中心专注于解决一个特定的挑战,即如何改造一个大型企业。自1998年以来,企业现代化中心一直是这一领域的思想领袖,其既为公共知识体系做出了贡献,也为重大进步做出了贡献,这些进步已经改变,并将继续改变税收管理、政府财务管理、进行人口普查以及退伍军人的护理和福利。二是与其他政府组织合作就各种现代化挑战提供咨询建议与信息。在美国国税局的同意下,直接与这些机构合作,帮助它们及其利益相关者有效转变为美国公众服务的经营方式。

(四) 国土安全系统工程与发展研究所

麻省理工学院研究与工程公司与国土安全部合作,确保国家免受恐怖主义的威胁,免受网络威胁,并抵御自然灾害。国土安全系统工程与发展研究所帮助国土安全部提高其关键功能的性能,如采买流程、风险和项目管理、信息技术工程和决策能力。国土安全系统工程与发展研究所还将系统工程专业知识应用于网络安全、移民改革和交通安全等领域。麻省理工学院研究与工程公司通过国土安全系统工程与发展研究所支持国土安全部,作为国土安全部的主要系统工程资源,为整个机构提供深入的技术专业知识,因为系统工程采用分析实践和工具来整体地解决复杂的问题。

(五) 医疗保险与救助中心联盟促进医疗保健现代化中心

医疗保险与救助中心联盟促进医疗保健现代化中心通过将人与数据连接起来加速创新,以重塑卫生系统,增强护理体验,并保护和促进健康。麻省理工学院研究与工程公司支持专家和利益攸关方为公共利益努力,运用专业知识,以改善国家的健康条件,将创新理念变为现实,主要是:基于价值的医疗保健质量和临床信息学、互操作性敏感数据分析、建模和模拟通信、公共卫生人工智能项目。

(六) 国家网络安全中心

国家网络安全中心由麻省理工学院研究与工程公司运营,由国家标准与技术研究所赞助,帮助解决最紧迫的网络安全漏洞对经济繁荣、公共安全和国家安全造成的日益严重的风险。半个世纪以来,网络安全是麻省理工学院研究与工程公司的核心能力,一直作为联邦机构的战略合作伙伴,并在全国范围内建立战略伙伴,共享和交换信息,合作开发先进的解决方案。麻省理工学院研究与工程公司将网络安全工程师、社会科学家和通信专业人员一起设计和构建可用的解决方案,其主要关注领域包括设计实用的网络安全解决方案、应用国家标准与技术研究所行业标准和框架、预研和开发新兴技术、拓展和加强合作关系。

国家网络安全中心主要科研项目有国家空域系统、机载预警和通信系统、联合战术信息分发系统和联合监视目标攻击雷达系统等,对航空事业的开创性贡献包括为交通警报和避碰系统制定方案,这是航空领域最重要的安全系统之一。建立用户请求评估工具的原型,使控制人员能够检测和解决飞行途中飞机之间的潜在冲突。工程自动依赖监控广播系统,它使基于雷达的监视系统转变为飞机不仅向空中交通控制中心报告其位置、高度和速度,而且还直接向附近的其他飞行员报告。发明了通用接入收发器信标无线电,用于小型飞机和无人驾驶飞机系统获得更大的态势感知,并提醒其他空域用户。通过空域重新设计流程和目标工具的发展,提高全国空域的使用,让飞机更高效地往返机场,节省时间和燃料。与政府和航空企业合作,创建航空安全信息分析与共享计划,与美国航空公司、飞机制造商和政府共享和分析其安全数据,以主动发现和解决安全问题。开发到达离港窗口功能,为管制人员提供可视化工具,帮助他们保持终端区域内飞机之间的安全距离。

第五节　麻省理工学院林肯实验室

麻省理工学院林肯实验室,作为美国政府资助的研发中心,自1951年成立以来,其基本使命是把高科技应用到国家安全问题上,一直追求技术扩展能力,研究和开发一系列先进技术,为国防部提供服务,满足关键的国家安全需求。林肯实验室位于马萨诸塞州的列克星敦,隶属美国国防部,由麻省理工学院负责运行管理,现有雇员2000多人。在20世纪40年代,美国第一个防空系统的发展过程中,该室研究人员率先使用计算机进行数据分析,并改变了计算的未来。

一、历史沿革

林肯实验室的前身是麻省理工学院的辐射实验室,从1940年起便从事民用雷达的研制。1950年9月实验室完成了汉斯客姆空军基地雷达跟踪一架飞机的模拟信号变成数字信号,通过电话线传输到剑桥麻省理工学院的旋风计算机上。之后,美国空军建议实验室致力于空中防御的研究。从此,实验室变成一个从事空防研究的实验室。1951年,林肯实验室正式成立,致力于通过先进电子技术改善美国的防空系统。之后,林肯实验室的科研人员很快在防空系统的高级电子学研究中取得了突破,研究范围迅速扩展到空间监控、导弹防御、战场监控、空中交通管制等领域,成为美国大学中第一个大规模、跨学科、多功能的技术研究开发实验室。1951年2月,麻省理工学院院长詹姆斯·基利安于发起的一项为期六个月的研究计划,目的是响应美国空军的建议,建立一个实验室来开发防空解决方案。这一计划被称为查尔斯计划,该计划的研究委员会由28名科学家组成,其中11名来自麻省理工学院,负责评估新实验室的需求并确定其范围,根据最终报告中的建议,麻省理工学院成立了林肯计划,后来更名为林肯实验室。1957年,该实验室建成全固态、可编程数字计算机控制的雷达系统,实现了对空间目标的实时跟踪。后来,这发展成弹道导弹战略防御系统,其中关键性的技术是数字信号处理和模式识别。在20世纪60年代初期,林肯实验室开始研究民航交通管制,强调雷达监控,进行恶劣天气的检测,开发了航空器的自动化控制装备。在20世纪80年代,林肯实验室为克服大气紊流的影响,开发了大功率激光雷达系统。20世纪90年代,为美国国家航天航空局开发了传感器。林肯实验室注重基础研究,保持了在表面物理、固态物理以及有关材料领域的依靠地位,完成了半导体激光器的研究,设计了红外激光雷达,开发高精度卫星定位与跟踪系统。

二、职能任务

林肯实验室主要负责导弹防御、太空安全通信、太空监测,生物医学设备研发等。实验室将概念转化为具有战场价值的系统的能力,例如拥有世界级的半导体研究和制造实验室,拥有测试机载系统定制的飞行设施,以及新英格兰最快、最强大的超级计算中心。

三、科研力量

林肯实验室的内部组织结构鼓励员工和管理层之间的思想交流。这种结构包括三个主要的管理级别:主任办公室、部门主管和小组领导。主任办公室向麻省理工学院领导层负责。林肯实验室分为技术部门和服务部门,由一名主任、两名助理主任、一名运营助理主任和主任办公室工作人员管理。林肯实验室组织管理架构如图5-2所示。

在该实验室研发的背后,是具有非凡技术能力和创造力的科研团队,他们在跨学科团队中工作,开发满足不同需求的先进技术。

四、主要成就

林肯实验室是美军方手中的一张"王牌",主要涉及的领域包括:先进技术;空中、导弹和海上防御技术、航空领航控制、生物技术与人体系统、交通系统、网络安全与信息科学、工程化、国土防御、ISR系统与技术、空间系统与技术、战术系统等,并在这些领域取得了重要的科研成就,如,林肯实验室制造了世界上第

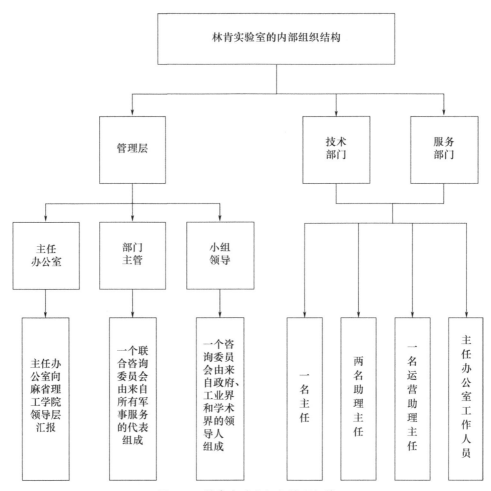

图 5-2 林肯实验室组织管理架构

一个双频雷达,也是分辨率最高的远程成像传感器;制造了一种光束组合激光器,达到了有史以来最高的亮度。先进技术的研发重点是发明新材料、设备和组件,以实现革命性的系统能力。在一系列广泛的领域追求创新,包括成像、激光、量子计算、微系统、射频技术和化学传感器,开发的成像技术,提供了世界上最强大的望远镜和相机。这些技术包括用于天文仪器的电荷耦合器件成像仪,雷达系统的单光子敏感成像仪,以及用于广域红外相机的数字像素焦平面阵列。空中、导弹和海上防御技术主要包括情报系统架构,开发先进的传感器和决策支持系统,进行现场测量,并评估部署的系统能力。

第六节 卡内基梅隆大学软件工程研究所

卡内基梅隆大学软件工程研究所(Software Engineering Insititue,SEI),是由美国国防部赞助的仅有的10个研究与发展中心之一,负责软件工程、系统工程、网络安全和计算机及其他领域的研发,致力于将私营部门的创新引入政府。作为唯一由国防部赞助的、同时也被授权与国防部以外的组织合作的研究与发展中心,卡内基梅隆大学软件工程研究所与美国政府、私营部门和学术界合作,这种关系使他们能够将创新从概念转到实践,缩小研究和使用之间的差距。

一、历史沿革

1984年11月14日,美国国防部选择卡内基梅隆大学为软件工程研究所的所在地,作为联邦政府资助的研发中心,主要依靠美国国防部的资金,还通过与产业界和学术界进行研究合作。卡内基梅隆软件工程研究所设在美国宾夕法尼亚州匹兹堡市卡内基梅隆大学的校园内,在华盛顿特区和加州洛杉矶分别设有办事处。软件工程研究所与国防部的合同每五年审查和更新一次,最初拨款600万美元,随后5年再拨款9700万美元。

二、职能任务

卡内基梅隆大学软件工程研究所的主要职能是负责软件工程的具体计划,还负责网络安全、软件保证、软件工程和采购等,职能履行主要依靠管理实践、工程实践和安全实践实现。

在管理实践上,有效地管理软件系统的获取、开发和发展。软件工程管理实践的成功有助于控制质量、进度、成本、周期。管理实践中,最著名的例子是能力成熟度模型(Capability Maturity Model,CMM)。在工程实践上,提高软件工程师分析、预测和控制选定的软件系统功能和非功能特性的能力。关键的工具和方法包括体系结构权衡分析方法(Architecture Tradeoff Analysis Method,ATAM)、软件产品实践框架。安全实践上,卡内基梅隆大学软件工程研究所是联邦政府资助的计算机安全组织协调中心的总部,主要目标是确保使用适当的技术和系统管理来抵御对网络系统的攻击,并确保关键服务的连续性。该项目正在与联邦政府资助的计算机安全组织合作,创建内置安全网站,为安全性构建到软件开发生命周期的每个阶段提供指导,同时还开展内部威胁和计算机取证方面的研究。

三、科研力量

卡内基梅隆大学在高等教育和研究方面处于国际领先地位,在网络安全和软件研究上位于前沿。该大学提供基础设施,研究所的科研人员是世界级的研究和创新人员,与卡内基梅隆大学在主要项目上合作,通过研究、合作、教学和强有力的管理实践,其科研能力不断提高。

四、主要成就

卡内基梅隆大学的软件工程研究所有着清晰的定位,把建立和发展软件作为国家安全的战略优势,一直致力于"为一个更美好的世界塑造软件的未来"。作为由国防部赞助的唯一一个可以与国防部以外的组织合作的联邦资助的研究与发展中心,使其能够将创新引入到广泛的政府机构中,支持政府开展客观、长期、不受商业约束的研发活动。科研成就主要是卡内基梅隆大学软件工程研究所发布报告,提供关于软件工程理论和应用方面的新技术信息,同时还出版工业和军事应用方面软件工程的书籍,提供过程改进、软件体系结构和安全性方面的公共课程,满足了国防部软件工程核心需求,这是其他研发中心无法满足的。例如,美国陆军和卡内基梅隆大学软件工程研究所进行了多年的合作,以提高陆军软件系统的能力。

第六章 美国国防科研机构建设的经验启示

美国国防科研机构从诞生之日起,就与美国的国家需求有着直接的关系,体现了美国的经济、文化与科技发展特征,特别是在其成果转化、准入机制、项目管理制度、职能划分以及人才队伍建设等方面极具美国特色。通过对比分析可以发现,当前美国国防科研机构存在着"同行评议"机制抑制创新性研究发展,以"同行评议"为导向的资助科研机构易造成垄断,"参与式"的国防科研准入机制产生"厚此薄彼",机构管理的僵化影响科研体系运行效率,资助程序的复杂性制约科研经费使用率以及机构间缺乏互动影响科研成果转化率等问题。美国国防科研机构建设,在组织管理架构重构、民参军协同创新机制建立、项目全过程监督制度以及国家实验室网络体系规划等方面都对国防科研机构建设发展具有启示意义。

第一节 美国国防科研机构建设主要经验

一、运用新商业理念加快创新成果转化应用

当前,随着新一轮科技革命和产业革命的深入发展,科技创新交叉融合的特征愈发明显,世界各国均高度重视民用先进技术的潜在军事应用价值。美国国防部成立国防创新小组带有一定的试点意义,成立后签署了一系列合同。虽然合同成效还有待检验,但不可否认的是,国防创新小组和国防创新委员会等创新机构的陆续成立,都为美国国防创新发展引入了新的思想,有助于提高国防部从新兴高科技公司获取前沿技术的能力。在科技飞速发展、市场经济成熟度高的时代,技术迭代快速且连续,市场变化节奏明显加快,需要更加快速地捕捉高新技术发展前景,提高科技创新效率。在武器装备发展中,美国通过军队武器装备发展部门联合科研院所、高校、非营利机构、高科技企业等共同开展新兴和突破性技术的研发,通过引进先进商业理念提高创新效率,运用风险投资对具备军民通用性且转化利用价值高的技术进行投资,实现各参与主体短期且

高效的技术研发和产品研制生产目标,形成"科学、技术、项目、产业、市场和战场"五位一体,"创新链、产业链、资金链"三链紧密相连的国防科技协同创新体系,从而快速实现国防科技创新能力的全面提升。

二、全面开放的国防科研体系准入机制

由于担心军方所属的实验室过于关注眼前的使命任务从而错过对未来有重大潜在军用价值的科技进展,从而导致军方研发机构科研行为的短期化;加上军方内部研发机构在人事管理制度及工资、绩效奖励等方面过于刚性,限制了其用人、支出等方面的灵活性以及与产业界和大学争夺人才的优势,因此美国军方又在军队之外发起设立了一些"编外研究机构"。这类研究机构具体又分为3类:一是开放的国家资助型独立科研机构;二是国防部直接资助的地方大学附属科研机构;三是其他职能部门直属国防科研机构。联邦资助的研发中心是军方拥有其资产、委托承包商管理的国家实验室。与联邦资助的研发中心有关的主体包括:军方——所有人;合同商(或承包商)——运营管理者;研发机构——研发活动的实施者。其中合同商可以是大学、非营利组织、产业界、大学联盟或产业联盟等。联邦资助的研发中心的这种所有制结构与管理体制安排可以使其避免受所有者(或资助人)日常事务的影响而只专注于具有长期战略价值的问题研究,同时又与所有制单位保持长期的战略合作关系,因此它们可以接触到一般承包商接触不到的政府或供应商的数据、敏感或专属的信息、政府人员、设施、设备或其他资产;同时美国政府也对联邦资助的研发中心的活动范围有严格限定,如不允许涉足本可以由私人部门完成的任务,必须在涉及利益关系时采取"回避原则"等。联邦资助的研发中心的主要职能是向军方提供由军方研发机构或私人研发机构都不能有效提供的研发服务。大学附属科研机构必须承担一定的教育功能,并且在竞争公共部门或私人部门的研发合同时灵活性更大一些。大学附属科研机构主要从事具有潜在军用价值的、广域的基础研究,一般不能利用由军方资助培育起来的核心能力与产业界竞争军方的研发项目。美国国家实验室最大的一个特点就是这些实验室是分属于不同的政府部门。这样的好处就是可以把各个政府部门关注的本领域的科技发展直接作为国家实验室的科研任务,并增强政府部门的技术判断和技术管理能力。

三、持续支持重要国防基础研究

基础研究是科学技术发展的源泉,在国家创新活动中占据重要地位,基础研究领域的科学大师、重大科研成果、先进研究设施和高效研究网络是国家科学技术发展水平的重要标志,是综合科技实力的重要表现方式。政府是基础研

究的主要支持者,而科技项目是政府部门引导基础研究发展的重要抓手,对进一步提升科技项目管理决策水平尤为重要。国防高级研究计划局是在基础研究领域取得巨大成功的典型案例,其成立初衷是避免美国在军事上遭遇他国的技术突袭,之后逐渐演化为确保美国在军事上保持技术领先,这直接决定其研发方向的前沿性、前瞻性、尖端性,互联网、无人机、全球定位导航等技术都源于此机构。国防高级研究计划局的研究着眼于潜在的未来军事需求,据此确定研发方向和目标,是典型的使命导向,由应用引起的"自上而下"型基础研究。国防高级研究计划局起初以资助基础研究为主,随后越来越关注具有应用导向的基础研究及应用研究,同时逐渐将项目管理向后期开发及产业化扩展。

国防高级研究计划局意识到,必须协调打通基础研究、应用研究、验证试验到产业化各环节,实现从科研成果到产业化的成功跨越。国防高级研究计划局支持的项目一般都是短期的,研究周期在 3~5 年,这足以说明以应用为导向的基础研究完全可以在短期内实现成果转化应用。国防高级研究计划局任期最长的局长特瑟说:国防高级研究计划局成功的原因就是他把科技投入实用的能力远强于其他任何地方,而这种成功离不开其在长期实践过程中形成的一套独具特色又行之有效的决策方法。

四、合理划分国防科研机构职能任务

通过横向分析美国国防部直属和军种直属的科研机构运行现状,可以发现,美国军方内部研究机构承担的任务可分为两大类:一类是主要功能,包括基础研究、应用研究(或称为探索性开发)、预先开发、科技基础评估、使命分析、概念探索、系统验证、样机工程开发、生产过程中的工程支持、测试与评估、重大研发与测试评估设施管理与维护、客户服务与作战支持、武器装备改进等;另一类是支持功能,主要包括作为"精明的买方"、研发项目管理、技术情报评估、对未来系统开发的建议与评估、私人或大学机构不感兴趣的领域、新的技术机会开发利用、独立研发项目的评估、承包商建议书及绩效评估、对作战行动中的问题提供快速响应、与科技及工程界建立广泛联系、与盟国间的合作研发、一体化后勤保障、可靠性与可维持性论证与维持、满足战时技术动员扩张需求、可生产性论证、依据成本设计、设计中的人机工程及人员考量、操作系统安全性,以及一些特殊的技术领域(如医疗研发、制造技术、环境评估等)。以上这些功能虽然可能会随着时间推移、技术变革、组织变迁有所调整,但其中的很多功能依然是军方不可或缺的,且只能由军方所属研发机构完成。

五、借力国防科研机构培养顶尖科研人才

国防科技研发活动到底应该是由国防部自己完成,还是应该外包给外部主

体(包括大学、产业界、独立研发机构等),在美国国内也有很多争议,但至今美国国防部依然保留有大量的国防研发机构和中心,就是因为在美国国防部看来,这些研发中心是其完成使命任务必不可少的核心能力和支持机构,是国防科技研发的骨干力量。美国军方始终维持着一支强大的研发力量,拥有一大批高水平的科学家、工程师以及一流科研设施设备,是联系学术界和工业界的关键纽带。目前,由美国军方直接管理的研究机构总共有117家,其中空军15家、陆军54家、海军46家、国防部直属2家。以美国海军实验室为例,在其90年发展史上,该实验室的科学家发明了美国首个雷达,开发出美国首个作战声纳、首个情报卫星,以及全球定位系统概念和两颗原型卫星。目前,该实验室正致力于发展激光武器和电磁炮的开发与改进。再如,美国陆军航空和导弹研发与工程中心几乎可以完成从系统开发到武器生产全过程中所有环节的任务,具有强大的研发能力和一定的制造能力。美国军方所属的实验室多半为各军种所有,这样可以更好地服务各军种的需求。而在全军层面,国防部通过国防高级研究计划局、战略防御计划、核武器防御局(Defense Nuclear Agency, DNA)等机构来满足跨军种及国防部层面的战略性、整体性需求。

第二节 存在的主要问题

一、"同行评议"机制抑制创新性研究发展

美国联邦政府没有单独设立一个全国性的科研领导机构,而是将科研的管理权分配到联邦政府的各个部门当中。在美国,资助科研的经费主要来源于联邦政府的六个职能部门,它们分别是国家科学基金会,国防部,农业部,卫生、教育与福利部,国家航空航天管理局和原子能委员会。通常,这些职能部门根据自己的需求下达研究课题或提出资助计划。然后,各个科研机构的科研小组可以在各自的领域中提出申请,并提交研究建议书。联邦政府一般是通过"同行评议"的方式选出其中最优秀的研究建议书给予支持。"同行评议"是指联邦政府利用高等院校和其他学术机构的高级科学家审查和评议各科研小组提出的研究建议书,并向政府推荐其中最优秀的研究项目予以资助。例如,作为目前世界最具代表性和影响力的国家级政府科学基金资助机构的美国国家科学基金会,设有生物科学部、地球科学部、工程科学部、计算机与信息科学工程科学部、社会与行为及经济科学部数学与物质科学部等6个科学部负责组织同行评议,评议方式主要包括通讯评议和会议评审。美国国家科学基金会的评审专家遍及美国各州,而且还有5000多位来自国外的评审专家。评审专家在所评议

的领域具有精深造诣、客观公正,没有利益冲突及人情关系干扰,在研究机构的不同类型和地域分布、在研究及研究人员的多样性等方面保持平衡。但是同行评议在评审创新性研究方面存在着不足,诸如创造性研究非共识性与同行评议共识性矛盾,评议人过度关注申请人的知名度、地位等,而轻视甚至歧视那些年轻科学家和来自不知名机构的创新性工作,因此对新技术的认同不够,导致一些真正具有原创性、前沿性的创新概念得不到认可,错失了技术突袭的机会。

二、以合同为主的科研机构资助易造成垄断

联邦政府对科研机构资助的主要方式为签订科研合同。通常,美国政府支付科研活动的全部费用,包括科研机构因承担科研项目而发生的直接成本和间接成本。通过科研合同,政府成为研究结果的需求方,即购买者,科研机构则成为研究成果的供给方,即提供者。合同作为一种资助方式其本身是重要的,因为科研合同的使用确立了政府资助非政府团体特别是科研机构研究的原则之一。这种类似于拍卖的方式,一方面使得各个大学之间产生了竞争,从而降低了科研的成本,进而提高了科研资金的使用效率。不仅如此,科研合同赋予了科研机构一定的科研自主权,科研机构可以在政府许可的范围内,较为自由地使用科研资金,实现科研目标。但是,这种以科研合同为主的资助方式往往会产生某些科研机构对于科研资源的某种程度上的垄断。一流的科研机构拥有优秀的科学家、先进的设备、最优秀的研究生,这就意味着它拥有雄厚的科研实力和学术水平,这就会吸引最好的科学家和学生,还可以带来更高的声誉。反之获得科研合同较少的科研机构会受到影响,产生恶性循环、每况愈下。

三、管理体制固化影响科研体系运行效率

近年来,美国国家实验室正逐渐向更加严格的、由联邦政府机构主导的管理方向转变。联邦资助机构对国家实验室的管理不断降低实验室的运行效率和经费使用效率,使实验室的研发活动无法有效与实际需求相对接。联邦资助机构为国家实验室制定了多个层次的管理规定,弱化了运营机构的灵活性,国家实验室的管理体系不断向联邦机构的管理体系转变。这限制了运营管理的灵活性,同时因为没有操作自主性,造成对运营机构的问责机制形同虚设,也导致国家实验室的创新缺乏灵活性。美国联邦资助单位在一定范围内已经取代了运营机构而直接为国家实验室的管理制定决策,比如招聘、员工补贴、设施安全、旅游和项目管理等。这样的做法一方面能够有效应对来自国会听证会关于预算削减等审查,另一方面能够有效减少政府浪费。但资助机构逐渐僵化的微观管理形式取代了运营商责任制,从而造成了效率不高的问题。

四、资助程序的复杂性制约科研经费使用

美国国会对国家实验室的资金支持通过独立而又复杂的系统实现。资助资金先从国会拨款到资助国家实验室的联邦部委的预算中,再通过资助单位的管理办公室和十几个方案以及成千上万个具体合同,最终到达实验室管理人员和研究人员的手中,漫长而复杂的资源分配过程制约了研发经费的有效使用。美国国会和联邦资助机构更多从微观角度管理国家实验室的经费,这些监督往往只强调如何开展研究,而不是最终研究目标,导致对国家实验室的预算监督过于死板。由于每个国家实验室只负责管理与其研究相关的技术组合的资助经费,所以国家实验室被锁定在预先安排,但不是最集约、最直接或最有效研究项目上,这使得研发成本过高成为一个普遍的问题。

五、机构间缺乏互动影响科研成果转化率

国防科研机构研究解决国防部面临的现实作战问题和技术难题是衡量国防部和联邦政府资助研究是否取得成功的关键标准之一。不管是公共资助还是私人资助,目的是从实践角度增强政府和私营部门应对具体的任务要求和支持以技术为基础的经济活动的能力。产业界如果想要使用实验室高价值的设备或与特定的专家合作开展专利研究,国家实验室只能收取相关的研究、设备和经常性费用,而不能因其基础设施和服务而收取更多的费用。此外,非专利研究不收取费用,比如通常由大学开展的并发表在期刊上的研究。与外部进行合作通常需要通过择优评审过程,非专利研究的优先级要高于付费的专利研究。虽然实验室资产公平地向所有人开放,当前美国的国家实验室运行得不错,但它并没有形成一个强有力的机制来激励实验室管理人员使实验室资产效益最大化。

第三节　主要启示

一、构建弹性灵活的组织管理架构

国防科研机构管理与运行是一个高层次、复杂性的系统工程,在国家战略的顶层规划下,离不开科研管理部门的集中决策、统筹协调、积极部署。总体上看,美国国防科研机构大都拥有灵活的协同创新组织机制,运用组织结构扁平化、项目及其人员激励、建设共用工具等管理方式,促进横向上(军政产学研)和纵向上(探索、预研、研制、生产)形成合力,打造一应俱全的创新到生产链条,追

第六章 美国国防科研机构建设的经验启示

求完整的工业体系,结合各个机构自身的资源禀赋优势,在军工与科研和企业之间形成聚集的合作共赢状态。

(一) 组织结构扁平化

为了增强进行技术创新的责任感和动力,形成体系作战能力,同时防止国防科研项目管理模式僵化、融合管理成本高等问题,美国国防科研机构通过精简机构人员、缩短指挥链、需求对接管理机制等方法,推进扁平化的管理模式运行。一是精简机构人员,细化机构设置、明确组织职能。美国国防科研机构非常重视对部门管理范围、管理程序的规范,为其实现统一决策和统筹协调提供基础。例如,海军敏捷办公室共有 6 名管理层人员,均为海军及海军陆战队现役、预备役、文职人员及退役军官,了解海军部官僚体制及业务,掌握海战相关技术专业知识,拥有较为丰富的采办、创新管理经验,并善于人员组织管理。其办公室的职责定位非常清晰明确,即成为连接需求与技术的桥梁,坚决杜绝主导创新项目,只充当从事相关项目的不同实验室或小组之间的协调者,鼓励需求构想提出者和有知识与资源的专家来推进技术研发。二是推行项目管理制度压缩决策周期。美国国防科研机构普遍在军方主导下,通过缩短指挥链,缩短决策周期,实现信息、人才、知识、设施、资金等顺畅协调。例如,美国国防部高级研究计划局的项目办公室采用项目经理人制度。经理人的聘期为 3~5 年,与具体项目绑定在一起,通常项目结束便回到原工作领域,相对较短的任期更好地保证了项目经理人规范地使用职权,一旦国防部高级研究计划局决定对某个人予以资助,通用的同行评议或者等待项目开放时间的做法皆可省略,只要项目官员根据研究者的想法拟定一份能够说服办公室主任和局长的计划书,研究工作便可以最快的速度开始,达到人、财、物顺畅流通;陆军快速能力办公室缩短指挥链条,建立了新型快速采办模式,利用项目经理的专长、陆军快速能力办公室的权限以及双方的资源,并借助陆军作战部队高层参与陆军快速能力办公室运行,将作战部队和采办机构有效联系起来,并及时根据战术作战需求调整项目,确保快速作出需求、原型研究、试验以及生产等各项决策,形成快速部署能力。三是构建军地需求对接机制。美国国防科研机构形成了"自下而上汇总、军地对接论证、自上而下分解"的创新需求管理机制,将需求提报和项目落地放在同等位置。对此,空军敏捷创新机构将需求提报放在首要位置,首先利用星火单元,在空军基地成立创新办公室(称为"星火单元"),调动空军全球基地官兵和非传统承包商的创新活力,并为其提供获取空军创新网络资源和支持的渠道,方便了军队与工业界、学术界、政府之间的专家交流,从而解决顶级问题,同时激发了空军内部创新文化,促进了飞行员为解决战术层面痛点提供思路,打造去中心化的空军基地创新网络。专门推出 Idea Scale 众包平台,让空军人员通过该平台分享创意、对提案提出批评意见、对具体解决方案进行投票,向产业界和学术界征集解决方案,分解需求,并促进颠覆性技术诞生。

(二) 积极实施项目及人员激励计划

激励计划可以从一定程度上促进项目绩效,鼓励按时按质按预算的项目交付,因此美国国防创新机构针对军队、产业和研究机构分别制定了需求生成、技术研发等不同目标的激励计划。一是需求生成激励,刺激形成符合军队实际需求的颠覆性技术。前沿科技的研发风险大、变化多,除了产业和创新组织,需要更大程度上依赖有军队经验、有技术背景的军队内部人员对作战需求的分析和判断,研发的责任主体应从团体转向个人,更多的依靠个人经验和判断力,灵活应对探索过程中的各种挑战,真正挖掘出有价值的方案和产品。对此,海军敏捷办公室推出"敏捷与问责奖计划",鼓励海军水手、陆战队员和文职人员在改革海军部业务操作、为海军全球部署兵力创建敏捷性的过程中,随时都会提出卓越的军事需求,表彰其间作出突出贡献的个人和团体,激发后续努力;空军敏捷创新机构设立"中队创新基金"。使中队司令掌握资金推进基层官兵针对具体问题的创新解决方案快速实现,不必等待冗长缓慢的国防部领导审批。二是产业技术研发激励,鼓励小企业和非传统供应商参与技术研发。随着数字科技飞速发展,全球创新环境发生巨大变化,技术创新的军民两用趋势日益明显,中小企业逐渐成为国防科技创新的主体。在这一大环境下,美国国防部越来越重视中小企业对国防科技创新的贡献。例如,各军兵种创新机构积极推广的小企业创新研究计划和小企业技术转移计划。两大计划每年投入2~4亿美元的研发经费,支持和鼓励境内小企业参与具有商业化市场前景的政府研究和开发项目提供资金保障。

(三) 重视共用工具建设

美国国防创新机构重视灵活工具的运用,以打破壁垒提高创新研发效率,增强对内部人员的赋能,帮助各个协同创新过程中参与者获得最新科技发展状态,增强需求生成和现有技术之间联系。海军敏捷办公室为了寻求整个海军部推广快速创新知识和技巧,研发工具手册,使海军部人人可获取并使用最优的创新资源,其工具手册功能和维基百科相似,可以帮助使用者了解海军研究和实践中的经验教训和挑战,并共同加入到更新工具手册的队伍中来,自下而上调动海军部全体人员的智慧。美国国防高级研究计划局建设了一个全球性开放的"聚网"平台,寻求有兴趣分享和学习新兴科技的人士积极参与,特别希望来自不同学科、不同行业的研究人员、从业人员、退休人员及资助方注册成为平台用户,交流分享其专业知识,平台为研究人员之间、研究人员与资助方之间提供了便捷有效的研发合作途径。这将有助于获得新的研究设想,并促使其迅速落实为有价值的研究方案,加速推进协同创新与研发进程。

二、积极建立民参军协同创新机制

美国军队科研肯定部分民企的科技成果已经超越了国防领域科技研发水平,能够弥补军民工业体系存在明显的缺陷,因此联合民企和地方高校、科研院所的技术成果已实现国防需求的有效对接,以达到合作共赢。对此,美国国防创新机构开展形式多样的协同创新模式,为军、产、学、研开创多形式、多领域的协同创新环境,供协同创新主体选择,协同创新运行更加便捷高效。一是运用先进商业理念开展协同合作,运用风险投资、众包分包等新模式降低选择合作伙伴的成本,推动企业、高校、科研机构参军热情。其中,通过国防创新小组与风险投资和创业社区的深厚联系,一方面要帮助与技术公司和风险投资公司建立紧密的联系,同时为商业公司提供国防部采办经验;另一方面帮助风险投资者及其投资组合公司深入了解国防部,促进私营企业参与投资涉及国家安全的商业公司。空军敏捷创新机构也拥有类似职能,在技术创新前景明确后,扮演担保人的角色,为创新型公司争取政府小企业研究计划投资资金,或引入诸如In-Q-Tel等风险投资基金,同时承担创新成果推销人的角色,组织创新成果路演,为商业技术创新者站台。二是开展多种多样的技术交流活动。例如组织挑战赛、论坛、专题会议,实现军方信息和民用技术信息的有效交流。美国空军敏捷创新中心以举办挑战赛为主,每年举办"美国空军新头盔系统开放挑战赛""变革飞行员训练开放挑战赛""多域作战挑战赛""先进微电子设计与样机研制挑战赛""微电子供应链来源挑战赛""混合现实平台挑战赛"等,面向广泛领域特别是非传统供应商征集商业现货产品,解决空军实际问题。美国特种作战部队工场则热衷举办交流活动,创建了各种各样的活动不断壮大的技术专家生态系统,这些活动包括:科学、技术、工程和数学活动、技术冲刺、可行性研究活动、技术讲座、黑客马拉松活动、对撞机等十余项交流活动来扩展其专家生态系统。三是搭建信息交互平台,促进人才线下沟通交流。美国国防创新机构通常会建立公共服务平台,促进科研成果"上得去",军方需求"下得来",有效利用资源能源和设施设备,共享闲置的设施设备,实现创新资源共享共建和人员交流。海军敏捷办公室选取产业和研究基础较为雄厚的地区设立军地融合办事处"技术桥",旨在在海军部与工业界、学术界、私人资本和政府实体之间打造强健的合作网络;空军敏捷创新中心建设多个协同实验室、多处合作空间和一些特殊准入区域以创造"颠覆性技术",其工作地点也是一个"临街商店",以便于合作者前往并及时提供创新思路。陆军特种作战部队工场则由一个用于合作、创新和快速原型设计10000平方英尺仓库设施和一个用于快速制作原型硬件的车库组成,以方便实验,促进技术向产品转化。

三、严格推行项目全过程监督制度

科研项目的过程管理是指各单位在项目的申请立项、组织实施、验收结题和成果跟踪等全过程中对承担科研项目的课题组成员及相关单位进行的监督和管理。项目过程管理是整个管理过程的核心,与协同创新项目质量和水平的提升,和项目顺利实施密不可分。综观美国国防科研机构实施的项目案例可知,不管是国防直属科研机构还是军种直属实验室,普遍对项目监督重视程度较高,其中国防高级研究计划局和国防创新小组具有较为完善的项目监督机制。美国国防高级研究计划局采取项目经理制度,项目经理作为项目主要负责人,工作时受到国防部管理部门的监督。项目经理人签订暂时雇员的合同被招聘进国防高级研究计划局,聘期3~5年,提出计划并寻求国防高级研究计划局高级官员的批准和资助,拟定相关资金的征集书,并具体负责机构成员的聘用及实际问题等,因此项目的成功和失败与项目经理人的声誉直接挂钩,国防高级研究计划局资助的是"高风险高回报"的项目,鼓励那些敢于承担风险而不是逃避风险的文化,鼓励首创精神和个人责任,其监督机制主要来源于已有的法律体系,以及自律的科学共同体对其经历所带来的身份认同。国防创新机构资助的项目则是靠分阶段监督规避风险。申请参与项目研发的公司要明确技术和商业上的可行性,并在立项前提交完整的提案,接受来自军方和政府的审查:评估技术观念的价值优势即在政府目的领域的可行性;评估概念/技术/方案与政府目的领域的相关性以及提议的创新性、独特性和可利用性;评估公司实力和提出方案的商业可行性,并将根据外部市场的研究来评估公司的生存能力。同时项目会对任务有效性的相关程度、估算价格的可接受程度、项目推进进度、非传统和小企业参与或分担费用情况等方面进行监督和评估。有效的监督能够减小国防投资风险,人、财、物等资源浪费,刺激项目按照规划有目的地推进,同时还能够增强创新活力,加速新技术向应用领域转化,以满足新作战需求。

四、科学规划国家实验室网络体系

美国是国家实验室建设的先行者,积累了较为丰富的建设和管理经验,对我国在建设国家实验室体系的过程中,如何构建高效的管理体系和模式有一定的启示。

(一)明晰国家实验室的定位

国家实验室是体现国家意志、实现国家使命、代表国家水平的战略科技力量,是面向国际科技竞争的创新基础平台,是引领国家创新发展的重要动力源泉,是保障国家安全的关键核心支撑,是建设科技强国的重要标志。国家实验室是突破型、引领型、平台型一体化的大型综合性研究基地,应当通过跨学科、大协作、高强度支持,聚焦国家长远目标和重大需求,开展战略性、前瞻性、基础性、系统性、集成性科技创新,突破世界前沿的重大科学问题,攻克事关国家核心竞争力和经济社会可持续发展的关键核心技术,率先掌握能形成先发优势、引领未来发展的颠覆性技术,确保国家重要安全领域技术领先、安全、自主、可控。国家实验室是科技体制改革的先行区,应当以重大科技任务攻关和国家大型科技基础设施为主线,选择最优秀的团队和最有优势的创新单元,整合优势创新资源,聚集国内外一流人才,建立目标导向、绩效管理、协同攻关、开放共享的新型运行机制,带动国家科研力量的优化布局和自主创新能力的跃升,成为国家创新体系的中坚力量,成为世界主要科学中心和创新高地。

(二) 建立国家实验室管理机构

美国国家实验室的最高决策机构在美国国会。国家实验室的设立、预算、评估等核心事务均由美国国会相关专门委员会进行决策或者委托其他机构展开,这充分显现了国家实验室体系在整个美国科研系统中的战略地位。在美国联邦机构层面,不管是能源部还是国防部都由副部长一级行政人员统筹该联邦机构下属的国家实验室管理。这些举措都保障了国家实验室体系相对高效的运转。我国在构建国家实验室体系过程中,也应该构建超脱部门利益的国家层面的统一协调和管理机构,真正实现跨机构的资源整合。

(三) 赋予依托机构高度的自主权

美国国家实验室体系一般通过 GOCO 模式,即政府拥有、合同管理模式来提高国家实验室管理的灵活性。但实际中仍然存在资助单位越界管理,逐步将国家实验室管理行政化的趋势。我国在构建国家实验室体系过程中,一定要充分保障国家实验室在学术和具体事务管理上的独立性和灵活性。我国的国家实验室也应该依托国立科研结构(如中科院)、大学、央企等机构进行日常管理。国家层面管理实验室的设立、预算和评估,具体的科研、人事、财务等管理应该给予依托机构充分的自主权。

(四) 构建差异化的实验室管理制度

从美国国家实验室来看,主要包括基于综合性大科学装置的国家原始创新领域的国家实验室、应对国家传统安全威胁和新安全风险的国家实验室、关注事关国家可持续发展核心技术的国家实验室三种类型。不同类型的实验室应该在资助资金来源、实验室目标上存在一定的差异,这也相应要求在人事管理、财务管理以及科技成果转化管理制度上保持一定的差异与区别。但是,美国国家实验室在管理制度上没有很好体现这些差异,随之带来了科技成果转化不利,实验室不能很好支持地方经济建设等问题。我国在建设国家实验室的过程中,应该实行分类管理的模式。

五、注重队伍的建设保持技术优势

美国国防科研机构拥有国家最优秀的人才,其在运行过程中十分重视人才在科研创新中的价值,并视人才为最有价值的资源,并通过多种途径加强人才队伍建设,维持各科研机构的技术优势。

(一) 建立教育基金,培育储备人才

为加强人才培养,空军研究实验室超前布局下一代教育,每年在制定基础研究发展战略时都会安排大量资金支持一系列的下一代教育计划。例如,国防科学与工程研究生奖学金计划,每年为 550 名以上的博士研究生提供全额学费津贴;本科生研究激励计划,在国防部感兴趣的科学和教育领域,为本科生提供研究机会,每年夏季支持 500 多名本科生参与科学创新研究;初级科学和人文专题研讨会计划,在科学、技术、工程与数学领域,为高中生提供参与学术研讨和创新性科学技术调研分析的机会。另外,空军研究实验室还会邀请各阶段的学生参与一系列的学术会议。

(二) 实施培育计划,挖掘潜在人才

为挖掘和培养有潜力的科技领军人才,确保科研创新的可持续发展,空军研究实验室特别注重加强创新团队的人才梯队建设,针对在学术上有突出成绩的青年学者设立了专项基金,入选的学者连续 3 年都可获得约 12 万美元的经费。空军研究实验室还专门为在实验室工作的专职科研工作者设立国家科学研究委员会计划,重点支持获得博士学位不足 5 年的青年学者。

(三) 依托自身优势,开展人才建设

空军研究实验室自身拥有一流的研究团队,长期从事科技前沿研究,拥有充足的科研经费和科研项目,依托自身科研优势开展人才队伍建设也是空军研究实验室人才培养的主要模式之一。另外,空军研究实验室还通过开展人才队伍文化适应、前期监管发展和持续领导力发展项目,通过参与空军职业发展项目等方式,实现发展、保留、招募多样化人才队伍的目标,并维持其作为世界一流技术型组织的地位。

第七章 国防科研机构发展趋势

通过全面分析美国国防科研机构的整体运行可以发现,美国政府和军队高度重视国防科研机构建设,除了巨额经费投入外,在国防科研机构管理机制上比较灵活,注重发挥人的作用,开展有限的竞争,把军和民两种科研力量有机地结合在一起,产生了巨大的效益。从美国国防科研机构管理发展来看,各国国防科技发展的实际,特别是针对存在的主要问题,世界各国在战略布局、体制机制、人才培养、经费支持、创新生态环境、技术转移机制以及军队实验室建设等方面进行体制创新、模式创新和手段创新都进行了尝试。

一、把握发展趋势超前开展战略布局

当前,前沿新技术发展迅猛,应把科技创新摆在核心位置,围绕信息化、数字化、智能化武器装备发展需求,建立长效跟踪机制,对前瞻性、颠覆性技术的潜在价值、最新进展、应用前景及应对策略等进行综合评估,敏锐把握颠覆性前沿技术对未来武器装备设计、生产和作战模式的影响,积极开展量子信息、脑机结合、增材制造、高超声速、人工智能、超材料等前沿新兴技术战略布局和研究,明晰技术发展路线,集中攻关、重点突破,为我国技术战略布局提供支持,推进新质作战力量建设,提升战略威慑能力和作战能力。

二、紧跟需求变化创新科研管理机制

目前,各国在科技研发中比较多地强调科研投入。实际上,科研成果中还存在着制度成本因素。当前,全球创新环境已经发生改变,高新技术呈现全球化、商业化及加速化的发展特点。要适应环境的变化,在创新实践的基础上,大力探索新的技术发展路径,着眼于国防科技创新体系中存在的问题,调整创新和整合新能力的方式,将新型创新力量融入组织和流程之中,为加强国防科技创新能力、保持技术领先优势提供支持。借鉴国防科技创新快速响应小组依托特区创新优势,通过多种形式快速响应国防科技创新需求,为推动形成灵活高效的国防科技创新价值链积累经验。随着军民融合程度不断加深,军民结合产业覆盖的范围不断扩大,在发展过程中应进一步加强军民科研任务顶层统筹、规范管理,避免重复建设、同质化竞争,消除各类创新主体之间的壁垒,推动军民两用技术的双向互动,提高技术在军民之间的流动速度,以及共享、共用的程度,放大技术的溢出效应,形成覆盖技术研发和产品研制生产全过程的协同攻关模式。

三、通过重大项目培养顶尖科研人才

要坚持走好人才自主培养之路,多种方式相结合,形成具有创新性的科研人才培养和合作模式,提高高级科研人才供给能力和水平。军队自己的研发机构在国防研发体系中应该处于核心地位,扮演十分重要的多重角色,军队自身必须拥有一定的科研力量,才能承担起国防科研的技术预测、概念探索、项目管理与评估等任务,扮演好国防科技的"集成者""精明的采办人""科研项目管理者"等角色,从根本上提高国防科研能力。

四、增加相关基础科学研究支持力度

基础科学研究是原始创新的"种子",不注重基础研究就很难催生出原始创新。国防科技领域的原始创新一样依赖于基础科学研究。国防研发支出项目不仅要关注眼前和近期的国防需求,更要关注长期的未来需求,而这种长期的未来需求就潜藏于基础科学研究之中,在这方面,大学及其附属研究机构有明显的优势,因此要加大对基础科学研究的支持,为未来科技发展探路,同时培养国防研发的后备人才。

五、建立高效国防科研技术转移机制

国防科研机构的最终目标是服务作战、服务打仗。因此,国防科研机构开发的国防科技成果不是要为这些机构所独占,而应当通过竞标、协商、订立合同等方式公平、公正地转移给符合条件的企业进行进一步开发和生产,并最终为作战服务。为此应当建立一套以作战需求为导向的成果转移机制。一是在科研项目立项时征求战区、联合作战部门意见。对于作战指挥急需、应急作战方向急需的项目应建立台账,并建立快速项目审批通道,确保科研项目在成果转化前就被注入联合作战的基因;二是严格确保军方对核心技术的控制。对于敏感领域科研成果的管理要严格程序,加强国防知识产权的保护,防止在科研过程中发生失泄密等问题;三是以作战应用引导军品研制市场竞争。主要发挥作战需求对民营科研机构公开竞争的导向作用。在科研成果应用描述、需求分析中首先考虑其作战目的和应用背景,在项目申报之初就明确其应用方向和潜在价值,为后续成果转化瞄准方向提供依据。

六、按照任务需求厘清科研机构职能

美军国防部直属的实验室和军种实验室由于其国防部统一管理在职能定位上非常清晰,各机构在科研任务上没有明显的重复和交叉,因此不存在大的科研项目重复立项、各自为战、烟囱林立、资源浪费的情况,并分别在国防科研体系中扮演着重要角色。结合未来发展实际情况,应当坚持发挥各科研机构的属性优势原则,清晰界定军队实验室职能并加快联合作战实验室建设。通过科学界定军队科研机构和大学的实验室以及军种研究院实验室的职能任务,可以有效避免科研攻关方向的交叉和课题项目的重复建设,并形成军队科研实验力量体系,使各机构围绕备战打仗各司其职、专司主营,为国防科研做出重要贡献。

缩略语表

缩略语	原文	译称
ACO	Adaptive Capabilities Office	自适应能力办公室
ACTD	Advanced Concept Technology Demonstration	先期概念技术演示
ADDC	Air Force Defense Documentation Center	空军国防文献中心
AFC	Army Futures Command	陆军未来司令部
AFOSR	Air Force Office of Scientific Research	空军科学研究办公室
AFRL	Air Force Research Laboratory	空军研究实验室
APL	The Johns Hopkins University Applied Physics Laboratory	约翰斯·霍普金斯大学应用物理实验室
APO	Aerospace Projects Office	航空航天办公室
ARL	Army Research Laboratory	陆军研究实验室
ARLIS	Applied Research Laboratory for Intelligence and Security	情报和安全应用研究实验室
ARO	Army Research Office	陆军研究办公室
ASD(R&E)	Assistant Secretary of Defense for Research And Engineering	国防部研究与工程助理部长
ATAM	Architecture Tradeoff Analysis Method	体系架构权衡分析方法
ATD	Advanced Technology Demonstration	先期技术演示
ATSP	Advanced Technology Support Program	先进技术支撑项目
BAA	Bussiness Associate Agreement	商业合作协议
BMDO	Ballistic Missile Defense Organization	弹道导弹防御组织
BTO	Biological Technologic Office	生物技术办公室

缩略语	原文	译称
CAASD	Center for Advanced Aviation System Development	先进航空系统开发中心
CAC	Common Access Card	通用访问卡
CASL	Center for Advanced Study of Language	高级语言研究中心
C^2ISR	Command, Control, Intelligence, Surveillance, and Reconnaissance	指挥、控制、情报、监视、侦查
C^4ISR	Command, Control, Communication, Computer, Intelligence, Surveillance, Reconnaissance	信息通讯指挥攻击系统(指挥、控制、通信、计算机、情报、监视、侦查)
CEM	Center for Enterprise Modernization	企业现代化中心
CISD	Computation and Information Sciences Department	计算与信息科学部
CMM	Capability Maturity Model	能力成熟度模型
CMMI	Capability Maturity Model Integration	能力成熟度模型集成
CMS	Centers for Medicare & Medicaid Services	医疗保险与救助中心
CMSAMH	Centers for Medicare & Medicaid Services Alliance to Modernize Healthcare	医疗保险与救助中心联盟促进医疗保健现代化中心
CNA	Center for Naval Analyses	海军分析中心
CODE	Collaborative Operations in Denied Environments	拒止环境中的协同作战
CRADA	Cooperative Research and Development Agreement	合作研究与发展协议
CSO	Commercial Solutions Opening	商业领域开放方案征集
CTEIP	Central Test and Evaluation Investment Program	试验与鉴定核心投资计划
CTM	Capability Test Methodology	能力试验法
DARPA	Defense Advanced Research Projects Agency	美国国防部高级研究计划局
DCTs	Discovery Challenge Thrusts	基础研究领域

续表

缩略语	原文	译称
DDR&E	Director of Defense for Research and Engineering	国防研究和工程局主任
DE	Directed Energy	定向能
DIA	Defense Institute of Analysis	国防分析研究所
DIB	Defense Innovation Board	国防创新委员会
DIU	Defense Innovation Unit	国防创新小组
DIUx	Defense Innovation Unit Experimental	国防创新试验小组
DMEA	Defense Microelectronics Activity	国防微电子局
DNA	Defense Nuclear Agency	核武器防御局
DoD	Defense of Department	国防部
DoD IAC	Defense of Department Information Analysis Center	国防部信息分析中心
DoD CSR	Defense of Department Cyber Security Range	国防部网络安全靶场
DSB	Defense Science Board	国防科学委员会
DSO	Defense Science Office	国防科学办公室
DSRC	Defense Sciences Research Council	国防科学研究委员会
DTIC	Defense Technology Information Center	国防技术信息中心
ECA	Early Career Awards	职业生涯奖
EW	Electronic Warfare	电子战
FFRDCS	Federally Funded Research and Development Center	联邦资助的研发中心
FLTC	Focused Long Term Challenges	聚焦长期挑战
GOCO	Government-Owned, Contractor-Operated	政府拥有、合同管理
GOGO	Government-Owned, Government-Operated	政府拥有、政府管理
GPRA	Government Performance and Results Act	政府绩效和结果法案
GS[3]	Gamifying the Search for Strategic Surprise	游戏化寻求战略突袭

续表

缩略语	原文	译称
HIFiRE	Hypersonic International Flight Research Experimentation Program	高超声速国际飞行研究实验计划
HRED	Human Research and Engineering Department	人体研究与工程部
HSSEDI	Homeland Security Systems Engineering and Development Institute	国土安全与系统工程发展研究所
IAR	DoD IA/CND Range	美国国防部的信息保障/计算机网络防御靶场
ICB	Institute for Collaborative Biotechnologies	协同生物技术研究所
IHPTET	Integrated High Performance Turbine Engine Technology	综合高性能涡轮发动机技术计划
INET	Integrated Network of Enhanced Telemetry	增强遥测综合网
JCTD	Joint Capability Technology Demonstration	联合能力技术演示验证
JT&E	Joint Test and Evaluation	联合试验鉴定
JTEM	Joint Test and Evaluation Methodology	联合试验鉴定方法
JMETC	Joint Mission Environment Test Capability	联合任务环境试验能力
LCAAT	Low Cost Attritable Aircraft Technology	低成本可耗损式飞机技术
LVC-DE	Live、Virtual、Constructive Distributed Environment	真实、虚拟、构造分布式环境
MDA	Missile Defense Agency	导弹防御局
MITRE	Massachusetts Institute of Technology Research and Engineering	麻省理工学院研究与工程
MTO	Microsystems Technology Office	微系统技术办公室
NCSC	National Cyber Security Center	国家网络安全中心
NCSES	National Center for Science and Engineering Statistics	美国国家科学与工程统计中心
NDSA	National Defense Space Architecture	国防太空体系架构
NIPRNET	Non-classified Internet Protocol Router Network	非保密互联网协议路由网络

续表

缩略语	原文	译称
NPS	Naval Postgraduate School	海军研究生院
NRL	Naval Research Laboratory	海军研究实验室
NRO	Naval Research Office	海军研究办公室
NSEC	National Security Engineering Center	国家安全工程中心
NSF	National Science Foundation	国家科学基金会
NSIC	National Security Innovation Capital	国家安全创新资本
NSIN	National Security Innovation Network	国家安全创新网络
ONR	Office of Naval Research	海军研究办公室
OSD	Office of Secretary of Defense	国防部长办公室
OTA	Other Transaction Authority	其他交易授权
OUSD(A&S)	Office of the Under Secretary of Defense for Acquisition And Sustainment	国防部采办与维持副部长办公室
OUSD(R&E)	Office of the Under Secretary of Defense for Research and Engineering	国防部研究与工程副部长办公室
PCTE	Persistent Cyber Training Environment	持续赛博训练环境
PIA	Partnership Intermediary Agreement	合作关系中介协议
PIRPL	Prototype Infrared Payload	原型红外有效载荷
Rand	Research and Development	兰德(研究与发展)
RCCTO	Rapid Capabilities and Critical Technologies Office	快速能力和关键技术办公室
RCO	Rapid Capabilities Office	快速能力办公室
RD	Directed Energy Directorate	定向能源局
RDECOM	Research, Development and Engineering Command	研究、发展与工程司令部
RDH	High Power Electromagnetics Division	高功率电磁部
RDL	Laser Division	激光部

续表

缩略语	原文	译称
RDM	Mission Planning and Support Division	任务规划与支持分部
RDS	Space Electro-Optics Division	太空光电子部
RDT&E	Research, Development, Test, and Evaluation	研究、开发、试验和鉴定
RH	Airman Systems Directorate	空军人员系统部
RI	Information Directorate	信息局
RIE	Information Intelligence Systems and Analysis Division	信息情报系统与分析部
RIG	Information Exploitation and Operations Division	信息开发与作战部
RIS	Information Systems Division	信息系统部
RIT	Computing and Communications Division	计算和通信部
RQ	Aerospace Systems Directorate	航空航天系统局
RQH	High Speed Systems Division	高速系统部
RQQ	Power & Control Division	动力和控制部
RQR	Rocket Propulsion Division	火箭推进系统部
RQT	Turbine Engine Division	涡轮发动机部
RQV	Aerospace Vehicles Division	航空航天飞行器部
RTA1	Engineering and Complex Systems Division	工程与复杂系统部
RTA2	Information and Networks Division	信息与网络科学部
RTB1	Physical Sciences Division	物理科学部
RTB2	Chemistry and Biological Sciences Division	化学与生物科学部
RV	Space Vehicles Directorate	航天飞行器局
RVB	Battlespace Environment Division	战场空间环境部
RVE	Integrated Experiments and Evaluation Division	综合试验与评估部
RVS	Spacecraft Technologies Division	航天器技术部
RW	Munitions Directorate	弹药局

续表

缩略语	原文	译称
RWA	Assessment and Demonstrations Division	评估与演示部
RWG	Advanced Guidance Division	先进制导部
RWM	Ordance Division	军械部
RX	Materials and Manufacturing Directorate	材料与制造局
RXA	Functional Materials Division	功能材料部
RXC	Structural Materials Division	结构材料部
RXM	Manufacturing and Industrial Technologies Division	制造和工业技术部
RY	Sensors Directorate	传感器局
RYA	Layered Sensing Exploitation Division	分层传感开发部
RYD	Aerospace Components and Subsystems Technology Division	航空航天部件及子系统技术部
RYM	Multispectral Sensing and Detection Division	多光谱传感与检测部
RYW	Spectrum Warfare Division	频谱作战部
RYZ	Sensors Plans and Advanced Programs Division	传感器计划和高级程序部
SAC	System and Analysis Center	系统和分析中心
SBIR	Small Business Innovation Research Program	小企业创新研究计划
SCO	Strategy Capabilities Office	战略能力办公室
SDA	Space Development Agency	太空发展局
SDI	Strategic Defense Initiative	战略防御计划
SDIO	Strategic Defense Initiative Office	战略防御计划组织
SEDD	Sensors and Electron Device Department	传感器与电子器件部
SEI	Software Engineering Insititue	软件工程研究所
SERC	The Systems Engineering Research Center	系统工程研究中心
SIF	Squadron Innovation Funds	中队创新基金
SIPRNET	Secret Internet Protocol Router Network	秘密互联网协议路由网络

续表

缩略语	原文	译称
SLAD	Survivability and Lethality Analysis Department	生存/杀伤性研究部
SOF AT&L	Special Operations Forces for Acquisition, Technology and Logistics	负责采办、技术和后勤的特种作战部队
STEM	Science, Technology, Engineering and mathematics	科学、技术、工程与数学
STO	Service To Order	定制服务技术
STPI	Science and Technology Policy Institute	科学技术政策研究所
STTR	Small Business Technology Transfer Program	小企业技术转移计划
ToR	Terms of Reference	授权范围
TRMC	Test Resource Management Center	试验资源管理中心
UARCs	University Affiliated Research Centers	大学附属研究机构
USAFSAM	US Air Force School of Aerospace Medicine	美国空军航空航天医学学校
USD(AT&L)	Under Secretary of Defense for Acquisition, Technology and Logistics	国防部采办、技术与后勤副部长
USD(R&E)	Under Secretary of Defense for Research And Engineering	国防部研究与工程副部长
USSOCOM	United States Special Operations Command	美国特种作战司令部
VAATE	Versatile Affordable Advanced Turbine Engines	通用的经济可承受的先进涡轮发动机
VTD	Vehicle Technology Department	运输技术部
WMRD	Weapons and Materials Research Department	武器与材料研究部

参考文献

[1] Patelli, Aurelio, et al. The scientific influence of nations on global scientific and technological development [J]. Journal of Informetrics, 2017, 11(4):1229-1237.

[2] Safadel, Nooshafarin, et al. Upgrading the Iranian national laboratory standard to conform to ISO 15189:2012 [J]. Accreditation and Quality Assurance, 2019, 24(6):463-470.

[3] Acsconl. White Papers relating to UC's relationship with the National Laboratories[R]. California University of California-Berkele, 2009.

[4] Bottoni M. The Cost of Unethical Behavior: A Pending Issue at the Argonne National Laboratory[M]. Indiana: Author House, 2010.

[5] Silverthorn. Partnering with the Frederick National Laboratory for Cancer Research[R]. Washington DC: Frederick National Laboratory for Cancer Research, 2014.

[6] Best, Michele, Jean Sakande. Practical recommendations for strengthening national and regional laboratory networks in Africa in the Global Health Security era[J]. African Journal of Laboratory Medicine, 2016, 5(3):1-10.

[7] George Z. F. Bereday. Comparative Method in Education[M]. New Delhi: Oxford-& IBH Publishing Company, 1964. 3-28.

[8] Eisenhardt, K. M. Making fast strategic decisions in high-velocity environments[J]. Academy of Management Journal, 1989, 32(3):543-576.

[9] Etzkowitz H. The triple helix—university-industry-government relations: a laboratory for knowledge based economic development[J]. EASST Review, 1995, 14(1):11-19.

[10] Albert B. Research output from university-industry collaborative projects[J]. Economic Development Quarterly, 2013, 27(1):71-81.

[11] Ahlgren P, Yue T, Rousseau R, et al. The role of the chinese key labs in the international and national scientific arena revisited[J]. Research Evaluation, 2017, 26(2):132-143.

[12] Link A N, Siegel D S, Van Fleet D D. Public science and public innovation: Assessing the relationship between patenting at US National Laboratories and the Bayh-Dole Act[J]. Research Policy, 2011, 40(8):1094-1099.

[13] Keller M R, Block F, Negoita M. How does innovation work within the developmental network state? New data on public private agreements in a U. S. Department of Energy laboratory[J]. Sociologias, 2017, 19(46):136-164.

[14] Borlaug S B, Brorstad S. Moral hazard and adverse selection in research funding: Centres of excellence in Norway and Sweden[J]. Science and Public Policy, 2016, 43(3):352-362.

[15] C. Bruce Tarter. The American Lab: An Insider's History of the Lawrence Livermore National Laboratory [M]. Baltimore: Johns Hopkins University Press, 2018.

参考文献

[16] Eisenhardt, K. M. Building theories from case study research[J]. The Academy of Management Review, 1989,14(4):532-550.

[17] Yin R K. Case Study Research:Design And Methods[M]. 3rd Ed. CA:Sage;Thousand Oaks,2003.

[18] Yin R K. Case Study Research:Design and methods[M]. 4th Ed. CA:Sage. Thousand Oaks,2008.

[19] Yin R K. Case Study Research:Design and Methods[M]. CA:Sage Publications,1994.

[20] Kazuyuki Motohashil. Assessment of technological capability in science industry linkage in China[J]. World Patent Information,2008,30(3):225-232.

[21] Haiyun Xu, Chao Wang, Kun Dong, et al. A Study of methods to identify Industry-University-Research Institution cooperation partners based on innovation chain theory[J]. Journal of Data and Information Science,2018,3(2):38-61.

[22] Thornherry. Fostering a culture of innovation[J]. Proceedings of the United States Naval Institute,2003, 129(4):44-48.

[23] Barton R. Developing innovative competences:The role of institutional frameworks[J]. Industrial and Coorporate Change,2002,11(3):497-528.

[24] Kristian M. Managing strategic nets:A capability perspective[J]. Marketing Theory,2003,3(2):209-234.

[25] Dakhli M, De Clercq D. Human Capital, Social Capital, and Innovation:A Multi-Country Study[J]. Entrepreneurship and Regional Development,2004,16(2):107-128.

[26] Nisiic, Castillettic, Dicaro A, et al. The Euro-pean network of Biosafety-Level-4 laboratories:enhancing European preparedness for new health threats[J]. Clinical Microbiology and Infection, 2009, 15(8): 720-726.

[27] Sonehara N, Echizen I, Wohlgemuth S. Isolation in cloud computing and privacy-enhancing technologies [J]. Business & Information Systems Engineering,2011,3(3):155-162.

[28] Martínez-Senra, M. A. Quintas, A. Sartal and X. H. Vazquez. How Can Firms' Basic Research Turn into Product Innovation? The Role of Absorptive Capacity and Industry Appropriability, IEEE Transactionson Engineering Management,2015,62(2):205-216.

[29] Popp. From Science to Technology:The Value of Knowledge from Different Energy Research Institutions[J]. Research Policy,2017,46(9):1580-1594.

[30] Song,J. Z. Su,X. Nie. Does Development of Financial Markets Help Firm Innovation? Evidence from China [J]. Economic and Political Studies,2018,6(2):194-208.

[31] Mueller A, Zaby A K. Research joint ventures and technological proximity[J]. Research Policy, 2019, 48(5):1187-1200.

[32] Abramo G, Reale E. Peer review versus bibliometrics:which method better predicts the scholarly impact of publications? [J]. Scientometrics, 2019,121(1):537-554.

[33] Cannady C. Technology Licensing and Development Agreements[M]. Oxford University Press,2013.

[34] Walejko G K, Hughes M E, Howieson S V, et al. Federal laboratory-business commercialization partnerships[J]. Science,2012,337(6100):1297-1298.

[35] Thomas J G, Jared L C, Norman R A, et al. Securing America's future:Realizing the potential of the Department of Energy's National Laboratories[R]. Washington D C:Department of Energy,2015.

[36] Committee to Review the Quality of the Management and of the Science and Engineering Research at the Department of Energy's National Security Laboratories-Phase I. Managing for high quality of science and engineering at the NNSA National Security Laboratories[M]. Washington D C:National Academies Press,

235

2012.

[37] Congressional Advisory Panel on the Governance of the Nuclear Security Enterprise. A new foundation for the nuclear security enterprise[R]. Washington DC:United States Congress,2014.

[38] National Academy for Public Administration. Positioning DOE's Laboratories for the future:A review of DOE's management and oversight of the National Laboratories[R]. Washington D C:National Academy for Public Administration,2013.

[39] Crow M M,Bozeman B L. Limited by design:R&D laboratories in the U. S. national innovation system[M]. New York:Columbia University Press,1998.

[40] Lee S H,Muminov T K. R&D Information sharing in a mixed duopoly and incentive subsidy for research joint venture competition[J]. Bulletin of Economic Research,2020,2:1-17.

[41] Nippa M,Reuer J J. On the future of international joint venture research[J]. Journal of International Business Studies,2019,50(4):555-597.

[42] Sabrina T Howell. Joint ventures and technology adoption:A Chinese industrial policy that backfired[J]. Research Policy,2018,(10):1448-1462.

[43] Agrawal R,Imielinski T,Swami A N,et al. Mining association rules between sets of items in large databases [J]. International Conference on Management of Data,1993,22(2):207-216.

[44] Didegah F,Thelwall M,Gazni A. An international comparison of journal publishing and citing behaviours [J]. Journal of informetrics,2012,6(4):516-531.

[45] Franceschini F,Maisano D,Mastrogiacomo L. Scientific journal publishers and omitted citations in bibliometric databases:Any relationship? [J]. Journal of Informetrics,2014,8(3):751-765.

[46] Lb A,Ll B,Jian W. Which percentile-based approach should be preferred for calculating normalized citation impact values? An empirical comparison of five approaches including a newly developed citation-rank approach(P100)[J]. Journal of Informetrics,2013,7(4):933-944.

[47] Zhang,Nan,Wan,et al. A bibliometric analysis of highly cited papers in the field of Economics and Business based on the Essential Science Indicators database[J]. Scientometrics:An International Journal for All Quantitative Aspects of the Science of Science Policy,2018,116(2):1039-1053.

[48] Aflori C,Craus M. Grid implementation of the Apriori algorithm[J]. Advances in Engineering Software,2007,38(5):295-300.

[49] Frame J D,Carpenter M P. International Research Collaboration[J]. Social Studies of Science,1979,9(4):481-497.

[50] Luukkonen T,Tijssen R,Persson O,et al. The measurement of international scientific collaboration[J]. Scientometrics,1993,28(1):15-36.

[51] G Heinze,Schemper M. A solution to the problem of separation in logistic regression[J]. Statistics in Medicine,2010,21(16):2409-2419.

[52] Bermeo A H,de los Reyes López Ernesto,Bonavia M T. Dimensions of scientific collaboration and its contribution to the academic research groups' scientific quality[J]. Research Evaluation,2009,(4):301-311.

[53] Schubert A. Using the h-index for assessing single publications [J]. Scientometrics, 2009, 78(3):559-565.

[54] Porter A L,Chubin D E. An indicator of cross-disciplinary research[J]. Scientometrics,1985,8(3-4):161-176.

[55] Raan A V,Leeuwen T V. Assessment of the scientific basis of interdisciplinary,applied research:Applica-

tion of bibliometric methods in Nutrition and Food Research[J]. Research Policy,2002,31(4):611-632.

[56] Schoolman E D, Guest J S, Bush K F, et al. How interdisciplinary is sustainability research? Analyzing the structure of an emerging scientific field[J]. Sustainability Science,2012,7(1):67-80.

[57] Luis S M, B María, Angeles Z M. Interdisciplinarity as a multidimensional concept: its measure in three different research areas[J]. Research Evaluation,2001,(1):1.

[58] 张先恩. 科技创新与强国之路[M]. 北京:化学工业出版社,2010.

[59] 骆严,朱雪忠,焦洪涛. 论美国大学与联邦实验室技术转移政策的差异[J]. 科学研究,2016,34(03):373-379.

[60] 左京华. 美国1986年联邦技术转移法介绍[J]. 中外科技信息,1987,(2):38-42.

[61] 钟柯. 美国《联邦技术转移法》[J]. 科学学与科学技术管理,1996,(9):96.

[62] 和育东. 国有专利的收益私人化与权益私有化——美国联邦实验室技术转移法律激励体系的启示[J]. 科技进步与对策,2014,31(09):121-124.

[63] 林振亮,陈锡强,张祥宇,等. 美国国家实验室使命及管理运行模式对广东省实验室建设的启示[J]. 科技管理研究,2020,40(19):48-56.

[64] 黄廷政,蒙绍新,刘静,等. 美国国家实验室开放共享的实践经验及启示[J]. 实验室研究与探索,2020,39(12):145-150,187.

[65] 刘皓. 对美国国家实验室基于数据的素描[J]. 科技管理研究,2015,35(11):39-44.

[66] 刘学之,马婧,彭洁,等. 美国国家实验室成果转化路径解析与制度保障[J]. 科技进步与对策,2015,32(11):20-25.

[67] 肖小溪,代涛,李晓轩. 美国国家实验室的改革动向及启示[J]. 中国科学院院刊,2016,31(03):376-382.

[68] 刘洋. 美国国家科学基金会人才培养使用机制对中国的启示[J]. 中国科技论坛,2017,(6):171-177.

[69] 柴坚. 美国MIT辐射实验室和政府的互动关系[J]. 中国科技论坛,2017,(1):164-171.

[70] 杨九斌. 二战后美国联邦政府对研究型大学科研资助政策研究[D]. 华东师范大学,2014.

[71] 马欣员. 美国科技政策发展模式及对我国创新型国家建设的启示[J]. 延边大学学报(社会科学版),2014,47(01):106-112.

[72] 武汉大学中美科技竞争研究课题组. 中美科技竞争的分析与对策思考[J]. 中国软科学,2020,(1):1-10.

[73] 智强,杨英. 中美国家科技决策体系:国家、部委和项目层面的比较研究[J]. 科技进步与对策,2016,33(15):83-89.

[74] 黄振羽,丁云龙. 美国大学与国家实验室关系的演化研究——从一体化到混合的治理结构变迁与启示[J]. 科学学研究,2015,33(06):815-823.

[75] 史会斌,吴金希. 美国联邦科研机构治理研究综述[J]. 科技管理研究,2015,35(13):22,28.

[76] 杨未强,李荧,宋锐,等. 美国空军研究实验室组织管理与科研规划分析[J]. 国防科技,2018,39(5):86-90.

[77] 冯云皓,王璐菲. 美国空军研究实验室如何建设人才队伍[J]. 防务视点,2017,(03):17-18.

[78] 赵俊杰. 美国联邦资助的研发中心概况[J]. 全球科技经济瞭望,2018,(10):23-26.

[79] 赵超阳,李宇华,王磊. 美国国防采办相关组织机构研究[M]. 北京:国防工业出版社,2017.

[80] 刘林山. 美国国防采办管理概览[M]. 北京:国防工业出版社,2017.

[81] 任志宽,张百尚,李栋亮. 美国国防部高级研究计划局开展颠覆性技术研究的经验与启示[J]. 特

区经济,2019,(5):75-77.
- [82] 董领.DARPA军民融合科技创新的主要做法[J].国防,2019,(3):20-23.
- [83] 贾珍珍,杨皓星.DARPA颠覆性军事技术创新人才管理机制研究[J].国防科技,2020,(4):45-47.
- [84] 杨芳娟,梁正,薛澜,等.颠覆性技术创新项目的组织实施与管理——基于DARPA的分析[J].科学学研究,2019,(8):1443-1445.
- [85] 孙宗祥,黄勇,罗月培.美国空军研究实验室EXPEDITE项目研究进展及启示[J].飞船导弹,2020(11):4-7.
- [86] 刘静.美国国防部资助的实验室体系架构[J].国防科技,2019(6):41-45.
- [87] 李霞,董易,梁月.美国依托大学建设的世界级实验室管理运行机制研究——以国家实验室为例[J].实验技术与管理,2020(7):278-230.
- [88] 蔡闻一,杨雪娇,饶成龙.美国DIUx运行模式分析及对我国国防科技协同创新的启示[J].军民两用技术与产品,2018(7):46-49.
- [89] 马晓雷,李正伟,李平.美国军方科研基金资助策略研究(2010—2020年)[J].国防科技,2021(6):98-100.
- [90] 黄晓斌,罗海媛.兰德公司的信息保障体系建设及启示[J].情报理论与实践,2019(12):24-27.
- [91] 夏婷.兰德公司运行机制研究及对我国科技智库建设的启示[J].今日科苑,2021(2):14-17.
- [92] 袁荣亮,郭杰,王彤.美国2021财年国防高级研究计划局科研预算分析[J].飞航导弹,2021(5):1-5.
- [93] 钟少颖,梁尚鹏,聂晓伟.美国国防部资助的国家实验室管理模式研究[J].中国科学院院刊,2016(11):1261-1270.
- [94] 司石.DARPA:基础研究通向军事应用的桥梁[J].现代军事,2005(9):62-64.
- [95] 庞娟,文苏丽.美国陆军多域作战概念发展分析[J].飞航导弹,2019(12):55-57.